지역어문학 기반 학술공동체의 성과와 지평 I

국어학 · 글쓰기 교육

지역어와 문화가치 학술총서 **10**

지역어문학 기반
학술공동체의 성과와 지평 I
국어학 · 글쓰기 교육

전남대학교 대학원 국어국문학과 BK21플러스
지역어 기반 문화가치 창출 인재 양성 사업단

보고사
BOGOSA

전남대학교 대학원 국어국문학과 BK21플러스 지역어 기반 문화가치 창출 인재 양성 사업단은 2013년 9월 출범한 이래, 6년 반 동안 쉬지 않고 열심히 달려왔다. 지역어와 지역문화의 가치를 발굴하고 문화원천으로서 지역어의 위상 제고, 미래 지향형의 융복합 문화가치 창출 인재 양성이라는 목표를 가지고 다양한 활동들을 펼쳐왔다.

우리 사업단은 다양한 프로그램을 운영하며 참여대학원생이 많은 경험을 할 수 있도록 열심히 노력해 왔다. 국제학술대회, 해외석학 초청강연, 해외단기 연수, 해외공동연구 등의 국제교류에 심혈을 기울여 국제적 시야와 식견을 가질 수 있었으며, 전문가 초청강연을 통해 각 분야 전문가들의 다양한 관점을 엿볼 수 있었다. 또한, 글쓰기 특강을 통해서 다양한 영역에서의 글쓰기 방법을 모색할 수 있었으며, 콜로키움을 통해 참여대학원생들이 학문 연마에 힘쓸 수 있었고 전공분야에 대한 횡단적 시야를 가질 수 있었다.

그동안 많은 신진연구인력들의 노력으로 이러한 프로그램들을 운영할 수 있었다. 이번에 발간하는 학술총서는 바로 우리 사업단의 숨은 일꾼인 신진연구인력들의 연구물을 모아 엮은 것이다. 우리 사업단이 출범하고 지금에 이르기까지 총 19명의 신진연구인력들이 자신들의 학문적 능력을 아낌없이 나누어 주었다. 그 신진연구인력들은 전남대를 비롯하여 전국 각 대학[강원대, 고려대, 성균관대, 원광대, 전북대, 충남대, 한양대 등]의 출신으로 다양한 전공분야 연구자들이다. 서로 다른 대학 출신의 신진연구인력들이 열정을 통해 하나로 단단히 뭉칠 수 있었다. 학문적 풍토가 달랐음에도 그들은 자신들의 학문후속세대인 참여대학원생들을 위해 많은 고민을 하면서, 또한 각각의 연구방법 등을 통해 연구방향을 모색하고 그들만의 학술적 교류를 이어나갔다. 그들은 신진연구인력이라는 하나의 명칭으로 이어지는, 하나의 학술공동체였던 것이다. 본 사업단을 마무리해야 하는 시점에 이르러서 이 신진연구인력들을 한 사람 한 사람 기억할 수 있고 떠올릴 수 있도록 그들의 열정과 노고에 대한 고마운 마음을 담아 이 총서를 기획하였다. 이 총서를 통해 앞으로의 연구에서도 학술공동체의 지속적 연대가 이루어져 '융합', '통섭', '횡단'이라는 학문적 풍토가 조성되기를 바라는 마음이다.

이번 학술총서는 '지역어와 문화가치 학술총서'로는 10번째와 11번째 성과물이다. 이 총서는 우리 사업단 신진연구인력의 연구동향 등을 파악할 수 있는 책으로, 무엇보다도 사업단이 출범한 이래로부터 지금까지 그들의 발자취를 살필 수 있을 것이다. 신진연구인력들의 연구들 가운데서도 우리 사업단에 참여하면서 활동했던 시점의 연구물들을 묶었다. 국어학, 글쓰기 교육, 고전문학, 현대문학으로 나누어, 학술총서 10권은 국어학과 글쓰기 교육으로 엮었고, 학술총서 11권은 고전문학과 현대문학으로 엮었다.

학술총서의 표제는 『지역어문학 기반 학술공동체의 성과와 지평』(Ⅰ, Ⅱ)으로 한바, Ⅰ편은 국어학 분야의 논문 5편과 글쓰기 교육 분야의 4편으로 Ⅱ편은 고전문학 분야의 논문 6편과 현대문학 분야의 논문 4편으로 이루어져 있다.

국어학 분야 : 김경표, 유소연, 이숙의, 조경순, 최윤
글쓰기 교육 분야 : 김현정, 김해미, 서덕민, 전동진
고전문학 분야 : 강경호, 김경, 박수진, 박세인, 백지민, 한정훈
현대문학 분야 : 엄숙희, 정미선, 정민구, 최혜경

　이번 학술총서는 자신의 자리에서 열심히 노력하며, 본인의 일에 최선을 다한 우리 사업단 신진연구인력들의 피땀 어린 결과물이다. 이 중에서 4명은 국립대학교수로 진출하였으니 축하하는 마음이 그지없다. 신진연구인력 한 사람 한 사람의 이름을 불러보며 지난 6년 6개월 동안을 회고해 본다. 사업단의 학술연구와 사업수행에서 묵묵히 그 자리를 지켜준 신진연구인력의 헌신에 고마움을 표하며 연구의 큰 발전을 기대하는 바이다. 또한 앞날에 좋은 일들만 가득하기를 기원해 마지않는다.

　사업단 참여교수들의 따뜻한 관심과 격려에 깊이 감사드린다. 또한 우리 사업단을 믿고 어려운 학문의 길을 함께 걷고 있는 참여대학원생들에게도 고마움을 전한다. 더불어 사업단의 살림을 맡아준 조아름 행정간사에게도 고마운 마음을 전한다. 끝으로, 우리 사업단의 연구 성과를 돋보이는 귀한 결과물로 잘 다듬어 좋은 책으로 만들어 준 보고사 식구들께도 깊이 감사드린다.

2020년 2월 14일
전남대학교 대학원 국어국문학과 BK21플러스
지역어 기반 문화가치 창출 인재 양성 사업단
단장 신해진

차례

제2부
글쓰기

표현주의 이론을 활용한 글쓰기 교육 방법과 의의
Peter Elbow의 이론을 중심으로 [김현정]　　… 147

제1부

국어학

소설『홍합』과 여수지역어의
음운론적 특징 연구

김경표

1. 서론

　최근 지역 문학과 지역어에 대한 관심이 높아지면서 이에 대한 연구가 활발해졌다. 지역문학 연구는 어느 정도 궤도에 들어섰다고 볼 수 있으나 지역어에 대한 연구는 아직도 부족한 것 같다. 지역어 연구는 보통 현지 조사를 통해 이루어지는 것이 일반적이지만 문학작품에 사용된 언어를 대상으로 한 문학방언 연구도 있다. 전라도 지역에서『태백산맥』이나『혼불』과 같은 문학작품은 작품에 대한 관심에서 시작하여 많은 연구들이 진행되었다. 작가는 소설을 쓰기 위해 다양한 자료를 수집하고 이를 작품에 반영하므로 보통 소설은 작품의 배경이 되는 곳의 특징을 잘 드러낸다고 생각한다. 그러나 이런 생각에 대해 한 번쯤은 의심해 보고 분석을 통해 확인할 필요가 있을 것 같다. 이런 관점에서 전라도 지역을 대상으로 한 문학작품 중 아직 연구가 되지 않은 한창훈의『홍합』을 대상으로 연구를 진행하려고 한다. 소설『홍합』은 여수지역어를 반영하고 있는데 여수지역어의 전체적인 언어 특징을

기술할 수 있으나 본고에서는 소설『홍합』에 나타난 여수지역어의 음
운론적 특징을 주로 살펴볼 것이다.[1] 이를 위해 소설『홍합』에서 대화
문을 추출하여 음운론적으로 분석을 한다. 그리고 소설『홍합』에 나타
난 여수지역어의 음운론적 특징이 여수지역어를 제대로 반영하고 있는
지 확인하기 위해 기존 연구 자료와『한국방언자료집 전라남도 편』의
자료와 비교할 것이다.[2] 그리고 현재 사용되는 여수지역어와도 비교해
어떤 변화가 있는지도 확인할 것이다.

한창훈의『홍합』은 작가가 여수 부근의 홍합공장에 취업하여 경험한
것을 반영하여 쓴 작품으로, 1990년대 여수 지역의 홍합공장을 삶의
터전으로 살아가는 중년 여성들의 삶을 작가의 분신인 문 기사를 통해
묵묵히 그려내고 있으며 인물들의 대화를 통해 여수 지역어를 확인할
수 있다. 소설『홍합』은 제3회 한겨레문학상을 수상한 장편소설인데
박완서는 이 작품을 심사하고 나서 한창훈의 소설은 포장식품만을 먹
다가 싱싱한 자연산 푸성귀를 먹는 맛과 같다고 했다.[3] 한창훈 소설에

---

1 소설『홍합』의 텍스트에 대한 음운론적 분석은 2015년 한국언어학회·한국영어학회
  공동학술대회에서 발표하였으며 여수지역어는 2018년 4차례 현지조사를 실시하였다.
2 문학 작품을 통한 연구는 지역어 연구에 한계가 있다. 그래서 현지 조사가 병행되어야
  한다. 본고는 소설의 배경이 되는 여수 율촌면과 신풍면을 현지조사 하였다. 제보자는
  지○○(84세, 여), 이○○(77세, 여), 김○○(57세, 남)이다. 2018년 2월 23~24일, 3월
  17일, 11월 10, 14일 현지조사를 하였는데, 1, 2차 조사 때는 소설『홍합』에 나온 단어들
  을 어떻게 사용하는지 확인하기 위해 단어를 사용할 수 있는 상황을 제시하고 제보자가
  그 단어를 말할 수 있도록 유도하였다. 제보자의 발화를 녹음을 하면서 해당 단어들을
  하나하나 확인하며 조사를 진행하였다. 3, 4차 조사는 부족한 부분을 확인하기 위해
  보강조사를 하였다.
3 지역어를 연구하기 위해 텍스트를 선정할 때 그 기준이 주관적일 수밖에 없다. 그러므
  로 그 텍스트가 어느 정도는 의미가 있고 연구할 가치가 있는 텍스트임을 확인하기
  위해 문학상을 수상한 텍스트인지 아닌지 확인 후 연구 대상으로 선정하는 것도 하나의

등장하는 인물들은 주로 서민들이고 그들의 삶에는 리얼함이 존재하는데 소설『홍합』도 서민과 서민들의 삶이 그대로 드러나는 리얼리즘 소설이라고 할 수 있다.

여수지역어에 대한 음운론적 연구로 김윤학(1972), 여찬영(1972), 한경호(1996), 기세관(1996, 1997), 한경호·기세관(2002), 정연유(2009) 등이 있고 기세관(1997)은 문법적인 특징을, 한병조(1982)는 여수·여천 지역어의 존칭어미 변화를 제시하고 있다. 여수 방언사전으로 이희순(2004)가 있다. 여수지역어를 반영한 문학작품에 대한 연구는 아직 없다. 기존의 연구들이 자료 조사를 한 후에 음운론적 특징을 밝히는 연구가 주를 이루고 있는데 기존의 연구가 음운론적 특징을 전반적으로 다루기보다는 몇 가지 음운현상을 다루는 경우가 많다. 본고에서는 먼저 소설『홍합』의 대화문을 분석하여 여수지역어의 음운론적 특징을 확인한 후 여수 방언사전, 『한국방언자료집 전라남도 편』의 자료[4]와 비교하여 소설『홍합』이 여수지역어의 음운론적 특징을 제대로 반영하고 있는지 확인하려고 한다. 그리고 현재 여수지역어와는 어떤 차이가 있는지도 확인할 것이다. 2장에서는 소설『홍합』에 나타난 여수지역어의 음운 현상을 경음화, 구개음화, 움라우트, 전설모음화, 고모음화, 모음과 자음 첨가, 이중 모음의 축약 등으로 나눠서 각각 분석하고[5]

방법이 될 수 있을 것이다.

4 『한국방언자료집 전라남도 편』의 조사지점에 여수 지역은 없고 여천군만 있다. 현재의 여수시는 1997년에 여천시와 여천군을 통합하여 출범하였는데 1989년에 여천군을 조사한 자료는 1990년대 여수 지역어의 특징을 나타내는 데 별 문제가 없을 것이다.

5 소설『홍합』의 대화문을 분석하여 음운 현상별로 자료를 정리하였는데 이 중에서 자료가 많아 여수 관련 자료집과 비교가 가능하고 여수지역어의 특징을 드러낼 수 있는 음운 현상들만 제시한 것이다.

여수지역어 자료와 비교 후 현재 여수지역어와는 어떤 변화가 있는지 확인할 것이다. 3장에서는 2장의 내용을 정리하고 남은 문제를 제시할 것이다.

2. 소설 『홍합』과 여수지역어의 음운현상

1) 경음화

경음화는 평음이 경음으로 바뀌는 음운 현상으로[6] 소설『홍합』에 나타난 경음화의 예를 보면 다음과 같다.[7]

> (1) ㄱ. 땡기고 쑤시고(당기고, 13), 쪼깐한 잔에다 묵으시오(조그마한, 34)[8]
> 　　 모지랍스럽게 쌃어분다냐(삶아버릴까, 47),
> 　　 주먹 씬 것 하나 빼고는(센, 79),
> 　　 그냥 뿐질러부리제 그랬냐(분질러 버리지, 79),
> 　　 샛바람 불믄 쫄아드는 버릇이 있다메?(졸아드는, 103),
> 　　 문 뚜드려 사는디(두드려, 144), 배 까란졌어(가라앉았어, 235)
> 　　ㄴ. 한 가지 뻬따구 갖고(뼈다귀, 13), 꼭꽹이 자루를 들고(곡괭이, 69)
> 　　 뭔 까자를(과자, 139), 쫄벵들이 수백 명이라고 하드라(졸병, 147)

6　본고에서는 활용과 곡용에서의 경음화를 주로 살펴보았는데 관형사형 어미 'ㄹ' 뒤나 수관형사 뒤, 그리고 명사구에서도 경음화가 일어난다. 자세한 것은 임석규(2013)을 참조하기 바란다.

7　(1)은 소설 『홍합』에서 추출한 자료이고 (2)는 여수 방언사전과 한국방언자료집에서 추출한 자료이며 (3)은 현지조사를 통해 얻은 자료로 다른 음운 현상에서 제시한 자료 출처도 위와 같다.

8　괄호 안의 숫자는 텍스트의 쪽수를 표시한 것이다.

쫑포로 진출시켜야 쓰겄어(종포, 160)

    ㄷ. 쪼끔 기다려 보시오(조금, 82)

(2) ㄱ. 딲아야(닦아야), 쌂아야(삶아야), 싸나와서(사나와서)

    ㄴ. 쑤수(수수), 뚜부(두부), 또랑(도랑), 끌빼기(고들빼기), 꽈자(과자)

    ㄷ. 빡빡(박박 깎다), 뽀짝(부쩍), 쪼깐(잠깐)

(3) ㄱ. 줄 땡게(땡겨), 째깐한 돌(조그마한), 나무 뿔아불어(부러뜨려버려)

    ㄴ. 꼭갱이 들고(곡괭이), 쫄따구들이(졸병), 까:자 좀 묵어(과자)

    ㄷ. 째끔 지달려(조금)

(1)은 소설 『홍합』에 나온 자료로 경음화 현상이 일어났는데, (1ㄱ)은 용언, (1ㄴ)은 체언, (1ㄷ)은 부사어의 예이다. 소설 『홍합』에는 용언과 체언의 예가 많지만 부사어의 예가 적은데 이는 대화문에서 부사어의 예가 별로 없을 뿐이다. (2)는 여수 방언사전과 한국방언자료집에 나온 예로 용언, 체언, 부사어에서 경음화 현상을 확인할 수 있다. 소설 『홍합』은 홍합공장을 삶의 터전으로 살아가는 중년 여성들의 대화를 통해 이야기를 전개하고 있는데 이들은 학력이 낮고 가정 형편이 어려우며 생계를 위해 홍합 공장에서 힘든 일을 해서 그런지 대화에서 경음화 현상이 두드러지고 있다. 경음화 현상은 전남방언에서 일반적으로 일어나는 음운 현상으로 소설 『홍합』의 대화문에 경음화가 일어난 예들이 나타나므로 소설 『홍합』은 여수지역어의 경음화 현상을 잘 반영하고 있음을 알 수 있다. 한경호·기세관에서는 여수지역어의 어두경음화 현상을 세대, 성별, 학력으로 구분하여 실현 양상을 확인하고 있는데[9] 소설 『홍합』자료에서도 어두에서 경음화가 일어나고 있고 '뻬따구'

---

9 19개의 어휘항목을 대상으로 어두경음화를 조사하였다. 한경호·기세관, 「여수지역어

처럼 비어두에서도 경음화가 일어나고 있다. (3)은 현지조사를 통해 얻은 자료로 현재 여수지역어의 용언, 체언, 부사어에서도 경음화 현상이 일어나고 있다. 소설『홍합』과 여수지역어 자료, 현재 여수지역어에서 모두 경음화 현상이 나타나고 있으므로 소설『홍합』은 여수지역어의 경음화 특성을 잘 반영하고 있고 경음화는 현재 여수지역어에서도 계속해서 일어나는 음운 현상임을 알 수 있다.

2) 구개음화

구개음화는 비구개음이 단모음 'ㅣ'나 반모음 'y' 앞에서 경구개음으로 바뀌는 현상으로 ㄷ-구개음화, ㄱ-구개음화, ㅎ-구개음화가 있다. 소설『홍합』에 나타난 구개음화의 예를 보면 다음과 같다.

(4) ㄱ. 영감이 말좆 달고 <u>지달립디여</u>?(기다립니까, 27)
　　　시부모 <u>지둘러</u>, 남편 <u>지둘러</u>(기다려, 38),
　　　남자 손구락이 이렇게 <u>질어서</u>(길어서, 232)
　　ㄱ'. <u>지름</u> 묻은 손을 씻어 봐도(기름, 8), <u>참지름</u> 따르댓기(참기름, 43)
　　　우리는 집이 바로 <u>졑이라도</u>(곁이라도, 91),
　　　친척 아닌 사람들<u>찌리</u>(끼리, 101),
　　　저것은 <u>질바닥</u>에 굴러 댕기는(길, 146)
　　ㄴ. <u>성</u>이 둘 있는디(형, 40), <u>성제</u>들이 서로 쌈하듯이(형제, 147)

의 음운현상에 대한 사회언어학적 연구」,『과학과 교육』10, 순천대 과학교육연구소, 2002, 10~15쪽. 기세관에서는 155개 어휘항목 중 125개의 어휘가 어두경음화로 실현된다고 한다. 기세관, 「여수방언의 음운론적 특징」,『선청어문』24-1, 서울대 국어교육과, 1996, 13쪽.

(5) ㄱ. 짚운(깊은), 질:다(길다),

ㄱ'. 질이(길이), 젙으랑(겨드랑), 기와집/지와집(기와집), 칭이(키)

ㄴ. 쎄(혀), 성님(형님)

(6) ㄱ. 째끔 지달려(기다려), 손꾸락이 질다(길다)

ㄱ'. 참지름이 꼬시다(참기름), 니 젙에 있다(곁에),

질빠닥에 있어(길바닥)

ㄴ. 성 말 들어라(형)

(4ㄱ, ㄱ')은 ㄱ-구개음화의 예로 (4ㄱ)은 용언이고 (4ㄱ')은 체언이다. (4ㄴ)은 ㅎ-구개음화의 예이다. ㄱ-구개음화의 입력형은 연구개 파열음인 'ㄱ, ㅋ, ㄲ'이고 'ㅣ, y' 앞에서 'ㅈ, ㅊ, ㅉ'으로 바뀌는 현상으로 어두의 자음에서만 일어난다. 남부방언과 북부 방언에서 주로 일어난다고 알려져 있는데 소설『홍합』에서는 'ㄱ, ㄲ'이 'ㅈ, ㅉ'으로 바뀐 예만 나타난다. 이는 여수 지역어에서 ㄱ-구개음화의 입력형에 'ㅋ'이 없는 것이 아니다. (5ㄱ')을 보면『한국방언자료집』에 '칭이(키)'가 나타나고 있어서 ㄱ-구개음화의 입력형에 'ㅋ'도 있음을 확인할 수 있기 때문이다. ㅎ-구개음화의 입력형은 후두 마찰음 'ㅎ'이고 'ㅣ, y' 앞에서 'ㅅ'으로 바뀌는 현상으로 어두의 자음에서만 일어난다. ㅎ-구개음화는 전국적으로 일어나는데 소설『홍합』에서는 체언의 예만 나타난다. (5)는 여수 방언사전과 한국방언자료집에 나온 구개음화 예로, ㄱ-구개음화는 용언과 체언에서 나타나고 ㅎ-구개음화는 체언에서 나타나고 있다. (6)은 현지조사를 통해 얻은 자료로 용언과 체언에서 ㄱ-구개음화가 일어나고 있고 '성'처럼 ㅎ-구개음화도 일어나고 있다. 구개음화가 세 자료에서 모두 나타나고 있으므로 소설『홍합』은 남부방언인 여수지역어의 특징을 잘 드러내고 있고 구개음화가 여수지역어에서

계속 일어나는 음운 현상임을 알 수 있다.

3) 움라우트

움라우트는 후설모음이 '이'나 'y' 앞에서 전설모음으로 바뀌는 음운 현상이다.[10] 소설 『홍합』에 나타난 움라우트의 예를 보면 다음과 같다.

> (7) ㄱ. 노상 댕기는 디가 있어(다니는, 13), 빤스 벳겨(벗겨, 47),
> 챙피해서 나 원(창피해서, 56),
> 새끼들 입히고 멕이고(먹이고, 68),
> 새끼 미운털 안 백힐라믄(박히려면, 74),
> 나 같으믄 깨벳기서(빨가벗겨서, 117),
> 지금 파출소에 잽혀 있단다(잡혀, 145)
> ㄱ'. 돼지괴기 피 빼서(고기, 145),
> 새끼보로 한 뭉텡이 줘 보까(뭉텅이, 155),
> 애펜네들은 조됭이만 벌렸다 하믄 (조동이, 198),
> 친정 오래비가 죽었나(오라비, 198)
> ㄴ. 병원 좀 가니라고(가느라고, 13),
> 정신을 놔베리등만(놓아버렸어, 135),
> 인사는 이 아저씨한테 채려야 돼요(차려야, 138),
> 국 낋이고이(끓이고, 144),
> 먼저 주님께 감사디리고(감사드리고, 194)
> (8) ㄱ. 띠낀다(뜯기다), 베낀다(벗기다), 잽힌다(잡히다)
> ㄱ'. 이림이(이름이), 뱅이(방이), 떽이(떡이), 뱁이(밥이)

---

10 정연유에서는 여수지역어의 움라우트를 단어 내부와 경계로 나누어 살피고 있다. 정연유, 「여수 지역어의 움라우트 현상」, 순천대학교 석사학위논문, 2009.

ㄴ. 니리다(느리다), 제리다(저리다), 대룬다(다린다),

(9) ㄱ. 우리 댕기는 디가 있어(다니는), 잽혜 갔어(잡혀),
챙피해서 못해(창피해서)

ㄱ'. 한 뭉텡이 줘(뭉텅이), 주뎅이/주둥이 칵 막아분다(주둥이)

ㄱ". 깨댕이 빗긴다(벗긴다), 밥 믹인다(먹인다)

ㄴ. 벵원 가니라고(가느라고), 국 낋이고(끓이고)

(7)은 형태소 내부에서 실현되는 움라우트의 예로, 동화음인 '이, y'와 피동화음인 후설모음 사이에 게재 자음이 있어야 한다. (7ㄱ, ㄱ')은 게재 자음이 양순음이나 연구개음인 경우로 (7ㄱ)은 용언, (7ㄱ')은 체언의 예이다. 움라우트는 일반적으로 게재 자음이 '[−설정성]'을 가져야 하는데 (7ㄴ)은 예외적으로 게재 자음이 'ㄹ'이지만 움라우트가 일어났다.[11] (8)은 여수 방언사전과 한국방언자료집에 나온 움라우트의 예로, 용언과 체언에서 움라우트가 일어나고 있고 게재 자음이 'ㄹ'일 때도 움라우트가 일어나고 있다. 한경호·기세관(2002: 4~9)에서는 여수지역어의 움라우트가 여성보다는 남성에서 강하게 나타나고 학력이 낮을수록 사용 비율이 높다고 한다. 소설 『홍합』에 나오는 인물들은 대부분 학력이 낮은 여성들로, 대화문을 분석한 자료 (7)을 살펴보면 여성의 경우에도 움라우트가 강하게 나타나는 것을 알 수 있다. (9)는 현지조사를 통해 얻은 자료로 용언과 체언에서 그리고 게재 자음이 'ㄹ'일 때도 움라우트가 일어났다. 그런데 (9ㄱ")처럼 '어'에 움라우트

---

11 정연유에서 여수지역어에서 개재자음이 'ㄹ'뿐만 아니라 'ㄴ, ㄷ, ㅅ, ㅈ'일 때도 움라우트가 일어난다고 한다. 정연유, 「여수 지역어의 움라우트 현상」, 순천대학교 석사학위논문, 2009, 38~46쪽.

가 적용되어 나온 '에'에 다시 고모음화(에〉이)가 적용되는 경우도 나타난다. 움라우트가 세 자료에서 모두 나타나고 있으므로 소설『홍합』은 여수지역어의 특징을 잘 드러내고 있음을 알 수 있다. 그러나 여수지역어에서 움라우트가 적용된 예들도 있지만 움라우트와 고모음화가 순차적으로 적용된 예들도 나타남을 알 수 있다.

4) 전설모음화

전설모음화는 'ㅅ, ㅆ, ㅈ, ㅉ, ㅊ' 아래에서 후설모음 '으'가 전설모음 '이'로 바뀌는 음운 현상으로 소설『홍합』에 나타난 전설모음화 예를 보면 다음과 같다.

> (10) ㄱ. 당직 간호사가 <u>있잉께</u>(있으니까, 13),
> 멫 살이나 <u>묵었이까</u>(먹었을까, 76)
> 사장한티 육십만 원백이 못 <u>벌어줬이까</u>?(벌어 줬을까, 82)
> 참말로 서방질을 <u>했이까</u>(했을까, 112),
> 어떻게 저런 아들들이 <u>나왔이까</u>(나왔을까, 218)
> ㄴ. <u>가심</u>만 졸이고 사는디?(가슴, 137),
> 자다가 <u>무신</u> 봉창에 구멍 내는 소리다요(무슨, 144)
> (11) ㄱ. 있이개(있으니까), 홍애가 없이먼(홍어가 없으면),
> 감차놨이까(감춰놓았을까)
> ㄴ. 사심(사슴), 시님(스님), 시싱(스승), 씹씰하다(씁쓸하다),
> 징언(증언), 직시(즉시), 질겁다(즐겁다), 징상맞다(증상맞다)
> (12) ㄱ. 커피 있응께 한 잔 할라요?(있으니까),
> 어떻게 똑똑한 아들 나았을까?(나았을까)
> ㄴ. 가심이 아퍼(가슴), 맛이 씹씰하다(씁쓸하다)

(10ㄱ)은 형태소 경계에서, (10ㄴ)은 형태소 내부에서 실현되는 전설모음화의 예이다. 소설 『홍합』에서 치조음 'ㅅ, ㅆ' 아래에서 전설모음화가 일어난 예는 보이지만 경구개음 'ㅈ, ㅉ, ㅊ' 아래에서 전설모음화가 일어난 예는 보이지 않는다. (11)은 여수 방언사전에 나온 전설모음화의 예로, (11ㄱ)은 형태소 경계에서, (11ㄴ)은 형태소 내부에서 실현되는 경우이다. (11ㄴ)의 자료를 보면 치조음 'ㅅ, ㅆ'과 경구개음 'ㅈ' 아래에서 전설모음화가 실현되는 예가 나타나고 있다. 소설 『홍합』에서는 경구개음 아래에서 전설모음화가 일어나는 예를 확인할 수 없었지만 여수 방언사전에 나온 자료를 통해 경구개음 아래에서도 전설모음화가 일어나는 것을 알 수 있다. 백두현(1992)에서는 국어의 전설모음화는 경상도 방언을 반영한 문헌인 『十九史略諺解』에서 처음 발견되는데 'ㅅ' 아래에서 먼저 실현되고 19세기 후반에 'ㅈ, ㅉ, ㅊ' 아래에서 실현된다고 했는데[12] (10ㄱ, ㄴ)의 자료를 살펴보면 대체적으로 치조음 아래에서 실현되는 전설모음화의 예가 많은 것을 알 수 있다. 강희숙(2000: 536)에서는 형태소 내부에서는 전남방언의 하위 지역어 간에 별다른 차이를 보이지 않고 비교적 생산적인 모습을 보이지만 형태소 경계에서는 전남의 서부 지역어보다 동부 지역어에서 보다 생산적으로 나타난다고 한다.[13] 이는 전설모음화가 전남 동부 지역에서 먼저 발생했기 때문일 것이다. (12)는 현지조사에서 얻은 자료로 (12ㄱ)은 형태소 경계로 전설모음화가 일어나지 않고 (12ㄴ)은 형태소 내부로 전설모

---

12 백두현, 『영남 문헌어의 음운사 연구』, 태학사, 1992.
13 강희숙, 「전설모음화의 발달과 방언 분화 – 전남방언을 중심으로」, 『한국언어문학』 44, 한국언어문학회, 2000, 536쪽.

음화가 일어나고 있다.

여수지역어는 경남방언의 영향을 받은 전남 동부 지역으로, 소설 『홍합』에서도 형태소 경계와 내부에서 전설모음화 현상이 잘 일어나고 있어 여수지역어의 특징을 잘 드러내고 있으나 현재 여수지역어에서는 전설모음화가 형태소 경계에서 일어나지 않고 형태소 내부에서만 일어나고 있는데 이는 방송이나 교통과 같은 요인들에 영향을 받은 것 같다.

5) 고모음화

고모음화는 국어 모음 체계 안에서 중모음들이 고모음으로 상승하는 현상으로 '오〉우', '어〉으', '에〉이'가 있다.[14] 소설『홍합』에서도 고모음화 예를 확인할 수 있는데 먼저 '오'의 고모음화부터 살펴보자.

(13) <u>부주</u>를 왜 삼만 원을 더했다요?(부조, 100),
　　　선장 <u>사춘</u>네라고 합디다(사촌, 229)
(14) ㄱ. 우밤중(오밤중)
　　　ㄱ'. 가우리(가오리), 꽃숭어리(꽃송아리), 동구리(동고리),
　　　　　무지렝이(모지랑이)
(15) 부주했어?(부조), 이웃 사춘이라고 하제(사촌), 가우리는 없어(가오리)

---

14 곽충구에서는 고모음화는 남부 방언에서 점차 북진한 것으로 보고 있으며 음장과 관련이 깊은데, 중부 방언권과 서남 방언권에서 음장을 가진 중위 모음(mid vowel)들이 해당 계열의 고모음(세:상〉시:상, 없:다〉읎:다, 돈:〉둔:)으로 변화하였다고 한다. 곽충구, 「현대국어의 모음체계와 그 변화의 방향」, 『국어학』 41, 국어학회, 2003, 78쪽. 전남방언을 대상으로 고모음화를 연구한 논의는 조창규(1996), 이기갑(1998), 강희숙(2005), 정인호(2006) 등이 있다.

(13)은 체언의 예로, 비어두 위치에서 '오'의 고모음화가 일어났는데 어두 위치에서 일어난 예는 없다. 그리고 부사어나 조사의 예도 대화문에서 나타나지 않았다. (14)는 여수 방언사전의 예로, (14ㄱ)은 어두 위치에서, (14ㄱ´)은 비어두 위치에서 '오'의 고모음화가 일어났다. 부사어나 조사의 예는 나타나지 않았다. 소설『홍합』에서는 어두 위치에서 '오'의 고모음화가 일어난 예가 없지만 여수 방언사전에서 그 예가 나타나고 있으므로 대화문에 그러한 예가 없을 뿐 여수지역어에서 어두나 비어두에서 모두 '오'의 고모음화가 일어남을 알 수 있다. 그런데 '오'의 고모음화 예가 많지 않은데 이는 강희숙에서 말하고 있듯이[15] 전남방언의 경우 '오'의 고모음화가 보수적인 경향을 띠고 있기 때문이다. (15)는 현지조사에서 얻은 자료로 체언의 비어두 위치에서 '오'의 고모음화가 일어났다. '오'의 고모음화가 세 자료에서 모두 나타나고 있으므로 소설『홍합』은 여수지역어의 특징을 잘 반영하고 있으며 '오' 고모음화가 여수지역어에서 계속해서 일어나는 음운 현상임을 알 수 있다. 다음으로 '어'의 고모음화를 살펴보자.

(16) ㄱ. 어쩔 수 읎구만(없구만, 44),
　　　　사실 지가 은어맞는 거여(얻어맞는, 44)
　　　　터럭도 드럽게도 많다(더럽게도, 47), 어항에 늫어봐(넣어봐, 67)
　　　　누구는 더하고 누구는 들하고(덜하고, 101),
　　　　더우믄 듭다고 한 대(덥다고, 166)
　　ㄴ. 내가 승질이 나서(성질, 20), 저 으르신이 화내는 것을(어르신, 34)
　　　　슥달 열흘 패(석달, 79), 여수 역전 그지 된다(거지, 85)

15 강희숙,「고모음화의 실현과 방언 분화」,『우리말글』33, 우리말글학회, 2005, 24쪽.

너 <u>증말</u> 자꾸 그라믄(정말, 111),

너 <u>은젠가</u> 내 손에 한번 걸리믄(언젠가, 111)

늦어두 <u>즘심</u> 때까정은(점심, 144), <u>을매나</u> 보기 좋냐(얼마나, 147)

한 <u>늑</u> 달 됐겄소(넉, 180), <u>그짓말</u> 같으요이(거짓말, 251),

나도 <u>즌화</u> 받고(전화, 269)

(17) ㄱ. 업:씨문(없으면), 더:럽찌(더럽지)

　　ㄱ′. 업:뜨라(없더라), 가그라(가거라)

　　ㄴ. 느구덜(너희들), 등치(덩치)

　　ㄴ′. 거지(거러지), 거짓꼴(거짓말), 얼매(얼마)

(18) ㄱ. 돈이 없어, 주먹으로 얻어터졌당께, 방이 더럽다, 날씨가 더와

　　ㄱ′. 영감이 돈 벌어왔지

　　ㄴ. 성질이 나서, 석 달 후에 오시오, 거지 된다, 언제 또 오냐?

　　점심은 집이서 먹어, 거짓말 하지 마, 전화 받았다

(16ㄱ)은 용언으로, 어두 위치에서 '어'의 고모음화가 일어났다. (16ㄴ)은 체언으로 어두 위치에서 '어'의 고모음화가 일어났다.[16] (17)은 여수 방언사전과 한국방언자료집의 자료로, (17ㄱ)은 (16ㄱ)과 달리 어두 위치에서 '어'의 고모음화가 일어나지 않았다. (17ㄱ′)은 비어두 위치의 예로, '어'의 고모음화가 일어났다. 김아름에서는 장모음 '어'의 고모음화는 중부지역에서 나타나는 현상으로 중부지역의 영향을 받은 전북 북부 지역에서 활발한 실현 양상을 보이고[17] 강희숙(2005: 22)에서는 '어'의 고모음화가 어두 위치에서는 음장을 지닌 형태가 아닌 '스'만

---

16 김아름에서는 '어'가 [ʌ]가 아닌 [ə]로 실현되기만 한다면 '어'의 고모음화가 가능하다고 한다. 김아름, 「국어 고모음화 현상 연구」, 아주대학교 석사학위논문, 2008, 74쪽.

17 김아름, 「국어 고모음화 현상 연구」, 아주대학교 석사학위논문, 2008, 22쪽.

나타날 뿐 다른 예는 없으며 비어두 위치와 문법 형태소에서는 비교적
활발하게 일어난다고 한다.[18] (17ㄴ)은 체언으로 어두 위치에서 '어'의
고모음화가 일어났다. 그런데 (17ㄴ')은 (16ㄴ)의 '그지, 그짓말, 을매
나'와 달리 '어'의 고모음화가 일어나지 않았다.[19] 장모음 '어'는 음성학
적으로 '으'와 비슷한 위치에 있으므로 '어'의 고모음화가 일어날 확률
이 높은데 소설 『홍합』에서는 용언의 어두 위치와 체언의 어두 위치에
서 '어'의 고모음화가 활발하게 일어나고 있지만 여수 방언사전이나
한국방언자료집의 자료에서는 그렇지 않아서 차이가 있다.[20] (18)은 현
지조사에서 얻은 자료로, (18ㄱ, ㄱ')에서 어두와 비어두 위치에서 '어'
의 고모음화가 일어나지 않았다. 그리고 (18ㄴ)은 체언으로 어두 위치
에서 '어'의 고모음화가 일어나지 않았다. 전남방언에서 용언과 체언의
어두 위치에서 '어' 고모음화가 잘 일어나지 않는데 소설 『홍합』에서는
잘 일어난 예들이 나타나는 것은 주변의 경상도 방언을 작품에 반영한
것 같다. 그리고 현지조사 자료를 토대로 추측해 보면 여수지역어에서
'어' 고모음화가 일어나지 않는 쪽으로 변화하고 있음을 알 수 있다.
'에'의 고모음화 예도 살펴보면 다음과 같다.

    (19) ㄱ. 이쁜 우리 진이도 왔나(예쁜, 39),
         띨라고 해도 잘 안 떨어지대(떼려고, 58),

18 강희숙, 「고모음화의 실현과 방언 분화」, 『우리말글』 33, 우리말글학회, 2005, 22쪽.
19 광양 방언사전에서 거지는 '거러지', 거짓말은 '거짓꼴'로, '어'의 고모음화가 일어나지
   않았다. 기세관, 『광양 방언 사전』, 한국문화사, 2015.
20 여수 지역의 동쪽 접경 지역 하동과 남해를 살펴보면 『한국방언자료집 Ⅷ 경상남도편』
   에서 하동은 음시믄(없으면), 드릅찌(더럽지), 남해는 음시믄(없으면), 드릅찌(더럽지)
   로 나타나고 있어서 접경 지역인 경상도 방언이 작품에 반영되었다고 볼 수도 있다.

두 새끼 믹일 돈을 벌어와라(멕일, 68),

주먹 씬 것 하나 빼고(센, 79)

ㄴ. 노상 댕기는 디가 있어(데, 13),

언지 저런 노래 들어 봐?(언제, 22), 누구 시 명이(세, 101)

ㄷ. 메누리가 집이서 생것 깐께(에서, 11),

저 민이서 방우 받고 안 있는가(에서, 12),

노상 품 안이서 코찔찔이등만(에서, 12),

츰이는 나 반백이(에는, 12), 술백이 더 묵으요(밖에, 32),

나한티 왜 몸을 비트냐고 그랬잖은가(한테, 56)

ㄹ. 이 빙신아(병신아, 79), 그렇게는 술빙 못 고친당께(술병, 191)

(20) ㄱ. 빈:다(벤다), 픴:다(폈다), 이쁜/에쁜(예쁜)

ㄴ. 있는 디(데), 지비(제비), 지사(제사), 창기(참게)

ㄷ. 집이(집에)[21], 동생한테(한테)[22]

ㄹ. 핀지(편지), 미칠(며칠), 염리(염려)

(21) ㄱ. 붙은 거 띠어라(떼어라), 소 믹이러 간다(먹이러),

이쁘게 말해(예쁘게)

ㄴ. 우리 댕기는 디가 있어(데)

ㄷ. 집이서 만든 거여(집에서), 민에서 방우 받았어

ㄹ. 병신/빙신아, 술빙 걸렸다(술병)

(19ㄱ)은 용언으로, '에'의 고모음화가 일어났는데 '이쁜'은 '예〉에'의

---

21 배주채에서 명사 '집' 뒤에만 이'가 나타나는데 이는 중세국어의 처격조사 '의'에서 소급
   한 것으로 볼 수 있다고 하고(지븨〉지비), 그 밖의 다른 단어에서는 '에, 에서, 에다,
   에다가' 결합한다고 한다. 배주채, 『고흥방언 음운론』, 태학사, 1998, 59~60쪽.

22 조사 앞의 체언이 '사람, 동생'일 때, 구례와 신안에서 '한티'로 나타나고 '누구, 나,
   저, 너'일 때는 신안에서만 '한티'로 나타나고 있어서 단어에 따라 다르게 나타나지만
   신안을 제외한 다른 전남 지역에서는 '한테'로 나타남을 알 수 있다.

변화 후 고모음화가 일어났다. (19ㄴ)은 체언으로, (19ㄷ)은 조사로 '에'
의 고모음화가 일어났다. (19ㄹ)은 체언으로 '여〉에'의 변화 후 '에'의
고모음화가 일어났다. (20)은 여수 방언사전과 한국방언자료집의 자료
로, (20ㄱ)은 용언으로, (20ㄴ)은 체언으로 '에'의 고모음화가 일어났
다. (20ㄷ)은 조사로 '에'의 고모음화가 일어난 경우[23]와 일어나지 않은
경우가 공존하는데 소설 『홍합』과 좀 다른 모습을 보이고 있다. (20ㄹ)
은 체언으로 어두와 비어두에서 모두 '여〉에'의 변화 후 '에'의 고모음
화가 일어났다. (21)은 현지조사에서 얻은 자료로 용언, 체언, 조사에
서 '에'의 고모음화가 일어났다. 그런데 (21ㄷ)은 (20ㄷ)처럼 조사의 경
우에는 '에' 고모음화가 일어난 경우와 일어나지 않은 경우가 공존하고
있다. (21ㄹ)의 경우에 체언으로 어두와 비어두에서 '여〉에'의 변화 후
'에'의 고모음화가 일어났다. 소설 『홍합』은 대체로 여수지역어의 모습
을 잘 반영하고 있지만 조사의 경우에 자료와 현재 여수지역어에서
'에'의 고모음화가 적용된 예와 그렇지 않은 예가 공존하고 있어서 차이
가 있다.

6) 첨가

첨가는 없던 음소가 새로 끼어드는 음운 현상으로 소설 『홍합』에서
나타난 첨가의 예를 보면 다음과 같다.

---

[23] 강희숙에서는 강진 출신 화자의 구술 자료를 분석하였는데, '집이서만(집에서만), 밑이
서(밑에서), 형제한티는(형제한테는)'과 같이 조사에서도 '에'의 고모음화가 일어난 예
들을 제시하고 있다. 강희숙, 「고모음화의 실현과 방언 분화」, 『우리말글』 33, 우리말
글학회, 2005, 15쪽.

(22) ㄱ. <u>워디</u> 가시오?(어디, 10), 같이 해야제 <u>워쩌겄어</u>(어찌하겠어, 11),

　　 <u>워디</u>를 행진한다고 했싼게(어디, 12),

　　 <u>워디서</u> 처녀 만나고(어디에서, 17),

　　 <u>워째</u> 진이 너가 나서냐(어찌, 28),

　　 무조건 따오믄 <u>워짜자는</u> 겁니까(어찌하자는, 52),

　　 <u>워떻게</u> 했소?(어떻게, 69),

　　 저것이 <u>원지나</u> 빵 속으로 떨어지끄나(언제나, 77)

　ㄴ. 멍청한 것들이 모르는 <u>모냥</u>이구만(모양, 129),

　　 <u>난중에</u> 결혼해서 그러지 마이(나중에, 43)

(23) ㄱ. 기여니(기어이)

　ㄴ. 기연코(기어코), 아냥(아양)

　　 곤친다고(고친다고), 깐치(까치), 안직(아직)

(24) ㄱ. 일을 기여니 하네(기어이)

　ㄱ′. 어디 가냐?, 어디서 만났어

　ㄴ. 난중에 해(나중에)

　　(22ㄱ)은 반모음이 첨가된 예이고 (22ㄴ)은 자음이 첨가된 예이다. (22ㄱ)은 모두 어두 위치에서 반모음이 첨가되었다. (22ㄴ)에서 '모냥'은 반모음 앞에서 'ㄴ'이 첨가되었고 '난중에'는 경구개음 앞에서 'ㄴ'이 첨가된 것이다.[24] (23)은 여수 방언사전과 한국방언자료집의 자료로, (23ㄱ)은 반모음이 첨가되었고 (23ㄴ)도 반모음과 경구개음 앞에서 자음 'ㄴ'이 각각 첨가되었다. (24)는 현지조사에서 얻은 자료로, (24ㄱ)은 반모음이 첨가되었으나 (24ㄱ′)은 반모음이 첨가되지 않았다. (24

---

24 'ㄴ' 첨가에서 '한나도'의 경우에 소설 『홍합』과 여수 방언사전과 한국방언자료집, 현지조사에서 모두 나타났다. 그런데 '한나'는 '한낱(〈ᄒᆞ낱〉'과 연관 지으면 첨가가 아닐 수 있으므로 제외하였다.

ㄴ)에서는 경구개음 앞에서 'ㄴ' 첨가가 일어났다. 전남 방언에서 반모음이나 자음이 첨가되는 현상은 일반적인 현상으로 소설 「홍합」은 이러한 언어 현실을 잘 반영하고 있다. 현재 여수지역어에서 자음 첨가가 일어나고 있다. 반모음 첨가의 경우에는 두 형태가 공존하고 있지만 '어디'의 경우처럼 반모음 첨가가 일어나지 않는 것이 더 일반화되는 것 같다.

7) 축약

축약은 두 음소가 합쳐져 다른 음소로 바뀌는 음운 현상으로 소설 「홍합」에서 나타난 축약의 예를 보면 다음과 같다.

(25) ㄱ. 주문이 밀레서 한참 기달려야 돼(밀려서, 77),
　　　　붕어빵 하나 믹에놓으믄(먹여, 89), 비케 봐(비켜, 125),
　　　　그 증세도 좀 살페주시오(살펴, 192),
　　　　살레줘 보시오, 살레 보랑께(살려, 270)
　　　ㄴ. 메누리도 있소이(며느리, 11), 멫 살인가?(몇, 16),
　　　　한 메칠 지나니께(며칠, 56), 요즘 지벵 있소?(지병, 59),
　　　　벨일이네(별일이네, 98), 지가 무슨 베슬하는 줄 안당께(벼슬, 134)
　　　　펭상에 그냥 자빠져부렸으믄(평상, 167),
　　　　자석 둔 애펜네가 뭐 해(여편네, 181)
(26) ㄱ. 볼케야(밝혀야)
　　　ㄴ. 헹통(형통), 겡찰(경찰), 펭지(평지), 한뼘(한뼘)
(27) ㄱ. 저리 비케 바
　　　ㄴ. 메누리도 있소(며느리), 오늘이 메칠이여?(며칠),
　　　　오늘 벨릴이네(별일이네), 그놈 애펜네(여편네)

　　ㄴ'. 미누리 이쁘다는 사람 없어(며느리), 미칠 있다 와(며칠),
　　　　및 살이냐?(몇), 빌릴이 다 있다(별일)

　(25ㄱ, ㄴ)은 이중모음 축약으로 이중모음을 이루는 반모음과 단모음이 축약되어 단모음으로 바뀌는 현상이다. (25ㄱ)은 용언으로 비어두 위치에서 이중모음의 축약이 일어났고 (25ㄴ)은 체언으로 어두 위치와 비어두 위치에서 이중모음 축약이 일어났다. 이는 상향 이중 모음이 단모음으로 바뀌는 것으로 '여〉에'로 변화했다. (26)은 여수 방언사전과 한국방언자료집의 자료로, (26ㄱ)은 용언으로 비어두 위치에서 이중모음의 축약이 일어났다. 그런데 (25ㄱ)과 달리 그 예가 많지 않은데, 이는 '말기야(말려야), 모시야(모셔야), 글키서(긁혀서), 안치라(앉혀라)'에서 보듯이 '여〉에〉이'의 변화를 거친 경우가 대부분이기 때문이다. (26ㄴ)은 체언으로 어두와 비어두 위치에서 이중모음 축약이 일어났다. (27)은 현지조사에서 얻은 자료로, 용언과 체언에서 이중모음 축약이 일어났다. 그런데 (27ㄴ')처럼 '여〉에〉이'의 변화를 거친 단어들도 공존하고 있다. 강희숙(1995)는 진도방언에서 준말이 모음이나 활음 탈락, 활음화, 모음의 축약에 의해 만들어진다고 했는데[25] 소설 『홍합』은 자료와 비교할 때 용언의 경우에 차이가 있지만 전남방언의 일반적인 음운현상인 축약 현상을 확인할 수 있었다. 용언의 경우에 이중모음 축약은 자료와 현재 여수지역어에서 '여〉에〉이'의 변화를 거친 단어들이 더 많은 것을 알 수 있다.

---

25 강희숙, 「전남방언의 준말에 대한 고찰-진도 방언을 중심으로」, 『한국언어문학』 34,
　　한국언어문학회, 1995.

3. 결론

　본고는 소설 『홍합』의 대화문을 분석하여 여수지역어의 음운론적 특징을 확인한 후 여수 방언사전, 『한국방언자료집 전라남도 편』의 자료와 비교하여 소설 『홍합』이 여수지역어의 음운론적 특징을 반영하고 있는지 확인하고 현재 여수지역어와 어떤 차이가 있는지 확인하였다.

　소설 『홍합』과 여수 방언사전, 한국방언자료집을 비교하면, 소설 『홍합』에 전남방언의 일반적인 음운현상인 경음화, 구개음화, 움라우트가 일어나고 있는데, 작가는 이를 통해 중년 여성들의 힘든 삶과 여수 지역민들의 모습을 잘 드러내고 있다. 전설모음화 현상은 형태소 경계와 내부에서 일어나고 있는데 여수지역어의 언어 현실을 잘 반영하고 있다. 고모음화 현상의 경우에, '오'의 고모음화는 전남방언에서 보수적인 경향을 띠고 있는데 소설 『홍합』은 이러한 특징을 잘 반영하고 있다. 그런데 '어' 고모음화의 경우에는 소설 『홍합』은 '어' 고모음화가 일어난 예들이 많은데 여수 방언사전이나 한국방언자료집에서는 용언과 체언의 어두 위치에서 '어' 고모음화가 잘 일어나지 않아 차이가 있다. 이는 주변의 경상도 방언을 작품에 반영한 결과인 것 같다. '에'의 고모음화의 경우에 소설 『홍합』은 조사에서 차이가 있지만 대체적으로 여수지역어의 특징을 잘 반영하고 있다. 반모음이나 자음이 첨가되는 현상은 전남방언에서 일반적인 현상으로 소설 『홍합』은 이러한 언어 현실을 잘 반영하고 있다. 축약의 경우에 소설 『홍합』은 자료와 비교할 때 용언의 경우에 차이가 있지만 대체적으로 여수지역어의 특징을 반영하고 있다.

　소설 『홍합』과 현재 여수지역어를 비교하면, 경음화, 구개음화, '오' 고모음화가 여수지역어에서 계속해서 일어나고 있다. 움라우트도 일어나고 있지만 움라우트와 고모음화가 순차적으로 적용된 예들도 나타나고 있다. 전설모음화는 형태소 경계에서 일어나지 않고 형태소 내부에서만 일어나고 있어서 점차 약화되고 있는 음운 현상임을 알 수 있다. '어' 고모음화는 현지조사 자료를 토대로 추측해 보면 여수지역어에서 일어나지 않는 쪽으로 변화하고 있는 것 같다. '에' 고모음화는 여수지역어에서 계속해서 일어나고 있는데 조사의 경우에는 '에' 고모음화가 적용된 예와 그렇지 않은 예가 공존하고 있다. 현재 여수지역어에서 자음 첨가는 일어나고 있다. 반모음 첨가의 경우에는 두 형태가 공존하고 있지만 '어디'의 경우처럼 반모음 첨가가 일어나지 않는 것이 더 일반화되는 것 같다. 이중모음 축약의 경우에 '여〉에'로 변화한 단어와 '여〉에〉이'의 변화를 거친 단어들이 공존하고 있다.

 본고는 소설『홍합』과 여수지역어의 기존 자료, 현재 여수지역어와의 비교를 통해 여수지역어의 음운론적 특징을 밝혔다. 그러나 형태론적 분석과 통사론적 분석을 병행하여 소설『홍합』을 더 정밀하게 분석하면 문학작품에 반영된 여수지역어의 특징을 더 자세하게 밝힐 수 있고 현재 여수지역어와 어떤 차이가 있는지도 확인할 수 있을 것이다.

『한국언어문화』 제107호(한국언어문학회, 2018.12)에
게재한 원고를 재수록한 것임.

참고문헌

강희숙, 「전남방언의 준말에 대한 고찰-진도 방언을 중심으로」, 『한국언어문학』 34, 한국언어문학회, 1995.

_____, 「전설모음화의 발달과 방언 분화-전남방언을 중심으로」, 『한국언어문학』 44, 한국언어문학회, 2000.

_____, 「고모음화의 실현과 방언 분화」, 『우리말글』 33, 우리말글학회, 2005.

곽충구, 「현대국어의 모음체계와 그 변화의 방향」, 『국어학』 41, 국어학회, 2003.

기세관, 「여수방언의 음운론적 특성」, 『선청어문』 24-1, 서울대 국어교육과, 1996.

_____, 「여수방언 개관」, 『남도문화연구』 6, 순천대 남도문화연구소, 1997.

_____, 『광양 방언 사전』, 한국문화사, 2015.

김경표, 「전남 도서지역과 해안지역의 부사형어미 '-아/어'의 교체」, 『방언학』 16, 한국방언학회, 2012.

_____, 「전남 도서 방언의 음운론적 대비 연구」, 전남대 박사학위논문, 2013.

김아름, 「국어 고모음화 현상 연구」, 아주대 석사학위논문, 2008.

김윤학, 「남부 해안의 方言의 子音音韻 配合 현상: 경남 삼천포, 전남 여수·순천」, 『연세국문학』 3, 연세대 국어국문학과, 1972.

배주채, 『고흥방언 음운론』, 태학사, 1998.

백두현, 『영남 문헌어의 음운사 연구』, 태학사, 1992.

여찬영, 「삼천포, 여수, 순천지방 방언의 음운현상: 어휘를 중심으로 한 비교연구」, 『연세국문학』 3, 연세대 국어국문학과, 1972.

이기갑, 「전라남도 방언의 개관」, 『방언학과 국어학』, 태학사, 1998.

이기갑·고광모·기세관·정제문·송하진, 『전남방언사전』, 태학사, 1998.

이돈주, 『전남방언』, 형설출판사, 1978.

이진숙, 「전남방언의 부사형어미 '-어/아X'의 교체양상과 언어지리학적 고찰」, 『국어학』 73, 국어학회, 2015.

_____, 「고흥 지역어와 진도 지역어의 음운론적 대비 연구」, 전남대 박사학위논문, 2013.

이희순, 『방언사전 : 여수편』, 어드북스, 2004.

임석규, 「경음화, 남은 몇 문제」, 『국어학』 67, 국어학회, 2013.

정연유, 「여수 지역어의 움라우트 현상」, 순천대 석사학위논문, 2009.

정인호, 『평북방언과 전남방언의 음운론적 대비 연구』, 태학사, 2006.

조창규, 「18세기 중엽 이후 전남 방언의 모음상승과 모음 중화」, 『국어국문학』 116, 국어국문학회, 1996.

한경호, 「여수지역어의 음운현상에 대한 사회언어학적 연구」, 순천대 석사학위논문, 1996.

한경호·기세관, 「여수지역어의 음운현상에 대한 사회언어학적 고찰」, 『과학과 교육』 10, 순천대 과학교육연구소, 2002.

한국정신문화연구원, 『한국방언자료집Ⅵ 전라남도편』, 한국정신문화연구원, 1991.

_____, 『한국방언자료집Ⅷ 경상남도편』, 한국정신문화연구원, 1989.

한병조, 「전남 여수·여천 지역어의 존칭어미 변화」, 『국제어문』 3, 국제어문 학회, 1982.

'어→으' 고모음화의 발생에 대하여

《송병필가 언간》과 《여소학언해》를 중심으로

유소연

1. 서론

음운의 변화나 음운규칙의 변화는 동일한 시기에 일시적으로 적용되는 것이 아니다. 언어단위의 층위에 따라서 혹은 어휘에 따라서, 혹은 그 언어를 사용하는 지역이나 사용자들의 계층에 따라서 그 변화의 양상은 달리 나타날 수 있기 때문이다. 또한 결과적으로는 동일한 현상으로 보이는 음운 현상이라고 하더라도 그러한 음운 현상이 실현되는 양상이나 음운변화의 원인은 다를 수 있을 것이다.

'어'의 음가변화와 '어→으' 고모음화 현상 역시 마찬가지이다. '어'의 음가가 변화하게 된 과정과 원인에 대한 다양한 논의가 존재하며, 이에 따라 '어→으'의 현상을 다르게 설명할 수 있다. 또한 동일한 '어→으' 현상이라고 하더라도 이러한 음운 현상이 보이는 지역에 따라 이를 설명하는 방식이 다를 수 있다.

이에 본고에서는 충청 방언[1]에서 나타나는 '어→으' 고모음화 현상에 대해 살펴보려고 한다. 오늘날의 충청 방언에서 보이는 '어→으'의 실현양상에 대한 논의는 추후 연구를 통해 진행할 것이며, 다음의 두 가지 측면에서만 '어→으' 고모음화 현상을 다룰 것이다. 첫째, '어→으' 고모음화 현상이 나타나게 된 원인을 '어'의 음가변화와 관련지어 추정해 볼 것이다. 둘째, '어→으' 고모음화 현상이 충청 방언에서 출현하는 시기를 추정해 볼 것이다. 해당 음운 현상이 발생하는 시기를 추정하기 위한 자료는 실제의 언어 현상을 있는 그대로 반영하지 못한다는 문제점을 가진 간본 자료보다는, 비교적 실제의 언어 현상을 반영한 자료인 언간자료와 필사본 자료를 대상으로 할 것이다.

물론 본고에서 분석의 대상으로 삼은 《충북 영동 송병필가 언간》과 《여소학언해》는 몇 가지의 문제점을 보이는 자료들이다. 《충북 영동 송병필가 언간》[2]은 기존에 분석되었던 다른 언간 자료들에 비해서는

---

1 충청 방언은 중부 방언권의 하위 방언권에 속한다. 충청 방언은 중부방언의 성격을 보이지만, 그 나름의 특성을 가지고 있다. 본고에서 살피고자 하는 '어→으' 고모음화 현상은 충청 방언의 특성을 살피기에 비교적 적절한 음운 현상이다. 충청 방언에서 실현되는 '어→으' 고모음화 현상을 제대로 연구하기 위해서는 충청 방언에서 '어→으' 고모음화 현상의 발생과 함께 발달 양상도 살펴야 할 것이다. 본고에서는 '어→으' 고모음화 현상이 발생하게 된 원인과 시기를 밝히는 것에 초점을 둬, 충청 방언에서 '어→으' 고모음화 현상이 전개되는 양상에 대해서는 다루지 못하였다. 이는 후고를 통해 논의할 것이다.

2 박재연·황문환(2005)에서는 총 102건의 편지를 제시하였으나, 황문환 외(2013)에서는 이들 편지 중 미확인편지를 제외한 총 91건의 편지만을 판독하였다. 본고에서는 이들 편지 중에서도 발신자와 작성연대가 모두 밝혀진 편지만을 그 대상으로 하였다. 발신자가 충청 방언화자임을 추정할 수 없거나, 작성연대를 알 수 없어 해당 음운 현상이 나타나는 시기를 확인할 수 없는 자료들은 제외함으로써 연구목적에 맞는 자료를 선별하고자 하였다.

발신자가 충청 방언화자이면서 편지의 작성연대가 명확하게 밝혀진 편지는 총 40건이다. 송지수의 편지 12건, 송병필의 편지 17건, 송보헌의 편지 1건, 송병필의 첫째딸과 둘째딸의 편지 10건이다. 다른 지역에서 시집을 온 여성발신자의 편지는 성장지와 현주거지의 언어가 뒤섞여 나타날 수 있으므로 분석대상에서 제외하였다. 나머지 자료들은

양적인 측면에서 상대적으로 적은 편에 속한다. 또한《여소학언해》는 충북 회인군 출신의 박문호(1846~1918)가 1882년에 만든 것이 화재로 소실되자 그의 후손이 1906년(병오년)에 필사한 것을 등사한 것이기에 반영된 언어의 시기를 정확하게 추정하기 어렵다. 그러나《충북 영동 송병필가 언간》은 충북 영동 일대에 거주한 송병필(宋秉弼, 1854~1903) 과 그의 아버지와 자식들의 언어를 반영한 자료이며,《여소학언해》는 19세기 후반(1882년)의 박문호의 표기법을 그대로 이어받은 것으로 추정돼 19세기 말의 충북 방언을 반영한 자료[3]로 볼 수 있다(이상규, 2014). 따라서 이들 자료를 통해 19세기 후반의 충청 방언의 한 경향성을 파악해 볼 수는 있을 것이다.

2. '어'의 음가변화와 '어→으' 고모음화

충청 방언에서 보이는 '어→으' 고모음화의 경향을 살피기에 앞서, 먼저 '어→으' 고모음화 현상이 나타나게 된 이유를 밝히고자 한다. 현대국어에서 실현되는 '어→으' 고모음화 현상에 대한 그간의 논의는 크게 두 가지 부류로 나뉜다. 하나는 고모음화가 발생하는 원인에 대한 논의이고, 다른 하나는 고모음화의 실현양상에 따라 방언권을 나누는

발신자에 대한 정보나 작성연대를 밝힌 후에 연구대상으로 삼을 것이다.

　이들 자료는 양적인 측면에서는 부족한 면을 보이지만 해당 음운 현상이 실현되는 시기를 추정하는 근거로 제시되기에는 부족함이 없으며, 무엇보다 한 가문에서 세대별로 '어→으' 고모음화가 실현되는 양상이 특이해 연구의 대상으로 삼을 만하다.

3　배영환(2009)에서도《여소학언해》에 19세기 충북 방언의 특징이 잘 드러나고 있다고 보았다.

것에 대한 논의이다. 고모음화의 실현양상에 따른 방언권의 구획은 본고에서 다루지 않을 내용이므로 제외할 것이며, 고모음화의 발생 원인에 대한 논의로 넘어갈 것이다.

김진우(1971)는 고모음화의 요인을 폐구조음 원칙이라는 음운법칙을 통해 설명하였다. 고모음화는 개구도의 축소를 통해 조음상의 노력을 덜고자 하는 경향에서 비롯된 음운 현상이라고 본 것이다. '어→으'의 현상만이 아니라 '에→이, 오→우, 아→어'를 고모음화로 보았지만, 강희숙(2005)은 '아→어'의 'ᄒᆞ−〉허−, ᄀᆞᆮ−〉겉−' 등은 몇몇 어휘에서만 발견되는 통시적 성격의 'ㆍ'의 비음운화를 반영하는 것이므로 이를 고모음화 현상으로 설명할 수는 없다고 보았다.

김정태(2003·2004)는 모음상승을 개구도가 큰 모음이 개구도가 작은 모음으로 변하는 자생적 변이로 보았다. 모음의 변별적 자질 자질 중 '높낮이 자질'이 변화된 것으로, 이 역시 발음노력의 절약에 기인한 현상으로 본 것이다. 그러나 모음체계에서 수직상승이며, 개구도에서 한 단계 상승하는 현상으로 본 점은 주목할 만하다. 이를 통해 모음 상승을 보이는 모음들이 다른 자질에서는 대립 관계를 보이지 않지만 혀의 높낮이 자질에서만 대립 관계를 보인다는 점을 확인할 수 있기 때문이다. 즉 이러한 고모음화(모음상승)가 발생하게 된 시기로 이들 모음이 혀의 높낮이 자질에서 대립 관계를 보이기 시작한 시점으로 추정할 수 있을 것이며, 고모음화의 발생시기와 모음체계의 변화가 상당히 밀접한 관련을 맺고 있는 현상임을 짐작할 수 있기 때문이다. 이에 대해서는 뒤에서 다시 논의할 것이다.

박숙희(2010)에서는 굴절에서 보이는 충남 방언의 음운 현상 중 어미 '−어야'가 '−으야'로 실현되는 현상을 고모음화 현상과 관련지어 설명하고 있다. /ㅓ/ 뒤에 오는 y의 영향으로 고모음화가 더 빠르고 완전하게 받아들여진 것으로 보았다. 현대의 충남 방언에서 실현되는 고모음화의 현상을 y의 조음위치에 영향을 받아 선행하는 모음이 변화되는 것으로 설명했다는 점에서 주목할 만하다. 개구도가 작아지는 현상으로만 설명되는 것이 아니라 후행하는 요소의 영향을 받는 동화 현상으로도 설명이 가능하기 때문이다. 또한 y의 조음상의 역할은 뒤에서 논의될 모음 '이'의 조음상의 견인력과 관련지어 볼 수 있을 것이다. 모음 '이'의 조음상의 견인력[4]은 한영균(1990) 등에서 모음체계의 변화와 관련지어 제시한 용어인데, 전설모음 '이'에 의해 비전설모음들이 조음 과정에서 영향을 받을 수 있음을 확인할 수 있다. 이를 통해 전설모음 '이'의 영향을 받기 이전의 모음과 영향을 받은 뒤의 모음이 혀의 전후 위치에 따른 대립관계를 형성하고 있다는 것을 추정할 수 있을 것이다. 물론 이러한 추정은 혀의 전후 위치에 따라 모음을 전설모음과 후설모음의 두 가지로 분류할 경우에만 설명이 가능할 것이며, 중설모음을 따로 설정하는 모음체계로는 설명하기 어렵다. 다만 이를 통해 '어→으' 고모음화 현상이 모음 '이'와도 관련지어 설명이 가능한 현상이며, 모음 '어'와 모음 '으'가 혀의 높낮이자질에서 대립관계를 갖게 된 시점이 모음체계에서 전설모음과 후설모음이 형성된 이후일 것으로

4　한영균(1990), 김차균(1995) 등에서는 15~16세기에 발생한 일련의 모음변화가 '이' 모음의 조음상의 견인력에 의한 것으로 보았다. 한영균(1990)은 i의 조음상의 특징인 전설성과 고모음성에 의해 모음사각도의 오른쪽 아래에 있는 음들이 i의 조음위치에 가깝게 올라가게 되었으며, i의 적극적인 기능에 의해 16세기에 들어서 설축대립이 본격적으로 약화되었다고 하였다. 설축대립의 약화는 후기 중세국어 모음체계를 유지하던 대립축이 붕괴된 것을 의미하는 것이며, i의 기능을 적극적으로 살리는 방향의 새로운 체계가 정립되었을 것으로 추정하였다.

추정할 수 있을 것이다.

1) '어'의 음가 변화

위에서 논의한 바와 같이 '어→으' 고모음화 현상이 모음 '어'가 모음 '으'와 혀의 높낮이 자질에서 대립관계를 형성한 후에 발생한 현상으로 본다면, '어→으' 고모음화 현상에 대해 논의하기 위해서 먼저 모음체계의 변화에 따른 모음 '어'의 음가변화에 대해 살펴보아야 할 것이다.[5]

훈민정음 제자해에서 사용한 '축(縮)', '축(蹙)/장(張)'의 개념을 어떻게 보는가에 따라서 15세기 국어의 단모음체계를 달리 설명할 수 있다. 김완진(1963)이나 이기문(1969)에서는 15세기의 모음 '으'와 '어'가 혀의 높낮이자질에서 대립을 이루고 있는 것으로 해석될 가능성이 있지만, 박창원(1986)·백두현(1992)의 모음체계에서는 모음 '으'와 모음 '어'가

---

5 조창규(1996)에서도 고모음화 현상이 발생한 원인에 대해 밝히고 있다. '어→으'현상은 'ㅇ·'가 소멸된 후 전설 쪽에 치우친 '어'가 중설로 이동하는 후설화를 겪은 뒤에 발생한 것으로 보았다. 본고 역시 '어'의 조음위치가 후설로 이동된 후에야 모음상승이 발생한 것으로 논의하였다. 다만 이러한 변화가 'ㅇ·'의 소실에만 국한되어 설명될 것이 아니라 모음체계의 변화와 관련지어 논의되어야 할 필요성이 있다고 보아 제시하였다. 음소로서 불안정했던 'ㅇ·'가 소실되면서 모음체계가 변화된 것으로 보는 것보다 모음 '이'의 조음상의 견인력에 의해 모음체계가 변화된 것으로 보는 것이 더 타당할 것이기 때문이다. 'ㅇ·'가 음소로서 불안정한 지위를 가지고 있었다면 안정된 지위를 갖기 위해 특정음소로 변화되었을 가능성이 클 것이다. 그러나 'ㅇ·'는 일반적으로 논의된 바와 같이 '으'나 '아'로 변화된 경우도 존재하지만, '어'로 변화된 경우도 존재하고, 소신애(2015)에서 밝힌 바와 같이 '오'로 변화된 경우도 보인다. 불안정한 위치를 지니던 음소의 음역이 넓어져 다양한 다른 음소로 변화된 것으로 설명하는 것보다는, 모음체계의 변화에 의해 변화된 것으로 설명하는 것이 보다 타당할 것으로 여겨진다. 물론 이는 'ㅇ·'의 음가와 그 변화에 대한 고찰이 먼저 이루어진 후에 논의되어야 할 사항이다. 본고는 '어'의 음가가 변화된 이유와 고모음화 현상의 원인을 밝히는 데 그 목적이 있으므로, 자세한 사항은 후고를 통해 논의할 것이다.

사선적 관계를 이루고 있다. 모음 '으'와 모음 '어'는 '구장(口張)'의 자질
에 의해서 구별이 되는데, 김영선(2003)에서 제시한 바와 같이 '축(蹙)/
장(張)'의 개념은 개구도, 원순성과 개구도의 복합, 입술의 오므림 정도
등 다양하게 논의된 결과들이 있지만 아직 하나로 결론을 내지 못하고
있는 내용이다. 이에 대해 세밀하게 살펴야 할 것이나, 본고는 고모음
화 현상과 이들 모음체계와의 상관성을 추정하는 데 그 목적이 있으므
로 한 가지 가능성을 제시하는 것으로 논의를 그치고자 한다.

　모음 '어'와 모음 '으'는 15세기 모음체계에서 개구도(혀의 높낮이자질)
에 의해서만 변별되는 모음쌍이 아니라는 점이다. 그렇다면 이들 모음
이 혀의 전후위치 등에서도 변별이 될 수 있을 것이다. 즉 모음 '어'와
모음 '으'가 한 가지 이상의 자질에서 대립관계를 가질 수 있을 것이며,
15세기에 '어→으' 현상이 존재했다면 고모음화 현상이라고 설명하기
에는 어려울 것이다. 현대국어와 달리 15세기 국어의 모음은 사선적인
대립체계를 지니고 있었을 것으로 논의한 한영균(1990), 김차균(1995),
김영선(2003) 등의 연구를 통해서 이를 추정할 수 있다.

　이와 더불어 한영균(1990)은 후기중세국어에서 근대국어로의 이행이
전설과 후설의 대립이 축이 되는 체계가 성립되는 것으로 보았는데,
후기중세국어에서의 전설과 비전설의 체계가 근대국어로 오면서 전설
과 후설의 체계로 확립된 것으로 볼 수 있을 것이다. 이러한 모음체계
의 변화와 함께 모음 간의 대립관계가 형성되었을 것이며, '어→으' 고
모음화 현상 역시 이러한 관계를 바탕으로 하여 발생한 것으로 볼 수
있다. 최전승(1986)은 /ə/→/i/의 변화가 전설에서의 /e/→/i/현상과 후
설에서의 /o/→/u/ 현상과 보조를 맞추는 체계적인 모음상승의 경향을
반영하는 것으로 보았는데, 고모음화 현상이 이처럼 '어→으'에서만 발

생하는 것이 아니라는 점을 통해 모음체계의 변화와 함께 발생한 현상
임을 확인할 수 있다[6].

　이러한 모음체계의 변화로 인해 15세기 국어에서 비전설모음[7]이었
던 '어'가 후설모음으로 변화하게 되었으며, '어'가 후설모음으로 자리
를 잡은 이후에야 모음 '으'와 혀의 높낮이 자질에서 대립 관계를 형성
하게 되었을 것이다[8]. 따라서 모음 '어'가 '으'로 변화되는 현상을 고모
음화 현상으로 부를 수 있는 것이며, 고모음화 현상이 발생하게 된 시
기 역시 모음체계의 변화 시기나 '어'의 후설화 시기와 상당히 밀접하게
관련되어 있을 것임을 알 수 있다.

6　조창규(1996) 역시 '에→이', '오→우', '어→으'의 현상이 19세기에 공존한 것으로 추정
　하고 있다. 최전승(1986)과 조창규(1996)는 전라도 방언자료를 중심으로 논의하였고,
　백두현(1992)은 경상도 방언자료를 중심으로 논의하였으며 본고는 충청도 방언자료를
　중심으로 논의하고 있다는 한계를 보이지만, 이러한 고모음화 현상이 특정 방언에서만
　나타나는 현상으로만 논의될 수 없다는 문제점을 지적할 수는 있을 것이다. 이 부분에
　대해서는 조금 더 다양한 자료를 통해 고찰할 것이다.

7　중세국어의 단모음체계를 제대로 설명하기 위해서는 훈민정음 제자해에서 모음을 설명
　하는 용어가 먼저 분석되어야 할 것이다. 모음 '어'는 모음 '으'와 '설소축(舌小縮)'임은
　동일해, '舌不縮(舌不縮)'인 모음 '이'와 성격이 다르다. 그러나 모음 '어'는 모음 '으'에
　비해 [구장(口張)]의 자질을 가지고 있어, '구장(口張)'이 단순히 개구도만을 의미하는
　것이 아니라면, 모음 '어'와 모음 '으'가 혀의 전후위치에서 동일한 위치에 놓일 수 없을
　것이다. 즉 '장(張)'이 표현하는 자질이 무엇인가에 따라서 모음 '어'와 모음 '으'가 혀의
　전후위치에서 구별될 수 있는 것이다. 그러나 전설모음인 모음 '이'와는 달리 '설소축(舌
　小縮)'으로 풀이되기에, 모음 '어'는 [−전설성]의 모음이라는 점은 분명하다. 즉 비(非)
　전설모음이라는 점만은 확실하기에 '비전설모음'이라고 표현하였다.

8　김차균은 중세국어에서 /아/의 왼쪽·위쪽에 있던 /어/가 현대국어에선 바로 위로 옮겨
　지고, /ᄋ/의 소멸로 /으/가 /어/의 위에 자리잡게 된 것으로 보았다(김차균, 「혀 오그
　림과 우리말 홀소리 어울림의 어제와 오늘」, 『한글』 229, 한글학회, 1995, 77~78쪽).
　즉 /아/보다 전설에 가깝게 실현되었던 /어/가 /아/와 /으/의 위치로 후설화된 것으로
　볼 수 있다. 조창규(1994)와 정영호(2008·2009) 역시 '어'의 후설화와 모음상승(혹은
　고모음화)을 관련지어 논의하고 있다.

2) '어→으' 고모음화의 발생 시기

위에서 논의한 바와 같이 '어→으' 고모음화 현상이 '어'가 '으'와 혀
의 높낮이 자질에서 대립관계를 형성하게 된 이후에 발생하게 된 것으
로 본다면, 모음체계의 변화로 인해 '어'가 후설화를 겪고 전설과 후설
의 대립체계가 어느 정도 자리를 잡은 이후에 발생하였을 것으로 추정
할 수 있다.

백두현(1992), 조창규(1994) 등에서는 모음 '어'가 후설화를 겪은 시기
로 18세기 후기를 들고 있다. 특히 백두현(1992)은 18세기 후기에 일어
난 모음체계의 변화로 인해 전후대립을 기조로 했던 모음체계에서 고
저대립이 뚜렷한 지위를 갖게 되는 방향으로 대립관계가 변화되었다고
보았는데, '어'의 후설화를 겪은 뒤에야 '어'와 '으'가 혀의 높낮이 자질
에서 대립관계를 형성하게 되었을 것임을 확인할 수 있다. 즉 '어'가
후설화된 이후에 '어→으' 고모음화가 발생하게 되는 것이다.

'어→으' 고모음화가 발생하게 된 시기에 대해서는 백두현(1997)에서
밝히고 있다. 1880년대 문헌에서부터 확인되는 현상이며, 19세기 말기
이후 중부방언권의 모음변화에서 보이는 가장 큰 특징으로 '어→으'
현상을 제시하였다. 특히 '어→으' 모음상승이 18세기에 작용했던 '오→
우'에 견인돼 중모음이 고모음화되는 모음체계상의 변화임을 지적하고
있어 주목할 만하다. 또한 이병근(1970)에서도 장모음 '어'가 '으'로 대치
되는 어형을 갖게 되는 현상이 19세기 후기에 발생한 것으로 보았다.
이옥희(2015)에서는 19세기 서울 지역에서 간행된 문헌에서 '오→우,
어→으, 에→이'의 고모음화가 모두 보임을 밝히고 있어, 중부 방언권에
서 '어→으' 고모음화 현상이 발생하게 된 시기는 19세기 후반일 것임을

확인할 수 있다. 따라서 중부방언의 하위 방언권인 충청 방언에서도 '어→으' 고모음화 현상이 발생하게 된 시기가 19세기 후반일 것임을 추정할 수 있을 것이다. 이를 구체적인 자료를 통해 확인해 보고자 한다.

3. 《송병필가 언간》과 《여소학언해》의 '어→으' 고모음화 현상

1) 《송병필가 언간》의 '어→으' 고모음화 현상

앞서 밝힌 바와 같이, 본고에서 분석의 대상으로 삼은 《송병필가 언간》 자료는 발신자와 발신연도가 명확한 자료에 한정하였다. 발신자의 경우, 충청 방언 화자임이 비교적 명확한 송지수(宋趾洙), 송병필(1854~1903), 송보헌(1874~?), 송병필의 첫째딸과 둘째딸의 언간자료를 분석하였다[9]. 송지수는 송병필의 아버지이고 송지수와 송병필 모두 충북 영동에서 거주한 것으로 밝혀져, 송지수와 송병필 그리고 송병필의 두 딸[10]들의 편지를 비교해 살펴본다면, 세대별로 '어→으' 고모음화

---

[9] 판독된 《송병필가 언간》 자료 중 발신자가 송보헌으로 밝혀진 언간은 1건이다. 송보헌은 송병필가의 구성원이고, 거주지가 충남 공주시인 것으로 밝혀져 충청 방언 화자라는 것은 명확하지만 언간 자료의 양이 상대적으로 매우 적어 어떠한 경향성을 파악하기에는 어렵다는 문제점을 지닌다. 또한 '어→으' 고모음화 현상이 실현된 예도 많지 않았다. 하지만 충청 방언의 경향성을 파악하는 데 살펴볼 만하다고 여겨져, 보조자료로 활용하였다.

[10] 편지의 발신자가 여성인 경우에는 출신지와 생활근거지 등의 정보를 바탕으로 언간의 언어가 분석되어야 할 것이다(김한별, 2016). 그러나 조항범(1998)에서 지적한 바와 같이, 출신지와 생활근거지가 다른 경우에 여성화자가 사용한 언어가 어떤 방언을 반영

현상이 어떻게 실현되었는지를 밝히는 데 유용할 것이다[11].

《송병필가 언간》은 세대별로 음운 현상이 실현되는 양상을 비교하기에 적절한 자료이지만, 김한별(2016)에서 지적한 바와 같이 관찰가능한 어휘의 종류가 제한적이라는 문제점을 보인다. 특히 그간 연구되었던 다른 언간자료들에 비해 상대적으로 그 수가 많지 않기에 이러한 문제점이 지적될 수 있을 것이다. 이에 본고는 19세기 충청 방언을 반영한 것으로 평가되는 《여소학언해》를 3.2.에서 살펴, 이를 보완하고자 한다.

먼저 송병필의 언간에서 보이는 '어→으' 고모음화 실현형을 살펴볼

하고 있는지를 분명하게 밝혀내는 일 역시 쉽지 않다. 《송병길가 언간》에는 송병필의 아내인 전주이씨의 언간자료도 포함되어 있으며, "본관이 녹지 흔 장만 **으드면**(얻[得]--→은-) 셔울노 쥬션홀 일이라 흐며 《송병필가-90(전주이씨)》", "당목은 스더니 안짐 **느노라**(넣--→눃-) 다 쎠숩느이다 《송병필가-90(전주이씨)》", "녹지을 **으더** 달나 흔다고 《송병필가-91(전주이씨)》"처럼 '어→으' 고모음화 현상이 실현된 예들도 보인다. 그러나 전주이씨의 경우는 아직 출신지에 대한 정보를 확인하지 못하였으며, 출신지와 생활근거지의 언어가 상당히 섞여 있을 것으로 판단돼 분석대상에서 제외하였다. 다만 송병필의 두 딸들은 출신지가 비교적 명확하며, 편지를 작성한 시기까지도 출신지의 언어가 영향을 미쳤을 것이라는 가정 하에 분석의 대상으로 삼았다.

11 '어→으' 고모음화 현상이 가장 많이 확인된 언간은 송병필의 언간이다. 언간자료에서 송병필의 언간이 가장 많고 실현될 수 있는 어형이 많이 나타났기 때문에 상대적으로 그 수가 많은 것이지, 절대적인 실현양상을 의미하는 것은 아니다. 언간자료의 경우, 모음이나 자음의 판독이 어려운 경우가 많은데, 본고에서 논의의 대상으로 삼은 모음 '어'와 '으'는 판독에서 큰 어려움이 없는 모음에 해당된다.

'어'	'으'

것이다. 송병필의 언간은 1886년에 작성된 편지가 1건, 1888년에 작성된 편지가 1건, 1889년에 작성된 편지가 8건, 1890년에 작성된 편지가 5건, 1891년에 작성된 편지가 2건으로 총 17건이다. 송병필이 30대초·중반에 작성한 편지로 송병필이 거주했던 충북 영동군 심천면의 언어를 반영했을 것으로 추정할 수 있다[12]. 충북 영동군은 전라도와 경상도의 접경지역으로 다양한 형태의 언어가 나타날 수 있는 지역이나, 송병필이 회덕을 세거지로 했던 우암 송시열의 후손이라는 점과 심천면이 옥천군에 인접하고 있다는 점을 고려해 본다면, 송병필가의 언간에서 나타나는 언어 역시 충청 방언을 반영하고 있을 것임을 짐작할 수 있을 것이다.

(1) 가. 오기 젼의 혼ᄌ 고을의 ᄀ셔 **웃지** 견될넌지《송병필가-02》
　　웃지ᄒ**여야** 죠흘넌지 답답ᄒᆞᆸ《송병필가-07》
　　웃지ᄒ**여아** 죠흘넌지 왜약은 ᄃ시 머기지 마십《송병필가-08》
　　극ᄀᄒ고 슉셩ᄒᆞᄃ고 ᄒᆞ더라나 **웃지** 밋겟습《송병필가-08》
　　답장 **웃지** 올넌지 궁금ᄒᆞ오이다《송병필가-17》

나. 츈흔의 긔운 다시 **웃더**ᄒᆞ오시고《송병필가-04》
　　요ᄉ이 긔운 **웃더**ᄒᆞ**오시고** 아희들도 츙실《송병필가-11》
　　규슈 외양이나 **웃더**흔**지** 궁금ᄒᆞ니《송병필가-14》
　　ᄉᆡ로 드러운 침모ᄂᆞᆫ 침지가 **웃더**ᄒᆞᆸ《송병필가-15》

다. 아오ᄂᆞᆫ **은졔** 과힝 쎠ᄂᆞᆫᄃ ᄒᆞᆸ《송병필가-04》
　　은졔나 근친 보뉘랴ᄂ《송병필가-05》

---

12 문화재청(2012)에 따르면, 충북 영동군 심천면 초강리에 있는 소석고택은 송병필이 고종 22년(1885) 경에 지은 집이며, 19세기 무렵 초강리가 은진송씨의 집성촌이었다고 한다.

(2) 소경되의 박을 유리은 스면 구ㅎ여도 두터운 게 **옵셔셔** 이듸로《송병
필가-02》

봉신지감 이루 칭양할 길 **옵ㅅ오며**《송병필가-03》

슈란 견딀 슈 **옵습ㄴ이듸**《송병필가-03》

보닐 마음은 죵시 **옵시니** 답답ㅎ옵《송병필가-03》

남의 마음을 알 슈 **옵시니** 답답ㅎ옵《송병필가-03》

깃부온 마음 **층양옵ㅅ오며**《송병필가-08》

편할 날이 **옵시니** 약약ㅎ옵《송병필가-08》

견딀 슈 **옵셔** 약약ㅎ오이다《송병필가-09》

침모ㄴ 구ㅎ여도 맛당ㅎ 게 **옵시니** 답답ㅎ옵《송병필가-09》

젼의ㄴ 집의 갈 슈 **옵실** 뜻ㅎ니 발광할 쏫ㅎ옵ㄴ이다《송병필가-11》

고을 일노 **밤낫옵시** 일시라도 편할 날이 **옵시니**《송병필가-12》

잠시라도 쩌날 길 **옵셔** 못 ᄀ겟시니《송병필가-12》

궁거온 마음 **층양옵시며**《송병필가-13》

아즉 별 탈은 **옵스나** 더위로 죠셕도 잘 먹으니《송병필가-13》

무ᄀᄂ히ᄒ라 보닐 밧긔 **옵시나** 이러헌 인졍이 어듸 잇시며《송병필가
-14》

흔 번 졍흔 호인 듸시 변통은 **옵시ㄴ**《송병필가-14》

고등어ㄴ **옵셔** 못 구ㅎ여 보닉옵ㄴ이다《송병필가-15》

셥셥흔 ᄆ음 **칙양옵습**《송병필가-17》

쥬야 견딀 슈 **옵시니** 약약ㅎ오이다《송병필가-17》

예셔 구홀 슈 **옵셔** 셔울노 스로 보닉습ㄴ이다《송병필가-17》

밧그로 일 보나 이ㄴ **옵고** 필경 낭픽되는 일 만흘 듯ㅎ니《송병필가
-09》

할 사이 **옵거든** 그만두시옵《송병필가-14》

(3) 가. 약도 **효흠** 옵시니 괴롭습《송병필가-11》

나. 거번의 보닌 **이음** 며나리 머리의 맛더잇ᄀ《송병필가-17》

최학근(1978)의 연구나 방언연구회(2001), 도수희(1987)의 연구를 통해 본다면, 현재 본고에서 분석의 대상으로 삼은 충북 영동군 심천면의 언어에서 모음 '으'와 '어'는 변별이 가능한 모음이다. 따라서 위의 (1)과 (2)는 모두 고유어의 어두에서 보이는 '어→으' 고모음화 실현형이라고 볼 수 있다. (1가)는 '어찌'가 '읏지'로, (1나)는 '어떠하–'가 '읏더흐–'로, (1다)는 '언제'가 '은제'로 실현되었으며, (2)는 '없다'가 '읎다'로 실현된 경우이다. (3)의 예들은 한자어의 제2음절에서 나타난 '어→으' 고모음화실현형의 경우로, (3가)는 '효험(效驗)'이 '효흠'으로[13], (3나)는 '이엄(耳掩)'이 '이음'으로[14] 실현된 경우에 해당된다. 일반적으로 '어→으' 고모음화의 실현에 대해서 어두의 장음 '어ː'가 '으'로 실현된다고 보아 음장이라는 운소가 고모음화 현상에 크게 영향을 미치는 것으로 논의되고 있다. 예가 적어 단언할 수는 없지만, 고모음화의 발생에 음장이 필연적으로 영향을 미친다는 기존의 논의는 재고되어야 할 것으로 보인다. 이는 송병필의 딸들의 언간 자료에서 보이는 예를 통해 다시 확인할 수 있다.

(4) 가. 흐긔흐는 약도 쓸 수가 **업스오니** 《송병필가–19(송지수)》

동정을 보아 쓸 밧긔 **업삽고** 《송병필가–19(송지수)》

독흔 약으로 다시릴 길은 **업사오니** 《송병필가–19(송지수)》

만실 우고로 편홀 나리 **업시니** 귀치 아니흐나 《송병필가–20(송

---

13 '험(驗)'은 중세 국어 시기에도 '驗 R험/H험'(권인한, 『개정판 중세한국한자음훈집성』, 제이앤씨, 2009, 493쪽)의 음을 가지고 있었다.

14 '엄(掩)'은 중세 국어 시기에도 '掩 R엄'(권인한, 『개정판 중세한국한자음훈집성』, 제이앤씨, 2009, 280쪽)의 음을 가지고 있었다.

지수)》

상치 되는 일이나 **업실**는지《송병필가-21(송지수)》

제 의복 곳칠 거슨 보느나 별노 **업다** ᄒ다《송병필가-21(송지수)》

밤낫업시 지느다 지금 와서 차차《송병필가-24(송지수)》

염녀ᄒ난 마음 일시 노힐 길 **업다**《송병필가-27(송지수)》

당상의 이우 **업게** ᄒ고 큰 탈 **업게** ᄒ여라《송병필가-27(송지수)》

누구라 지명홀 일 **업시** 송 셰마 주손 형졔라 ᄒ고《송병필가-21

(송지수)》

나. 면종은 **엇지**ᄒ여 그러ᄒ지 감셰 엽는 일 답답ᄒ다《송병필가

-21(송지수)》

엇지 될넌지 심난ᄒ다《송병필가-21(송지수)》

닉츈으로 퇴졍흔다 ᄒ나 **엇지** 될지 모로겟다《송병필가-27(송지

수)》

다. 쥬야 엄녀 **엇덧타** 못ᄒ겟다《송병필가-22(송지수)》

거긔 스셰가 **엇쩌**ᄒ지 모로나《송병필가-23(송지수)》

(4)는 송병필의 아버지인 송지수의 언간 자료에서 보이는 예들이다. (4가)의 '없다', (4나)의 '엇지(어찌)', (4다)의 '엇더ᄒ-'는 송병필의 언간에서는 고모음화가 적용된 '읎다, 읏지, 읏더ᄒ-'로 실현되었던 형태이다. 그러나 송병필의 이전 세대인 송지수의 언간 자료에서는 '어→으' 고모음화가 실현된 어형이 단 한 개도 발견되지 않아, '어→으' 고모음화 현상이 세대별로 다르게 실현되고 있음을 확인할 수 있다. 황문환 외(2013)에서는 송지수가 작성한 편지의 작성연도를 19세기 1건, 1868년 1건, 1869년 3건, 1870년 3건, 1871년 1건, 19세기 후반 3건으로 추정하였다. 송병필의 언간이 작성된 시기와 20여년 차이를 보이는 자료이지만 '어→으' 고모음화가 실현된 어형이 단 한 개도 발견되지

않았다는 점에서 주목할 만하다. 언간이 반영하고 있는 언어가 개인의 언어일 수도 있지만 당대의 언어 현상을 반영하고 있는 자료임을 가정한다면, 송지수의 언간 자료와 송병필의 언간 자료를 비교함으로써 충청 방언에서 '어→으' 고모음화 현상이 발생하게 된 시기를 잠정적으로 추정할 수 있을 것이다.

특히 '어→으' 고모음화 현상보다 시기적으로 조금 앞서 실현되었을 것으로 추정되는 '오→우' 고모음화 실현형을 비교해 본다면, 고모음화의 실현양상을 파악하는 데 도움이 될 것이다. 아래에 제시한 예문은 송지수의 언간 자료와 송병필의 언간 자료에서 확인되는 '오→우' 고모음화 관련 예이다.

    (5) 가. **져구리** 둘 바지 ᄒ나 《송병필가-21》

        나. **도모지** 산후는 허ᄒ기가 쥬장이요 《송병필가-19》

             도모지 긴 사연 다 바리고 《송병필가-22》

             도모지 이런 병의 갈희들 아니ᄒ노라 ᄒ시니 《송병필가-29》

             미오 십분 상냥ᄒ여 ᄒ시읍 《송병필가-19》

    (6) 가. 각ᄀ 제졀 일안ᄒ온지 **두루** ᄉ렴 《송병필가-02》

             신낭의 **벼루집**은 집의셔 써이게 ᄒ시읍 《송병필가-02》

             망건도 **시굴**셔 ᄉ게 ᄒ시읍 《송병필가-02》

             명쥬 **뎌구리** ᄒᄂ 《송병필가-06》

        나. 각쳐 셰찬 봉물 봉할 일 **더옥** 심난 《송병필가-09》

(5가)는 송지수의 언간에서 보이는 '오→우' 고모음화 실현형이다. (5나)는 '오→우' 고모음화가 실현되지 않았지만 실현이 가능한 어형이

다. (6가)는 송병필의 언간에서 보이는 '오→우' 고모음화 실현형이고, (6나)는 실현이 가능한 환경이나 '오→우' 고모음화가 실현되지 않은 경우이다. 편지글에서 나타나는 어휘가 한정적이며, 언간의 수가 많지 않아 이들의 예만으로는 '오→우' 고모음화의 실현양상에 대해 논의하기 어렵다. 다만 송지수의 언간에서도 '오→우' 고모음화 현상이 실현된 예가 보인다는 점과 송지수의 언간 자료에 비해 송병필의 언간 자료에서 '오→우' 고모음화가 실현된 예가 조금 더 많이 확인된다는 점을 지적할 수 있을 것이다.

송지수의 언간에서 '어→으' 고모음화가 실현된 예는 보이지 않지만 '오→우' 고모음화가 실현된 예가 보임을 통해, 고모음화 현상이 나타나는 시기였음을 확인할 수 있다. 또한 송지수의 언간에 비해 송병필의 언간 자료에서 '오→우' 고모음화가 실현된 경우가 많이 보이는 것은 상대적으로 송병필의 언간 자료가 양적인 측면에서 많다는 것도 하나의 이유가 될 수 있겠지만, '어→으' 고모음화 현상이 송병필의 언간부터 확인됨을 비추어 보았을 때, 송병필 세대부터 고모음화 현상이 본격적으로 실현되기 시작했을 것임을 추정할 수 있다.

(7)　가. ᄒ라 ᄒᄂ 듸로 히도 **드글** 못 보니《송병필가-42(은진송씨 첫째딸)》

　　　나. **탄굿가치** 희포 무안 아득키 믹키오니《송병필가-45(은진송씨 첫째딸)》

　　　다. 예는 셰젼 셰후**부틈** 죤고게옵셔 감환으로 딕단《송병필가-45(은진송씨 첫째딸)》

　　　　쥬ᄉ**드르** 죵쟝ᄒᄅ ᄒ시옵소셔《송병필가-45(은진송씨 첫째딸)》

(8) 가. 일싱 첩을 **웃네 웃네** ᄒ더니…어린 것 ᄒ나 다린 걸 **으더** 디리
보ᄂᆡᄉ오나《송병필가-43(은진송씨 둘째딸)》

남의 안돈을 ᄉ십 양을 **으더다** 쥬여습더니《송병필가-43(은진
송씨 둘째딸)》

싸롱 긔 **웁고** 맛당은 ᄒ나 거둘 수가 업습《송병필가-46(은진송
씨 둘째딸)》

노ᄌᆞ도 돈이 잇스면 돈양이나 주련만 **웁셔셔** 닷 돈을 주오니《송
병필가-46(은진송씨 둘째딸)》

웁거든 구만 두시웁 **으더** 보ᄂᆡ시러 심녀 마르시웁고《송병필가
-47(은진송씨 둘 째딸)》

집안의 **으른** 노릇슬 ᄒ려 ᄒ고《송병필가-46(은진송씨 둘째딸)》

가′. 물을 ᄒ 방올만 **느코** 아니 낫거든 ᄒ 번 더 ᄒ **느시웁**《송병필가
-47(은진송씨 둘째딸)》

ᄂᆡ연의ᄂ 오라비를 **들** 괴롭ᄒ여야 ᄒᄂᆞ듸《송병필가-49(은진송
씨 둘째딸)》

나. 일젼의 오라비가 쌀 ᄉ 말 고기 ᄒ 근 보ᄂᆡ셔《송병필가-44(은진
송씨 둘째딸)》

농ᄉᄂ 보리가 **슥** 셤 단 말 밀 셔너 골이 ᄉ 말인듸《송병필가
-49(은진송씨 둘째딸)》

가셔도 **즈** 집으로 간다 ᄒ거든 가겨 내불 두시웁《송병필가-46
(은진송씨 둘째딸)》

아무러턴지 **즈** 두 ᄂᆡ외 금술이나 조흐면《송병필가-48(은진송
씨 둘째딸)》

바로 **즈** 집의 간듸더니 와셔《송병필가-48(은진송씨 둘째딸)》

다. **스속**쌀이 셔너 말밧기 아니 되고《송병필가-46(은진송씨 둘째딸)》

삼신겨 **증안수** 쩌 노코《송병필가-47(은진송씨 둘째딸)》

혼인만 곳 **증ᄒ면** 이 봄의릭도 곳 지닌다 ᄒ면셕도《송병필가
-47(은진송씨 둘째딸)》

(7가)의 예는 한자어 어두에서 '어→으' 고모음화가 실현된 예에 해당된다. '덕(德)→득'[15]과 같이 한자어의 어두에서 실현되는 '어→으' 고모음화 현상은 이전 세대인 송병필의 언간 자료에서도 확인할 수 있는 예이다. 그러나 (7나)의 의존명사 '것'이 '긋'으로 실현된 경우[16]나 (7다)처럼 조사 '부텀'이 '부틈'으로, '(드려))더러'가 '드르'로 실현된 경우는 특이한 예에 해당된다. 의존명사와 조사와 같이 자립성이 비교적 적은 형태에서도 '어→으' 고모음화 현상이 발생한 것을 통해, '어→으' 고모음화 현상이 나타나는 환경이 더욱 확대되고 있음을 추정할 수 있을 것이다. 또한 비어두에서 장음과 상관없이 실현되는 이들 예를 통해 '어→으' 고모음화 현상을 어두 장음에서 실현되는 현상으로 보았던 기존의 연구들이 재고되어야 할 필요성을 확인할 수 있을 것이다.

(8가)의 예는 송병필의 언간 자료에서도 확인할 수 있는 '어→으' 고모음화 실현형이다. 이전 세대에서 실현되던 양상이 그 다음 세대에서도 계속 실현되고 있음을 확인할 수 있다. 다만 (8가')의 예는 주목할 만한데, 고유어의 어두에서 실현되는 '어→으' 고모음화 현상이지만 모음 앞에 선행하는 자음이 있다는 점에서 특이하다. 선행하는 자음이 'ㄴ, ㄷ'일 때 '넣다→늫다', '덜→들'로 실현되는 경우로, 이들 자음이 [+전방성]과 [+설정성]을 지니고 있는 자음이라는 점에 주목할 만하다. 백두현(1992)에서 '어→으' 고모음화 현상과 '으~어' 혼기가 음운론

---

15 '덕(德)'은 중세 국어 시기에도 '德 H덕'(권인한, 『개정판 중세한국한자음훈집성』, 제이앤씨, 2009, 93쪽)의 음을 가지고 있었다.

16 '탄긋가치'는 '탄 긋 가치(탄 것 같이)' 정도로 추정되지만 보다 정확한 해석을 위해서는 먼저 해당 문장을 완전하게 판독한 후 분석해야 할 것이다. 예문은 황문환 외(2013)에 제시된 표기방식에 따라 제시하였다.

적으로 성격을 달리하는 것이라고 하였는데, '어→으' 고모음화 현상은 어두 장음 '어ː'에서 실현되는 현상임에 반해 '으~어' 혼기는 선행 자음이 [+coronal], [+anterior]의 자질을 가지고 있을 때 나타나는 현상이라고 보았다. 조금 더 다양한 자료를 통해 더 많은 예를 확보해야 본격적으로 논의할 수 있는 사항이지만, '어→으' 고모음화 현상이 음장이라는 요소와 필연적인 관계를 갖는 것이 아니라면 '으~어'의 혼기 역시 고모음화 현상과 관련지어 논의할 수 있을 것이다. 선행 자음이 지닌 [+전방성]자질과 [+설정성]자질에 의해 모음이 영향을 받은 현상으로도 설명이 가능하기 때문이다. 이에 대해서는 보다 더 많은 예들을 통해 후고에서 논의할 것이다.

(8나)의 경우도 (8가')의 경우와 유사하게 설명이 가능한 예문이다. 다만 '석[三]→슥'과 '저→즈'는 1음절이고 체언이라는 점을 고려해 따로 분류하였다. 그러나 이들의 예문에서 보이는 '어→으' 고모음화 현상도 선행자음이 [+전방성]과 [+설정성]을 지니고 있어, (8가')의 예문과 함께 분석이 가능한 경우에 해당할 것이다.

(8다)는 한자어 어두에서 '어→으' 고모음화가 실현된 경우이다. '서속(黍粟)→스속', '정안수(井-水)→증안수', '정(定)ㅎ-→증ㅎ-'로 각각 고모음화가 실현된 예들이다[17]. 한자어에서 실현되는 '어→으' 고모음화

---

17 이들 한자음은 중세 국어 시기의 한자음과 비교해 보아야 '어→으' 고모음화 현상이 적용된 것인지, 아니면 기존의 한자음이 그대로 이어진 것인지를 확인할 수 있다. '黍'는 중세 국어 한자음이 '黍 R셔'(권인한, 『개정판 중세한국한자음훈집성』, 제이앤씨, 2009, 215쪽), '井'은 중세 국어 한자음이 '井 R졍'(권인한, 『개정판 중세한국한자음훈집성』, 제이앤씨, 2009, 383쪽), '定'은 중세 국어 한자음이 '定 R뎡'(권인한, 『개정판 중세한국한자음훈집성』, 제이앤씨, 2009, 383쪽)으로 확인돼, '어→으' 고모음화 현상이 적용된 예로 볼 수 있을 것이다.

현상은 이전 세대인 송병필의 언간 자료에서도 확인된다. 송병필의 언간에서는 한자어 제2음절에서 실현되는 '어→으' 고모음화 현상을 확인할 수 있었는데, 송병필의 둘째 딸의 언간에서는 한자어 어두에서 실현되는 '어→으' 고모음화 현상을 확인할 수 있다. 송병필의 첫째딸과 둘째 딸이 작성한 편지의 작성연대는 1893년 1건, 1901년 1건, 1903년 1건, 1906년 2건, 1908년 1건, 20세기 전반 4건으로 20세기 초기의 언어를 반영하고 있을 것으로 추정할 수 있다. 송병필이 작성한 편지와 20~30년 정도의 차이를 보이지만, 송병필의 언간에서 보이는 '어→으' 고모음화 실현에 비해 매우 확대되어 실현되고 있음을 확인할 수 있다.[18]

'어→으' 고모음화 현상이 모음체계의 변화로 인해 전설과 후설의 대립이 안정적으로 체계를 갖춰 나가는 시기에 발생했을 것임을 추정할 수 있는 근거로 송병필의 언간과 송병필의 딸들의 언간에서 보이는 'ㅣ'모음 역행 동화의 실현 정도를 들 수 있다. 언간에서 쓰이는 어휘가 한정적이기 때문에 나타난 예가 매우 적지만, 대략적인 경향성을 파악하기에는 적절할 것으로 보인다.

(9) 가. **소두루막이** 솜 랍게 두어 흐여 보니고 《송병필가-20》
　　나. **두리마기** 흐느 《송병필가-06》
　　다. 존고게옵셔 **쇠양증**으로 즈로 괴로씌 지니오니 《송병필가-42》
　　　　옹흐다 흐띄난 **졈칭** 다 모셔 보아라 흐라 흐는 듸로 힉도《송병필가-42》

---

18 송보헌이 1917년에 작성한 편지에서도 '읍습/읍셔/읍난지(없-→읎-)', '즌(전(前)→즌)'의 '어→으' 고모음화 실현형이 보이지만, 이전 세대의 실현 양상과 크게 다른 점이 없어 제시하지 않았다.

탄긋가치 히포 무안 아득키 **믹키오니** 굼굼《송병필가-45》
돗식기를 이닉 못 스노와《송병필가-43》
그싀이 미령ᄒ옵신 감셰 되옵셔《송병필가-44》
양식을 십육 셕 **징미**ᄒ 것밧기 아니 쥬오니《송병필가-46》
싱걸 씨여셔 **휘비고** 고 물을 흔 방올만 느코《송병필가-47》
틱리미 업ᄉ와 각갑ᄒ옵더니《송병필가-49》

　(9가)는 송지수의 언간에서 보이는 'ㅣ'모음 역행 동화 비실현형이
고, (9나)는 송병필의 언간에서 보이는 'ㅣ'모음 역행 동화 비실현형이
다. 송지수의 언간에서 '오→우' 고모음화가 적용된 예는 보이지만 '어
→으' 고모음화가 적용된 예는 보이지 않는다. 그러나 송병필의 언간에
서는 '오→우' 고모음화와 '어→으' 고모음화가 모두 나타난다. 해당 음
운 현상에 대한 개인의 수용 정도나 이를 표기에 반영하는 정도에서
차이를 보일 수는 있지만 이들이 한 집안의 구성원이라는 점을 감안한
다면, 고모음화라는 음운 현상이 발생해서 확산되는 과정을 추정하는
자료로 보아도 크게 무리가 없을 것이라고 사료된다. 따라서 송병필
세대에서는 '어→으' 고모음화 현상이 발생해서 발달해가는 시기일 것
임을 추정할 수 있을 것이다. 송병필의 언간보다 더 다양한 환경에서
'어→으' 고모음화 현상이 실현되는 송병필의 두 딸들의 언간을 통해
서, 송병필 이후 세대에서는 '어→으' 고모음화 현상이 매우 활발하게
확산되어 가는 시기일 것임을 추정할 수 있다. 또한 송병필의 두 딸들
의 편지에는 (9다)와 같이 'ㅣ'모음 역행 동화가 실현된 예들이 다수
확인된다.[19] '어→으' 고모음화 현상이 '어'의 후설화와 함께 모음체계

---

19 '졈칭'은 '졈칭(이)'에서 '-이'가 빠진 것으로 보아 'ㅣ'모음 역행 동화의 예로 분류하였다.

가 전설과 후설의 대립이 뚜렷해지는 현상과 매우 밀접한 관련이 있음을 확인할 수 있는 하나의 근거로도 볼 수 있을 것이다. '어→으' 고모음화 현상이 매우 활발하게 발생하는 시기에 'ㅣ'모음 역행 동화가 실현되기 시작했다는 것은, '어→으' 고모음화 현상이 활발해지는 시기에 전설모음과 후설모음의 대립체계가 안정을 찾았다는 것을 의미하는 것이기 때문이다.[20]

2) 《여소학언해》의 '어→으' 고모음화 현상

앞서 살펴본 《송병필가 언간》은 충청 방언 화자인 발신자가 작성한 것으로, 19세기 말의 충청언어를 반영한 자료임을 전제로 하여 논의되었다. 송병필의 두 딸들이 작성한 언간의 경우, '어→으' 고모음화가 다양한 환경에서 매우 활발하게 실현된 것으로 확인되었지만, "유모 딕셔 며겨도 더 난 게 **업습고 엇지ㅎ면** 조흘지《송병필가-42(은진송씨 첫째딸)》", "그리 알나 편지ㅎ엿시니 **엇지ㅎ쥰** 말이 **업습**《송병필가-43 (은진송씨 둘째딸)》"와 같이 '어→으' 고모음화가 실현되었던 어형이 비실현형으로 나타난 경우가 있다. 위의 두 예 이외에는 이러한 현상이 거의 나타나지 않는다는 점과 분석한 자료가 언간이라는 점을 고려한다면 단순한 오기로 볼 가능성도 있지만, 유의미한 혼기로 볼 수도 있을 것이다.

그러나 앞서 밝혔듯이 언간은 제한적이고 한정적인 어휘만 확인돼 다양한 실현환경을 고려할 수 없으며, 언간의 상대적인 양 역시 많지

---

20 이병근(1971)과 한영균(1991)은 움라우트 현상이 실현됨을 통해 그 모음체계가 전부모음(전설모음)과 후부모음의 양분된 체계로 존재함을 확인할 수 있다고 보았다.

않아 이를 살피기 어렵다. 따라서 19세기 말의 충청 회인 방언을 반영한 것으로 평가받는《여소학언해》에서의 '어→으' 고모음화 현상을 살펴, 이를 보완하고자 한다.

(10) 사람이 빈운 거시 **읍스면** 금슈에 갓갑기로《여소학1:2ㄴ》
   과부ㄱ 빈궁ᄒ야 의탁이 **읍쓰면**《여소학1:25ㄱ》
   지츠며느리ᄂ 궤례ㄱ **읍너니라**《여소학3:20ㄴ》
   참최에넌 머리 **읍넌** 뒤빈여요 직최에ᄂ 머리 잇넌 ᄂ목 빈여라《여소학3:35ㄱ》
   得**으들**득《여소학1:19ㄴ, 1:22ㄴ, 1:37ㄴ, 2:3ㄱ, 2:6ㄱ, 2:15ㄴ, 2:19ㄴ, 2:22ㄱ, 2:27ㄴ, 2:33ㄱ, 3:36ㄱ, 3:43ㄱ, 4:18ㄱ》
   웃넌거시 잇거던 의럴 싱각ᄒᄂ니《여소학1:23ㄱ》
   흔 사람의 뜻셜 **으드면** 평싱을 잘 지닐거시오《여소학2:6ㄴ》
   을운얼 도으서 츠리넌 거설 보느니라《여소학1:27ㄱ》
   팔셰ㄱ 되거던 츌입 음식에 **을운보드** 뒤 ᄒ야《여소학2:8ㄴ》
   대텅 동셔에 잇넌 **으룬덜게** 뵈옵되《여소학3:18ㄴ》

(10)의 예는 '없-[無]→읎-', '얻-[得]→은(읏)-', '얼운→을운'과 같이 고유어의 어두에서 실현되는 '어→으' 고모음화의 예이다. 선행하는 자음이 없는 경우에 해당하며, 이러한 '어→으' 고모음화 현상은 앞서 살핀《송병필가 언간》에서도 확인되는 경우이다. 다만《여소학언해》에서는 동일한 어형에 '어→으' 고모음화가 적용되지 않은 경우가 존재한다. "無**업슬**무《여소학제사1ㄱ, 제사3ㄱ, 1:9ㄱ》", "남녀의 후박이 **업쓰**ᄂ《여소학제사1ㄱ》", "한 말도 빈온거시 **업도**드《여소학제사3ㄱ》", "長**얼운**쟝幼얼일유《여소학4:20ㄱ》"과 같은 경우이다. (10)의 예문은《여소학언해》에서 보이는 '없-, 얻-, 얼운'의 '어→으' 고모음화

실현형을 모두 반영한 것이 아니다. 유사한 환경에서 실현된 경우는
제외한 것이기에, 표기만 놓고 본다면 '어→으' 고모음화 실현형의 예
가 비실현형의 경우보다 훨씬 많다. 또한 '어→으' 고모음화 실현형을
확인할 수 없는 "何**엇지**하《여소학제사1ㄱ, 제사2ㄴ》, **엇지** 착ᄒ며《여
소학제사1ㄱ》"와 같은 경우가 보이며, '얻-[得]'은 '어→으' 고모음화 비
실현형이 보이지 않아 표기를 통해서는 일정한 경향성을 파악하기 어
렵다. 《여소학언해》가 필사본이고 충청 방언 화자가 충청 방언을 반영
한 자료임을 감안한다면, 이러한 표기는 '어→으' 고모음화 현상을 제
대로 표기에 반영하지 못한 현상이라고 추정할 수 있을 것이다. 즉 '없
-, 얻-, 얼운' 등의 어형을 인식하고 있기 때문에 '어→으' 고모음화
현상을 표기에 반영하는 경우에는 '읎-, 읏-, 을운'으로 표기하지만,
해당 음운 현상을 먼저 고려하지 않고 원래의 어형을 고려해 표기하는
경우에는 원래의 어형인 '없-, 얻-, 얼운'으로 표기한 것으로 추측해
볼 수 있는 것이다. 물론 이러한 추정은 필사자에 대한 정보가 확인되
어야 검증이 가능한 가정이지만, 원필사자 박문호(朴文鎬)의 거주지 및
성장지가 충청도임을 고려한다면 어느 정도 가능성이 있다고 보인다.

(11) 가. 小**즉**을쇼《여소학제사1ㄱ, 목록1ㄱ, 1:1ㄱ, 1:5ㄱ, 1:11ㄱ, 1:38
ㄱ, 2:1ㄱ, 2:14ㄴ, 2:38ㄱ, 3:1ㄱ, 3:18ㄴ, 3:31ㄴ, 3:34ㄱ, 3:34
ㄴ, 3:36ㄴ, 3:40ㄱ, 3:48ㄱ, 3:49ㄱ, 3:50ㄴ, 4:1ㄱ, 4:18ㄱ》
굴머 죽년 닐언 극히 **즉고** 실절ᄒ년 닐언 극히 크니라《여소학
1:25ㄱ》
睨**즉게**볼데《여소학1:27ㄴ》
初**츰**초《여소학1:9ㄱ, 1:9ㄴ, 1:10ㄱ, 1:25ㄴ, 2:1ㄱ, 2:13ㄴ,
2:14ㄱ, 3:8ㄱ, 3:29ㄱ, 3:30ㄴ, 3:48ㄱ, 4:9ㄴ, 4:23ㄱ》

ᄋᆞ뉘는 **츰** 왓쓸 제 ᄀ리치고《여소학2:14ㄱ》

端**츰**단《여소학3:5ㄱ》

나. 남녀의 옷셜 한 홰예 걸지 못ᄒ고 흔 샹ᄌᆞ의 **늣치** 못ᄒ며《여소학
1:15ㄴ》

뭇부녀ᄀ 길삼ᄒ면 거두어 흔 고집에 **늑코**《여소학2:27ㄱ》

제긔럴 닥ᄀ **늣코**《여소학4:12ㄱ》

작께 떠**느서** 급히 먹고《여소학2:29ㄴ》

늘에 ᄯᆞ룬 거슨《여소학3:26ㄱ》

柩**늘**구《여소학3:26ㄱ, 3:36ㄴ, 3:42ㄴ, 3:44ㄱ, 3:44ㄴ, 3:51
ㄴ, 6:36ㄱ》

棺**늘**관《여소학3:35ㄱ, 3:51ㄴ, 5:30ㄱ》, 櫬**늘**츤《여소학5:6ㄴ》

역군얼 불너 **늘**얼 웅기거던《여소학3:44ㄴ》

다. 鄙**드러울**비《여소학1:23ㄴ》

늬음이 악ᄒ던지 ᄃᆞ 먹지 안코 **들** 녀문 것도 먹지 안코《여소학
4:56ㄴ》

振**뜰친**진《여소학6:42ㄱ》

라. **스러**ᄒ넌 거시 ᄂᆞᄒ니라《여소학3:27ㄱ》, 慟**슬**어울통《여소학
5:6ㄱ》

흔 발얼 기우려 **스지** 말며《여소학1:20ㄴ》

기우려 안또 안코 기우려 **스도** 안코《여소학2:10ㄴ》

계할 이ᄀ 방에 ᄂᆞ**스고**《여소학2:44ㄴ》

오쉭소로 듸즈럴 ᄶᅥ서 광이 스 푼이 되게 ᄒ되《여소학4:40ㄱ》

(11)의 예문은 고유어에서 실현되는 '어→으' 고모음화의 경우에 해
당된다. 다만 모음 앞에 선행자음이 존재하며, [+전방성]과 [+설정성]
을 지닌 자음이라는 점에서 구별된다. (11가)는 '적-[少]→즉-', '처음/
첨→츰', (11나)는 '넣-→늫/늣-', '널[板]→늘', (11다)는 '더럽-→드럽

-', '덜→들', '떨치-→뜰치-', (11라)는 '서럽-[戚]→스럽-', '서-[立]→스-', '서[三]→스'로 선행자음의 성격에 따라 분류한 것이다. 이들 역시 동일한 어형이 '어→으' 고모음화가 적용되지 않은 "**섯**던 주리예 **섯**두구《여소학4:12ㄱ》, 그릇세 인년 술얼 병에 **너서** 봉ᄒ고《여소학4:12ㄱ》" 등의 표기가 존재하는데, 이 역시 '어→으' 고모음화 실현형에 비해 상대적으로 그 양이 매우 적고 특별한 경향성을 파악하기 어려워 '어→으' 고모음화 현상이 표기에 반영되지 않은 예로 처리하는 것이 좋을 것으로 보인다.

특히 "汎**떨**범《여소학4:13ㄴ, 5:57ㄴ》, 野**덜**야《여소학6:4ㄴ》, 그 ᄋᆞ늬럴 **덜**[野]에서 만ᄂᆞ 됴샹ᄒ랴 흔듸《여소학6:31ㄱ》, 郊**덜**교《여소학6:31ㄱ》, 欠**합험**검《여소학1:27ㄴ, 2:1ㄱ》"와 같은 경우가 보여 '어→으' 고모음화 현상이 매우 확산되고 있음을 확인할 수 있다. 이들은 '뜨-, 들, 흠(欠)[21]'이 '떠-, 덜, 험'으로 과도교정된 표기로 보이는데, 모음 '으'과 모음 '어'가 변별되는 지역에서 이러한 표기가 나타난 것은 당시에 '어→으' 고모음화 현상이 매우 활발하게 확산되기 때문에 이에 대한 반작용으로 나타난 과도교정일 것으로 볼 수 있다. 그러나 이러한 표기의 예가 많지 않아, 조금 더 다양한 예가 확보된 후 구체적으로 논의할 것이다.

(12) 涉**그늘**섭《여소학1:27ㄴ》, 濟**근늘**제《여소학2:27ㄴ》
     물얼 **근느지** 안커던《여소학1:28ㄱ》
     僞**그짓**위《여소학5:51ㄴ》, 假**그짓**가《여소학6:54ㄱ》

---

21 '欠'은 중세 국어 시기에 '欠 R흠'(권인한, 『개정판 중세한국한자음훈집성』, 제이앤씨, 2009, 517쪽)의 음을 가지고 있었다.

(12)의 예는 고유어 어두에서 '어→으' 고모음화가 실현된 경우에 해당되는데, 선행 자음이 [+전방성]과 [+설정성] 자질을 갖지 않은 자음 'ㄱ'이라는 점에서 특이하다. '건너-→근너-, 거짓→그짓'으로 실현된 경우만 보이는데, 조금 더 많은 예가 확인된다면 앞서《송병필가언간》에서 [+전방성]·[+설정성] 자질을 가진 자음의 영향으로 모음이 영향을 받아 고모음으로 실현되었다고 보았던 부분에 대한 반박의 근거로 제시될 수 있을 것이다. 선행 자음이 지닌 자질과 무관하게 '어→으' 고모음화 현상이 실현된 것으로 설명할 수 있기 때문이다. 그러나 'ㄱ' 이외의 자음은 어떤 실현을 보이는지 확인되지 않았으며, '건너-, 거짓'의 어형에서만 확인된 현상이므로 일반화할 수 없다. '건ː너다'와 '거ː짓'은 1음절이 장음으로 실현돼, 이때의 고모음화가 음장과 관련된 현상이라면 자음의 자질과는 구별되어 논의되어야 할 것이기 때문이다.

(13) 네 손을 **듸지** ㅇ니ㅎ얏녀냐 ㅎ더라《여소학2:34ㄱ》
    汗드러울오《여소학2:34ㄱ》, 汚드러울오《여소학5:38ㄴ》, 忝드럽
    힐텀《여소학2:41ㄱ》
    국얼 드리드가 업처서 죠복얼 **드럽히니**《여소학2:34ㄱ》
    왼 몸얼 **드럽피지** 못ㅎ두 ㅎ고《여소학5:38ㄴ》

(13)의 예들도 '어→으' 고모음화가 적용된 것으로 설명이 가능한 경우에 해당된다. '듸지'는 '데-+-지'의 어간 '데-'의 모음 '어'가 고모음화된 것으로 볼 수 있을 것이다[22]. 또한 '드럽-'은 '더럽-→드럽-'의

---

[22] 이전 시기에 이중모음이었던 '에'가 단모음으로 실현되기 시작한 시기는 대체적으로 18~19세기로 추정된다. 그러나 '에'가 단모음으로 실현되는 과정은 지역에 따라서, 어

고모음화가 실현된 후, 모음 'ㅣ'가 결합된 예에 해당된다. '드리다가'가 '듸리다가'로 표기된 것을 통해 '듸럽-' 역시 원래는 '드럽-'의 어형이었을 것임을 추측할 수 있다. 다만 모음 'ㅣ'가 결합된 이유에 대해서는 정확하게 설명하기 어려운데, 충청 방언에서 실현되는 'ㅣ'모음 역행 동화의 다양한 양상에 대해 먼저 연구가 된 후에 설명이 가능할 것이다[23]. 충청 방언에서의 'ㅣ'모음 역행 동화 실현양상은 후고를 통해 논의할 것이며, 본고에서는 위의 (13)의 예들이 '어→으' 고모음화가 적용된 예로 설명할 수 있다는 점만 제시하려고 한다.

(14) 가. 원신이 처음 ᄆᆞ를**찜**의넌 전후 네 폭《여소학4:38ㄴ》

　　나. 태임언 틱예서**버틈** ᄀᆞ리첫ᄃᆞ ᄒᆞ니《여소학2:11ㄴ》

　　　　우졔**부틈** 목욕ᄒᆞ고 부졔**부틈** 머리 빗ᄂᆞ니라《여소학3:48ㄱ》

휘에 따라서, 음운론적 환경에 따라서 상이했을 것으로 추정할 수 있을 것이다. 하나의 현상이 일시에 모든 환경에 일괄적으로 적용되기는 어려운 일이기 때문이다. '에'의 음가가 [əy]였음을 통해 이 역시 '어→으' 고모음화 현상이 적용된 예로 설명할 수 있을 것이다. '에'가 충청 지역에서 어휘에 따라서 혹은 음운적 환경에 따라서 상이하게 단모음화를 겪었는지에 대해서는 다른 자료들과의 비교가 필요하다.

　다만 본고에서 분석의 대상으로 삼은 자료들에서는 모음 '어'가 'ㅣ'모음 역행 동화에 의해 '에'로 실현된 경우가 발견되지 않는다는 점을 통해, 이 자료에 반영된 언어에서는 모음 '에'가 단모음으로 정착되지 않았음을 추정할 수 있을 것이다. 물론 이는 '에'가 실현된 모든 어형의 환경을 분석한 이후에 논의할 수 있는 내용이다. 충분한 자료수집과 자료분석을 통해 이를 후고에서 논의할 것이다.

23 도수희(1981)는 충남 방언에서 움라우트의 동화주로 i / y 이외에도 다른 전설모음이 작용할 수 있다고 보았다. 이러한 경우를 성희제(2000)에서는 조금 더 상세히 살펴보았는데, 동화주가 보이지 않고 음운론적으로 설명이 불가능한 경우를 유추적 확대 움라우트로 분류하였다. 본고는 충남 방언의 음운 현상을 다루는 것을 그 목적으로 하지 않기 때문에 이에 대한 상세한 논의는 후고를 통해 진행할 것이다. 다만 이러한 예들이 《여소학언해》에서 확인되고 있음을 통해, 해당 자료가 충청 방언의 특징을 나타내고 있음을 확인하고자 하였다.

노푼 항렬언 방 ᄒᆞᆫ ᄀᆞ운ᄃᆡ서**부틈** 동셔로 노ᄂᆞ《여소학4:15ㄱ》
칠월 망일**브틈** 편쟝의 집의 각각 모ᄃᆞ《여소학4:30ㄴ》
진시황 쩍**브틈** 샹의햐샹얼 노ᄂᆞ《여소학4:34ㄱ》
대의쟝군이 슈ᄂᆞᄅᆞ 당ᄂᆞᄅᆞ 쩍**브틈** ᄉᆡᆼ겨쓰니《여소학4:34ㄱ》
꺽근 ᄃᆡ서**브틈** 두 압ᄌᆞ락얼 각각 세 치씩 뷔여《여소학4:38ㄴ》
목 뒤서**브틈** 뷔여ᄂᆞᆫ ᄃᆡ꺼지《여소학4:38ㄴ》

위의 (14)의 예들은 '어→으' 고모음화 현상이 실현되는 환경이 다양함을 확인할 수 있는 경우에 해당된다. (14가)는 의존명사 '적'이 고모음화 현상을 겪어 '즉'으로 실현된 뒤에 전설모음화돼 '직'으로 나타난 것이다. (14나)는 조사 '부텀'이 '버틈, 부틈, 브틈' 등으로 실현된 경우에 해당된다. 적용되는 음운 현상을 어떻게 표기에 반영하는가에 따라 다양한 형태로 실현되지만, 이들 모두 '어→으' 고모음화가 적용된 예로 설명이 가능한 경우에 해당된다.

뿐만 아니라, 《여소학언해》에서도 한자어에서 '어→으' 고모음화가 적용된 예들이 확인된다. 다만 이들 한자의 경우, 중세 국어 시기의 한자음과 비교해 본다면, 조금 다르게 논의될 수 있는 예이다.

(15) 가. 乞빌**글**《여소학5:45ㄱ, 5:54ㄴ, 6:10ㄴ, 6:45ㄱ》
나. **륵**천(櫟泉) 손션ᄉᆡᆼ이 왈《여소학3:28ㄱ》

(15가)의 '乞빌글'은 중세국어시기에 "乞 H걸"(권인한, 2009:19)로 실현돼, 한자음 '걸'이 '글'로 '어→으' 고모음화된 것으로 설명이 가능하다. 다만, (15나)의 '력'(櫟)은 현대국어의 한자음으로는 '력'에 해당돼, '력→럭→륵'의 과정을 거친 것으로 본다면 '어→으' 고모음화가 적용된

예로 설명이 가능할 것이다. 그러나 '력(櫟)'은 중세 국어 시기에 "櫟
H륵 ◀ 덥갈나모 H륵"(권인한, 2009:112)으로 실현돼, 중세 국어 시기에
실현되던 한자음이 그대로 이어진 것으로 볼 수도 있을 것이다. 만약
중세국어의 한자음이 이어진 것이라면 이는 '어→으' 고모음화 현상과
관련지어 설명할 수 없다. 이는 다른 지역의 문헌이나 언어에서 '력(櫟)'
의 한자음이 어떻게 실현되었는지와 밀접하게 관련된 것이므로, 보다
많은 자료를 확인한 후에 논의할 것이다.

　다만 이들의 예를 통해 한 가지 가능성을 제시하고자 한다. 기존의
논의들에서는 '어→으' 고모음화 현상이 충청 방언에서는 어두 장음
'어:'에서 실현되는 현상으로 보았으나, 이처럼 상성으로 실현되지 않
았던 한자음에서도 '어→으' 현상이 확인된다는 점, 비어두에서도 '어
→으' 현상이 확인된다는 점, 의존명사 '적'과 조사 '부텀'에서도 고모음
화 현상이 실현된다는 점을 통해, 반드시 어두 장음 '어:'에서만 '어→으'
현상이 확인되는 것은 아니라는 것을 확인할 수 있다[24]. 또한 '전설 대
후설'의 대립체계를 기반으로 하는 모음체계로의 변화로 인해 모음 '어'
와 '으', 모음 '오'와 '우' 등이 혀의 높낮이 자질에서 대립관계를 갖게
된 이후에 '어→으' 고모음화 현상이 발생한 것으로 볼 수 있다면, 고모
음화의 발생에서 반드시 장음이라는 요소를 논의하지 않아도 될 것이
다. 물론 고모음화가 구체적으로 실현되는 양상에서는 어두나 비어두,
장음과 단음, 지역, 음운적 환경(선행 자음의 성격 등) 등의 요소에 따라

---

24 '부텀'이 '븥-'에 '-어'가 아닌 다른 접미사가 결합된 경우라면 '부텀'은 '어→으' 고모음
　화 현상이 적용된 예로 설명할 수 없을 것이다. '브터'가 접사화한 '-어'가 결합돼 형성
　된 파생조사로 보는 견해가 일반적이라는 점(고영근, 『제3판 표준중세국어문법론』,
　집문당, 2010, 191쪽)을 고려하여 이렇게 분석하였다.

세부적으로 논의되어야 할 것이다. 특히 모음 '어'는 장음으로 실현되는 경우와 단음으로 실현되는 경우에 따라 그 음가를 달리 설정하는 경우가 존재해, 이에 대한 연구가 필요하다. 그러나 본고에서 분석의 대상으로 삼은 자료들에서 보이는 '어→으' 고모음화 현상의 실현형은 그 예가 매우 한정적이기에 이들을 모두 확인할 수 없으며, 1880년대 후반의 언어를 반영하고 있어 그 이전의 시기의 양상이나 그 이후의 양상은 다른 자료를 통해 확인해야 할 것이다. 장음 '어ː'와 '어→으' 고모음화 현상의 실현양상에 대해서는 다른 자료들을 추가해 후고에서 논의할 것이다.

이상에서 살펴본 바와 같이, 19세기 말의 충청 방언을 반영한《여소학언해》에서도 다양한 환경에서 '어→으' 고모음화 현상이 발생하였음을 확인할 수 있다. '어→으' 고모음화 현상이 전설과 후설의 모음체계가 확립된 이후에 발생한 현상이라면, '어→으' 고모음화 현상이 활발하게 실현된《여소학언해》에서도 'ㅣ'모음 역행 동화 현상이 매우 활발하게 실현되었을 것임을 추측할 수 있다.

> (16) 가. 잔럴 늬집스럴 주어 **듸리게** ᄒ고《여소학4:10ㄱ》, 效**듸릴효**《여소학4:27ㄱ》
> **獻듸릴헌**《여소학4:18ㄱ, 4:58ㄴ》,
> **薦듸릴쳔**《여소학4:13ㄴ, 4:57ㄱ》, 쳔불의흔 물건언 관샤의 **듸리지** 안너니《여소학6:15ㄱ》
> 伏**업듸릴복**《여소학4:12ㄴ, 4:21ㄱ, 4:23ㄱ, 6:17ㄱ》
> 率**거늬릴슐**《여소학4:30ㄱ, 6:15ㄴ》, 將**거늬릴쟝**《여소학5:14ㄴ, 6:18ㄴ》
> 垂**듸리**울슈《여소학4:38ㄴ》, 흑즁으로 **듸리운** 두 ᄀ닥과《여소

학4:40ㄱ》

졔도년 시쇽 **두루믹이** ㄱ트니《여소학4:42ㄴ》

搗**뚜듸릴도**《여소학4:59ㄴ》, 매**두듸릴구**《여소학6:8ㄱ》

대궐 문얼 **두듸리며** 귀럴 베여《여소학6:8ㄱ》

塞**믹힐식**《여소학5:3ㄴ》

行 **딩길힝**《여소학5:11ㄱ, 5:22ㄱ, 6:6ㄱ》

샤쇼아ㄱ 걸식ᄒ며 **딩기여** 복슈ᄒ랴 ᄒ더니《여소학5:12ㄱ》

任**믹길임**《여소학5:5ㄱ, 6:42ㄱ》

어진 졍승 세 스람을 버려 **믹기미**《여소학6:42ㄱ》

쥬싱**킬톤**《여소학5:19ㄱ》

부친이 남산의셔 돌얼 캐드ㄱ 대망이ㄱ 싱키니《여소학5:19ㄴ》

栖 **짓듸릴셔**《여소학5:33ㄴ》

그 ᄂ무에 **짓듸리여** 죠셕으로 슬피우니《여소학5:34ㄱ》

沈**징길침**《여소학5:37ㄴ》

愛**익낄이**《여소학6:9ㄱ》, 감히 죽끼럴 **익끼랴** ᄒ고《여소학6:10ㄱ》

惜**익낄셕**《여소학6:40ㄱ, 6:41ㄱ》

杖**지핑이쟝**《여소학6:12ㄱ》

너도 령물이니 **이듸지** 심히《여소학6:12ㄱ》

外**빗겻외**《여소학6:31ㄴ》, 부인언 **빗겻닐**이 업넌지라《여소학6:49ㄱ》

나. 娶**쟝기들츄**《여소학6:12ㄴ, 6:31ㄴ》

진ᄂ ᄅ 인군이 권ᄒ야 **쟝기드러서**《여소학6:13ㄱ》

(16가)의 경우처럼 《여소학언해》에서는 보다 다양한 어형에서 실현되는 'ㅣ'모음 역행 동화의 예를 확인할 수 있다. 그러나 모음 '오, 우'가 'ㅣ'모음 역행 동화가 적용돼 '외, 위'로 실현된 예는 보이지 않는다.

또한 (16나)와 같이 'ㅣ'모음 역행 동화의 일반적인 적용환경으로 설명하기 어려운 경우가 존재해, 충청 방언에서의 'ㅣ'모음 역행 동화가 어떻게 실현되었는지에 대해서도 연구되어야 할 필요성이 보인다. 본고는 충청 방언에서의 '어→으' 고모음화 현상과 그 원인에 대해 논의하는 것을 목적으로 하기에, 이러한 현상을 제시하는 것으로 마무리할 것이다.

4. 결론

'어→으' 고모음화 현상은 모음 '어'가 후설화돼 모음 '으'와 혀의 높낮이 자질에서 대립관계를 형성하게 된 이후에 발생하게 된 현상으로 볼 수 있다. '어'의 후설화에 대해서는 모음 'ᄋ'의 비음운화와 관련지어 논의하는 경우가 대부분인데, 본고에서는 이에 앞서 모음 '이'의 조음상의 견인력에 의해 모음체계가 변화하게 됨으로써 발생한 현상으로 보았다. 즉 모음체계가 전설과 비전설의 대립구조를 지니고 있었다가 모음체계의 변화로 전설과 후설의 대립구조가 뚜렷해진 것이고, 이로 인해 후설화된 모음 '어'가 모음 '으'와 혀의 높낮이 자질에서 대립체계를 형성하게 된 이후에 '어→으' 고모음화 현상이 발생하게 된 것으로 볼 수 있을 것이다. 따라서 '어→으' 고모음화 현상은 모음 '어'가 후설화된 이후에나 발생할 수 있게 되었을 것이며, 중부 방언에서는 이러한 경향이 19세기 말에 나타난다. 충청 방언은 중부 방언의 하위 방언권에 속하기에, 충청 방언에서도 '어→으' 고모음화 현상이 유사한 시기에 발생했을 것임을 예측할 수 있다.

본고에서 충청 방언을 반영한 것으로 보아 분석한 자료는《송병필가 언간》과《여소학언해》이다.《송병필가 언간》과《여소학언해》는 모두 19세기 말의 자료로, 언간의 작성자나《여소학언해》의 필사자 모두 충청 방언 화자임이 밝혀진 자료이다. 또한 간본 자료와 달리 이들 자료는 비교적 구어의 성격이 강한 자료이기에, 중앙어가 아닌 필사자(작성자)의 실제 언어가 반영되었을 것으로 추정되는 자료이다. 이들 자료에서 '오→우' 고모음화 현상이 확인될 뿐만 아니라 '어→으' 고모음화가 확인돼, 충청 방언에서도 19세기 말 무렵부터 '어→으' 고모음화 현상이 발생했음을 확인할 수 있었다.

뿐만 아니라 '어→으' 고모음화 현상이 활발하게 확산되는 시기에는 'ㅣ' 모음 역행 동화 현상이 실현되는 정도도 활발한 것으로 확인되는데, 이는 전설과 후설의 대립체계가 뚜렷해지는 모음체계의 변화와 관련지어 설명할 수 있을 것이다. 따라서 '어'의 후설화가 나타나게 된 원인이나 15세기의 모음체계가 근대로 오면서 변화하게 된 원인에 대해서도 다시 확인할 수 있는 자료가 될 수 있을 것이다.

다만 언간 자료 자체가 지니는 한계점이나 언간의 양이 상대적으로 많지 않다는 점,《여소학언해》는 원필사본을 다른 이가 필사해 등사한 자료라는 점이 문제점으로 지적될 수 있을 것이다. 그러나《송병필가 언간》은 작성자와 작성연대가 명확하게 밝혀졌으며 판독이 용이한 자료로, 세대별로 언어가 어떻게 변화되는지를 확인할 수 있는 좋은 자료이다. 또한《여소학언해》역시 원필사자가 충청 화자라는 점이 명확하게 밝혀졌으며, 원필사자의 언어와 표기법이 그대로 반영되었을 것으로 추정되는 자료라는 점에서 이 두 자료를 통해 19세기 말의 충청 언어를 예측해 보는 것은 큰 무리가 아닐 것이라고 사료된다. 19세기

말의 충청 언어의 다양한 실현양상에 대해서는 보다 많은 자료를 통해
후고에서 논의할 것이다.

『국어학』 85집(국어학회, 2018.3.)에
게재한 원고를 재수록한 것임.

참고문헌

강희숙, 「고모음화의 실현과 방언분화」, 『우리말글』 33, 우리말글학회, 2005.
고영근, 『제3판 표준중세국어문법론』, 집문당, 2010.
권인한, 『개정판 중세한국한자음훈집성』, 제이앤씨, 2009.
김영선, 「중세국어 몇 가지 음운 현상과 모음체계」, 『언어과학』 13-1, 한국언어학
      회동남지회, 2003.
김완진, 「국어모음체계의 신고찰」, 『진단학보』 24, 진단학회, 1963.
김정태, 「천안방언의 모음상승에 대하여(1)」, 『어문연구』 43, 어문연구학회, 2003.
_____, 「천안방언 '어→으'의 모음상승에 대하여」, 『한글』 266, 한글학회, 2004.
김진우, 「국어음운론에 있어서의 공모성」, 『어문연구』 7, 어문연구학회, 1971.
김차균, 「혀오그림과 우리말 홀소리 어울림의 어제와 오늘」, 『한글』 229, 한글학회,
      1995.
김한별, 「19세기 전기 국어의 음운사 연구」, 서강대학교 박사학위논문, 2016.
도수희, 「충남 방언의 움라우트현상」, 『방언5』, 한국정신문화연구원, 1981.
_____, 「충청도 방언의 특징과 그 연구」, 『국어생활』 9, 국어연구소, 1987.
문화재청, 『한국의 전통가옥 기록화보고서』, 창영프로세스, 2012.
박숙희, 「굴절의 음운 현상으로 본 충남 방언의 특징」, 『어문학』 109, 한국어문학회,
      2010.

박재연·황문환,『충북영동 송병필가 한글편지』, 선문대학교 중학번역문헌연구소
        ·미도민속관, 2005.

박창원, 「국어모음체계에 대한 가설」,『국어국문학』 95, 국어국문학회, 1986.

_____,『국어음운연구사(1)』, 태학사, 2002.

방언연구회,『방언학사전』, 태학사, 2001.

배영환, 「청주지역어에서의 고모음화와 중모음화」,『방언학』 10, 한국방언학회,
        2009.

백두현,『영남 문헌어의 음운사연구』, 태학사, 1992.

_____, 「19세기 국어의 음운사적 고찰」,『한국문화』 20, 서울대학교 한국문화연구
        소, 1997.

성희제, 「충남 방언 움라우트현상의 유형 연구」,『어문학』 71, 한국어문학회, 2000.

소신애, 「언어변화기제로서의 과도교정」,『어문연구』 35-1, 한국어문교육연구회,
        2007.

_____, 「체언어간말 'ㅇ〉오'변화에 대하여」,『국어학』 74, 국어학회, 2015.

이기문, 「중세국어 음운론의 제문제」,『진단학보』 32, 진단학회, 1969.

이병근, 「경기지역어의 모음체계와 비원순모음화」,『동아문화』 9, 서울대학교 동아
        문화연구소, 1970.

_____, 「운봉지역어의 움라우트 현상」,『김형규박사 송수기념논총』, 일조각,
        1971.

이상규,『역주 여소학언해 권1·2·3』, 세종대왕기념사업회, 2014.

_____,『역주 여소학언해 권4·5·6』, 세종대왕기념사업회, 2015.

이옥희, 「서울지역어와 경상도방언의 공시적 변이관계」,『방언학』 22, 한국방언학
        회, 2015.

이진호,『국어음운론용어사전』, 역락, 2017.

정영호, 「19세기 경상방언의 모음상승 현상 고찰」,『한국어학』 38, 한국어학회,
        2008.

_____, 「현대국어의 모음상승과 원순모음화」,『어문학』 105, 한국어문학회, 2009.

조창규, 「'㉦'의 변화가 가져온 모음과 모음체계변화」,『국어국문학』 112, 국어국문
        학회, 1994.

_____, 「18세기 중엽 이후 전남방언의 모음상승과 모음중화」,『국어국문학』 116,
        국어국문학회, 1996.

조항범, 「'순천김씨 묘 출토언간'에 대한 몇 가지 문제」, 『개신어문연구』 15, 개신어
　　　문학회, 1998.
최전승, 「19세기 후기 전라방언의 음운 현상과 그 역사성」, 전북대학교 박사학위논문,
　　　1986.
최학근, 『한국방언사전』, 현문사, 1978.
한영균, 「모음체계의 재정립과 '·'의 제2단계 변화」, 『애산학보』 10, 애산학회,
　　　1990.
　　　, 「움라우트의 음운사적 해석에 대하여」, 『주시경학보』 8, 탑출판사, 1991.
황문환 외, 『조선시대 한글편지 판독자료집3』, 역락, 2013.

대화시스템을 위한 계약상담프레임의 담화분석

건강보험계약상담 담화를 중심으로

이숙의

1. 서론

　본 연구에서는 계약담화의 분석을 통해 자동대화시스템에 필요한 언어자원 구축방법을 제시하고자 한다. 대화시스템에 관한 연구는 이미 오래전부터 스크립트, 개념, 구문정보, 온톨로지 등을 이용하여 연구되어 왔다. 자연언어처리 분야에서는 상태기반관리, 프레임기반관리, 계획기반관리 등 모델을 제시하여 자동대화처리시스템 개발에 몰두하고 있다. 반면 인간의 대화라는 것이 목적이나 주제가 뚜렷하다고 하더라도 일률적이지 않고, 정해져 있는 스크립트를 통한 특정 목적 대화라고 하더라도 참여자나 상황에 따라 매번 다른 양상을 보이므로 일관적인 대화 모델 구축이 사실상 가능할까라는 의문이 든다. 하지만 90년대 중반 이후 지금까지의 꾸준한 연구 결과로 자동대화시스템을 생활에 적용하는 사례가 늘어나고 있는 것도 사실이다. 자동대화시스템은 몇몇 대화에서 다소 오류를 보이기는 하지만 기계와 인간과의 대화가 전면적으로 불가능한 것은 아님을 보여 주고 있다. 아직까지

일상대화의 자동시스템 구축은 어렵다고 보이지만 고정문형패턴을 보이는 특정 영역에 관하여는 대화시스템의 개발이 불가능할 것 같지만은 않다.

대화시스템을 위한 언어자료의 연구에서 무엇보다 중요한 요소는 '상황'이다. '상황'은 어휘의 사용과 문법의 변형을 가능하게 한다. '상황'이 고려되지 않는다면 대화시스템에 관한 연구는 기계에서 인간으로의 일방적인 커뮤니케이션 현상을 극복할 수 없다. 대화에서 상황을 이해하기 위해서는 전체 대화사건을 구성하는 하위사건에 관여하는 구성요소의 개념과 하위사건의 이동에 관한 이해가 필요하다. 따라서 본 연구에서는 전체 사건프레임과 하위사건프레임의 구조분석에 중점을 두고자 한다.

여러 담화의 유형 중 담화의 목적이 뚜렷한 사건에 관한 담화자료를 분석 대상으로 삼기 위해 보험계약상담대화의 담화구조를 선택하고 분석하였다. 전체 보험계약상담 사건프레임의 하위프레임 중 하나를 선택하여 대화시스템을 위한 구체적인 담화분석을 시도하였다. 담화 단위의 상황에 의존하여 특정 사건의 메타프레임과 변이형에 해당되는 프레임의 정보를 구성하는 방안에 대해 살펴볼 것이다.

고창수 외(2012)에서는 인간의 화용적 능력을 객관화하여 대화 시스템을 개발하기 위한 모형을 구상한 바 있으며, 최석재(2012)에서는 주문영역에서의 대화시스템을 위한 대화 전략 및 설계방안을 제시한 바 있다. 담화분석에 관한 순수언어학적 연구는 활발하였으나 담화구조 분석을 대화시스템에 적용하는 연구는 아직 그리 많지 않다. 그러나 대화시스템 개발을 위해서는 대화에 사용된 어휘, 문장의 특성, 화행의 유형, 대화의 구조 등에 관한 면밀한 분석이 필수적이다.

본 논문은 다음과 같이 구성된다. 먼저 담화의 구성요소와 프레임의 하위사건구조 개념을 간략히 살펴볼 것이다. 3장에서는 건강보험계약 상담 담화의 하위사건프레임 중 한 부분의 구성요소와 구조 등에 관한 구체적인 담화분석을 시도한다. 건강보험계약상담 담화의 중간단계는 총 5단계로 구성되며, 본 연구에서는 두 번째 단계를 더 세부적으로 분류할 것이다. 또한 어휘의 쓰임, 문장의 유형 등을 파악하고자 한다. 4장에서는 3장의 내용을 토대로 대화처리시스템에서의 활용에 관하여 논의한다. 마지막으로 5장에서는 논의를 정리하고 추후 논의의 방향을 제시한다.

2. 건강보험계약상담 담화의 구성요소와 프레임

1) 구성요소

담화를 구어로 표현된 모든 언어 행위로 정의하여 대화를 담화의 일부로 보는 입장에서는 대화의 정의를 '반드시 두 명의 참가자가 특정 주제에 대하여 의사소통 목적을 가지고 언어로 순서교대를 통해 상호작 용하는 행위'로 정의하여 순서교대 등을 대화의 특성으로 부여하기도 하였으나, 최근에는 담화와 대화를 크게 구분하지 않으며, '화자의 의도 성이 드러난 맥락 의존적 언어표현'을 담화 또는 대화라고 부른다.[1]

---

[1] 일반적으로 담화는 문장 이상의 언어로서 맥락을 가진 언어표현을 말한다. 전통적으로 Harris(1951)는 담화를 형태소, 절, 그리고 문장의 다음 위계로서 통사론의 상위단위로 정의하였으며, Lyons(1977a:385, 397)는 문장을 시스템 문장과 텍스트 문장으로 구분하 여, 시스템 문장은 '문법에 의해 생성되어 잘 구성된 일련의 묶음'으로 통사론의 층위로,

담화는 발화와도 개념적으로 유사하다. 발화는 흔히 맥락과 주제의
유무, 발화자의 의도성 등으로 구분된다. 이병규(2014:126)에서는 하나
의 주제로 응집성을 가지지 못하는 문장의 덩어리는 담화로 부적격하
다고 보았다. 반면 발화는 발화자가 특별한 의도를 전달할 목적을 가지
지 않고 수행한 것이라도 '명령, 질문, 약속, 권유, 선언, 요청, 제안,
설명' 등의 발화기능을 수행하는 언어단위면 가능하다. 모든 발화가
화자의 의도성을 수반한 언어표현의 의미전달을 목적으로 하지는 않으
므로 발화 단위와 담화 단위가 항상 일치하지는 않는다. 담화는 화자의
의도성과 특정한 주제를 가지며, 맥락에 의존하여 의사소통이 이루어
지는 발화의 일종이라고 볼 수 있다. 이러한 담화의 구성요건으로 '화
자, 청자, 메시지(언어), 상황(장면)'을 든다.

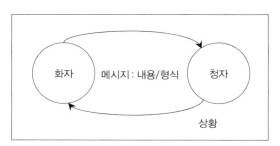

〈그림1〉 담화의 구성요소

텍스트 문장은 맥락-의존적 발화 신호체계 또는 발화 신호체계의 부분으로 간주하여
문장 이상의 맥락문장으로 정의함으로써 텍스트 문장과 구분을 지었다. Stubbs(1983:1)
는 담화를 "문장이나 절 경계 이상의 단위"로 정의하고 언어 사용(language use), 언어와
사회의 상호 관련성, 일상적 의사소통에서의 상호작용적 혹은 대화체적 특성 등을 담화
분석의 영역에서 다루고자 하였다. 또한 Brown & Yule(1983)에서는 담화를 언어사용에
관한 분석, 인간생활에서 언어의 목적과 기능에 대한 분석으로부터 독립될 수 없다고
보고 있다.

이 가운데 상황은 담화를 구성하는 요소에 의존적이다. 즉 주제, 참가자, 주제 등이 관건이다. 건강보험계약상담 담화는 주제와 목적이 뚜렷하고, 참여자의 의도성과 관심분야가 분명하다는 점에서 다른 일상대화에 비해 상황이 비교적 분명하다. 대화 참여자가 '정보제공자'와 '정보수용자'인 상담원과 고객이라는 점도 고정적이다.[2] 건강보험계약상담 담화의 상황정보에는 상담원이 제공하는 '정보'와 고객의 '요구사항'이나 '건강 및 재정상태' 등이 관여한다. 위의 〈그림1〉과 같은 담화의 일반적 구성요소가 보험상담계약 담화에서는 〈그림2〉처럼 나타난다.

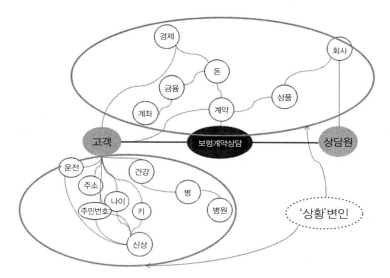

〈그림2〉 건강보험계약상담 담화의 구성요소와 상황

---

2 화자와 청자의 관계도 친소관계나 상하관계와 무관하다는 점에서 은어, 비속어 등이 사용되지 않으며, 문형구조에서 생략도 덜 일어난다.

화자와 청자에 해당되는 고객과 상담원이 존재하며, 메시지에 해당되는 주제는 보험계약상담내용이다. 〈그림1〉의 상황으로 작용하는 요소들로는 고객과 관련된 '건강, 신상, 경제' 등이 있으며, 상담원은 '회사'와의 관련성이 깊으나, 상담원보다는 주제와 연관된 고객의 상황이 담화의 구성에 결정적이라는 점에서 일반대화와 구별된다. 담화의 주제에 해당되는 '보험계약상담'은 '계약', '경제', '상품', '신상', '병원' 등의 개념과 밀접하며, 상담원의 물음에 대한 고객의 대답에 따라 각 개념들은 더 구체적인 개념들과 선택적으로 연결된다. 상황에 따라 이러한 개념관계가 달라질 수 있지만, 보험계약상담대화에서 드러나는 개인의 상황은 〈그림2〉에서처럼 한정적이다.

2) 사건프레임

'사건프레임'은 Fillmore의 틀(frame) 개념과 유사하다.[3] 다만 사건의 진행과 관련하여 대화의 동적인 흐름에 주목한다는 점에서 기존에 사용했던 정적인 개념인 '프레임'과는 차이가 있다. 특정사건의 전체프레임은 하위사건프레임들로 구성된다. 시간의 흐름에 따라 조직화된 담화단위들이 하위사건프레임을 형성하며, 하위사건프레임은 다시 전체사건프레임의 구성단위가 된다. 각 사건은 핵심구성요소(주로 명사, 부사)와 이들 개체가 놓인 상황에 의존하여 구조화되며, 사건을 이루는 부분 담화단위는 또 하나의 하위사건프레임으로서 상위에 존재하는 하위사건프레임의 단위가 된다. 특정 사건프레임은 핵심구성요소와

---

3 틀(본고에서 프레임이라는 용어를 사용)은 '상황' 또는 '인지적 범주에 대한 지식과 신념을 표상하는 인지모형의 한 유형'과도 유사하다.

하위사건프레임의 속성과 상황에 따라 다른 프레임과 무한히 연결된다. 담화분석에 의한 사건프레임들 사이의 연결망은 상황정보를 담는다는 점에서 시간과 공간, 담화 참여자의 경험과 연관된 개념 등을 포함하는 보다 입체적인 정보를 표상한다.[4]

식당의 메뉴 선택, 은행업무, 병원대화, 고객상담과 같이 목적이 뚜렷한 담화는 화자와 청자와 관련한 상황변인의 분류와 예측이 가능하다. 따라서 원형적 담화구조를 반영한 메타프레임 정보표상이 가능하며 사건에 참여하는 구성요소들의 변이를 반영하는 사건의 전개에 관한 지식을 표현하는 프레임의 개념정보를 제시할 수 있다. 한 예로 상품계약에 관한 사건프레임도 참여자의 연령, 관심사, 경제적 처지 등에 의해 하위사건프레임을 구성하는 여러 구성요소와 행위 사이의 개념연결이 달라질 수 있다.

특정영역의 대화시스템 구축을 위해서는 담화분석을 통해 전체사건프레임을 구성하는 하위 프레임의 구성과 전개에 대한 분석이 필요하다. 보험계약 상담대화[5]를 수집하여 발화자와 주제에 따라 전체 상담대화를 분석한 결과, 사건 프레임은 하나의 단계가 다음 단계에 선결해야하며, 전체 사건은 시간의 흐름에 따른 사건연속체(event sequence), 즉 사건의 시나리오가 구성된다.[6] 아래 표에서 나타난 [보험계약상담대화]의

---

4 '사건프레임'의 개념, 구성요소, 하위사건구조에 연결 관계에 관해서 이숙의(2011, 2017)을 참조할 수 있다.

5 담화자료는 모생명보험사의 전화상담대화 녹취내용을 전사한 자료이며, 개인정보 및 기업의 요구에 의해 연구용으로만 활용하기로 하였다. E1-E5의 구조는 12회 상담결과 자료를 토대로 분석한 결과이다.

6 이러한 시나리오를 통한 연구는 이미 '식당스크립트', '병원대화' 등에서 연구된 바 있다.

중간단계는 E1→E2→E3→E4→E5의 연속된 사건으로 구성된다.[7]

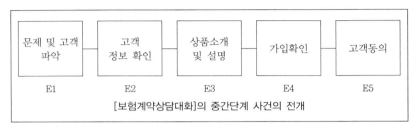

〈그림3〉 담화단위분석을 통한 전체사건프레임의 구성

건강보험에 관한 상담담화는 E1부터 E5의 하위사건프레임으로 구성되며, 각 하위사건프레임은 타 프레임과의 연계를 통해 전체사건프레임을 개념화한다. 모든 단계는 상담자와 고객이 관여하며 E1은 '병명, 보험명칭'으로, E2는 '수술, 투약, 진찰, 검사, 치료'와, E3는 '보험내용과 보험료, 특약'과 관련한 고객의 상황정보에 의존하여 전체 담화가 전개된다.

E4와 E5는 고객의 개인적 상황에 따른 변인이 크게 작용하지 않는다는 점에서 이미 자동음성대화처리시스템의 구축에 활용되고 있다. E1-E3는 고객의 관심 상품이나 나이, 성별, 직업, 경제적 상황 등에 따라 담화의 상황정보가 달리 작용할 수 있으나, 목적이 뚜렷하다는 점, 변인의 예측이 가능하다는 점 등에서 어느 정도의 구조화가 가능하다. 따라서 보험계약상담이라는 전문분야의 대화라면 사건프레임의

---

7 본 연구는 이숙의(2017)의 후속연구로서, 〈그림3〉은 기존 연구에서 다룬 내용과 같다. 본고는 위처럼 사건의 구조분석이 아닌 담화단위를 더 세부적으로 분석·분류에 초점을 둔다. 이를 통해 대화시스템에 활용 가능한 대화의 고정적인 내용과 패턴을 추출하는데 초점을 두고 진행하였다.

전형적인 요소를 대화시스템 구축에 적용할 만하다.

3. 담화단위분석과 구조

보험상담계약 담화는 [시작]-[중간]-[종결] 단계로 구성된다. 다른 대화와 마찬가지로 [시작]과 [종결]의 주요 내용은 '인사'이다. [중간]부분은 앞서 2에서 살펴본 바와 같이 크게 다섯 개의 하위사건프레임으로 구성된다. 각 주제별 하위사건프레임의 전개는 [문제 및 고객 파악]-[고객정보확인]-[상품소개 및 설명]-[가입확인]-[고객동의]에 관한 것들이다. 부분-담화단위[8]의 연쇄를 통해 [중간단계]의 담화가 구성되며, 다시 중간단계의 담화단위 연쇄가 전체 담화를 완성한다. 담화번호(D1, D2, D3 등)는 하나의 소주제로 통합되어 아래 표의 '명제내용'에 해당되는 부분담화단위를 형성한다. 이러한 부분담화단위는 다시 통합되어 또 다른 상위담화단위를 형성하며, 이러한 하위사건프레임의 통합에 의해 전체 담화의 사건 프레임이 조직화 된다. 담화 특성상 보험상품 및 계약 사항에 관한 상담원의 설명 및 질의로 구성된다.

본 연구에서는 12개의 보험계약상담자료[9]에 대해 담화의 주제에 따

---

8 부분담화단위는 발화단위와는 구분된다. 발화단위는 의미전달의 형식상 발화자의 의도의 유무나 주제와의 연관성이 무관하더라도 가능하나, 담화단위는 하나 이상의 문장단위로 일관된 의도와 주제와 연관성을 갖는다. 주제와 연관지어 '담화'의 단위를 결정한다면, '보험계약상담'이라는 큰 주제를 하나의 담화로 간주할 수 있으며, 하위사건을 구성하는 하나 또는 그 이상의 문장으로 이루어진 단위를 부분담화단위로 정의할 수 있다.

9 12개 전사자료의 문서는 2만2천317어절로 구성되었다.

라 중간단계의 하위 사건을 E1, E2, E3, E4, E5로 분류하였으며, 각각
의 하위사건을 다시 분류하고자 담화단위 태그로 표시하였는데 전체
문서는 총 2,060개의 담화단위로 분석되었다.

<표1> 담화단위, 부분-담화단위

대화단계	대화번호	대화방식	명제내용	비고
시작	D1, D2	진술	확인	
	D3, D4	진술	시작 - 인사	
	D5, D6	진술	본인소개	
중간	D7 ... D9	질의-응답	문제파악	문제 및 고객 파악
	D10 ... D12	설명-확인	상품소개	
	D13 ... D20	질의-응답	고객정보파악	
	D21 ... D24	설명-확인	상품소개	
	D25 ... D28	질의-응답	고객정보파악	
	D29, D30	설명-확인	상품소개	
	D31 ... D57	질의-응답	고객정보 파악	
	D58 ... D61	질의-응답	고객확인	고객정보 확인
	D62 ... D65	설명-확인	보험정보제공	상품 소개 및 설명
	D66 ... D74	질의-응답	고객확인	
	D75 ... D96	설명-확인	보험정보제공	
	D97 ... D102	설명-확인	보험정보제공/확인	
	D103 ... D105	설명-확인	보험정보제공	
	D106 ... D108	질의-응답	고객확인	
	D109, D110	설명-확인	보험정보제공	
	D111, D112	질의-응답	고객확인	
	D113, D114	설명-확인	보험정보제공/확인	
	D115 ...D118	설명-확인	보험정보제공	
	D119 ... D120	질의-응답	고객확인	
	D121 ... D124	설명-확인	보험정보제공	
	D125	질의-응답	청약확인	가입의사 확인
	D126, 127	질의-응답	가입동의확인	

대화번호	대화방식	명제내용	비고
D128	설명	가입설명	
D129 ... D158	질의-응답	고객정보확인	
D159,D160	설명-확인	계약정보제공	
D161,D161	질의-응답	계약동의확인	
D162 ... D175	질의-응답	건강정보확인	고객동의
D176 ... D193	질의-응답	납입정보확인	
D194 ... D205	설명-질의-응답	신용정보동의확인	
D206 ... D213	설명	보험정보제공	
D214, D215	질의-응답	고객확인	
D216	설명	보험문의설명	보충설명(삭제가능)
D217	진술	마무리인사	
D218 ... D227	설명-질의-응답	보충정보제공/확인	
D228 ... D236	질의-응답	내용정리	
종결 D237 ...239	진술	마무리인사	인사

담화단위

위에서 보는 것처럼 중간담화단위는 모두 6개의 부분으로 구성되며,
각각 더 세분화된 단위로 구성된다. '문제파악' 등과 같은 담화단위는
D7, D8, D9처럼 더 세분화된다. <표1>에서처럼 대화방식은 대부분 질
의-응답이나 설명-확인 화행으로 구성된다. 질의-응답의 경우에도
대부분 '예, 아니오'의 응답을 요구하는 단순정보확인을 요하는 문장들
로 구성된 문장의 분포가 많다.

(1) 담화단위 분석의 예

    1(D6): 어떻게 결정하셨는지 여쭤도 될까요?[1]

    2(D7): 아까 전에 말한 암보험에 3만31550원 암하고 뇌출혈 급성심
         근경색증[2]

    1(D8): 예[3]

    2(D9): 진단자금 그 부분 하고[4]

    1(D10): 예[5]

    2(D11): 그 다음에 병원에 입원하면은 입원비 나오는 그 부분하고
         그렇게만 플러스하면 안 됩니까?[6]

    1(D12): 네, 여기 암보험 안에 뇌출혈 급성심근경색 진단자금만 딱
         들어가게는 못하세요.[7] 그러니까 지금 사모님은 암에다가 입
         원비만 추가를 해서 할 수 없냐 이 얘기잖아요.[8] 그죠?[9]

    2(D13): 네네[10]

1(D12)에서처럼 같은 주제에 관한 발화가 이어지는 경우, 하나 이상의 문장일 경우에도 하나의 부분담화 단위로 묶인다. 즉 담화단위가 발화단위와 일치하지 않는다. (2)는 보험계약상담 담화의 일부로 D6-D13은 '보험 범위'라는 소주제로 통합되어 부분담화를 구성한다. E1은 참여자(1), 대화번호(D6), 발화단위번호([1])로 구성된다. 부분담화는 전체사건프레임을 구성하는 한 단위인 하위사건프레임에 해당된다. 부분담화에 출현하는 명사와 술어의 분석을 통해 부분담화의 주제가 더욱 분명해진다. (1)은 건강 보험에 관한 상담으로 '암', '뇌출혈', '급성심근경색증'등의 병명과 연관되며, '병원'과 관련한 '입원비', '진단자금'등과 개념관계가 밀접하다.

다음은 [중간단계] 하위사건의 일부인 E2(고객정보확인)의 담화 일부이다.

(2) E2(고객정보확인)사건 담화의 구성

E2(고객정보확인)		
E2-1	1(D49) : 성함이 (　　)이시구요? 2(D50) : 네	이름
E2-2	1(D51) : 우편물 받으실 주소가.. 2(D52) : 주소예? 1(D53) : 네 … 1(D59) : 알겠습니다, 이렇게 해드릴 거구요.	주소
E2-3	1(D60) : 사용하시는 신용카드 납부 되시고 자동이체 가능하신데 어떤 걸로 해드릴까요 매달 신용카드도 되시고 자동이체도 되세요. 2(D61) : 자동이체 할게요. 1(D62) : 네 어느 은행이세요. 오늘 돈이 출금이 될 거예요. 1(D63) : 오늘 현재 48950원 오늘 출금될 거구요 다음 달은 날짜 10 15 25 며칠로 할까요? 2(D64) : 25일 1(D65) : 25일 현재 죄송하지만 잔고 있으시죠? 2(D66) : 네네	납부 방식
E2-4	1(D91) : 회사는 고지 수령 건 행사하며 녹취되지 않는 과거 병력 등에 대해서는 고지효력이 없으시니 피보험자의 정보 및 건강상태에 대해 상세히 말씀해 주시기 바라고 우리 어머니 우리 사모님 키하고 몸무게 어떻게 되세요? 2(D92) : 몸무게 58 키는 64 164요. 1(D93) : 네, 네. 하시는 일 주부세요, 따로 하시는 일이 있으세요? 2(D94) : 주붑니다. 1(D95) : 네, 주부. 그리고 현재 각종 차량이나 현재 오토바이를 운전하고 계십니까? 2(D96) : 운전합니다, 승용차. 1(D97) : 승용차. 네, 네. 이렇게 적어드릴거구요. 1(D98) : 계약자 피보험자 우리 생존 수익자 사망 시에 나가는 거 없기 때문에 사망수익자는 법정 상속인 자동 지정해 드릴 거고, 중대한 질병 등으로 보험금을 직접 청구할 수 없을 경우 관련 절차를 거쳐 대리 청구인을 지정하실 수 있고요.	신상 정보
E2-5	1(D99) : 건강하다고 말씀하셨지만 네 가지 여쭤 볼 겁니다. 1(D100) : 최근 3개월 이내 의사로부터 질병진단 의심소견 치료입원 입원투약을 받은 사실이 있거나 혈압강하제 신경안정제 진통제 같은 약물을 상시 복용한 사실이 있으십니까? 2(D101) : 그런 거 없습니다. 1(D102) : 네, "그런 거 없습니다." 그런 거 이렇게 하시지 말구요, "없습니다." 이렇게 얘기해 주세요	건강정 보

2(D103) : 없습니다. 1(D104) : 네. 네. 감사합니다. 현재 신체장애 있습니까? 2(D105) : 없습니다. 1(D106) : 네 최근 1년 이내 의사로부터 진찰 또는 검사를 통하여 추가검사 재검사 받은 사실이 있으십니까? 2(D107) : 없습니다. 1(D108) : 네, 최근 5년 이내 의사로부터 진찰 또는 검사를 통하여 입원 수술 계속하여 7일 치료 계속하여 30일 이상 투약과 같은 의료 행위를 받으신 사실이 있으십니까? 2(D109) : 없습니다. 1(D110) : 네. 또한 5년 이내 암 백혈병 고혈압 협심증 심근경색증 심장판막증 간경화증 뇌졸중. 뇌출혈, 뇌경색, 당뇨병, 에이즈, HIV 보균으로 의사로부터 진찰 또는 검사를 통하여 질병확정 진단 치료 입원 수술 투약 받은 사실이 있으십니까? 2(D111) : 없습니다. 1(D112) : 네. 최근 1년 이내에 스쿠버 다이빙 행글라이딩 패러글라이딩 암벽 등반과 같은 취미를 자주 반복적으로 하고 있거나 관련 자격증을 가지고 있으십니까? 2(D113) : 없습니다.

앞서 〈그림2〉나 〈표1〉에서 제시했던 건강보험계약상담 담화의 하위사건은 위처럼 세분화된다. E2는 다시 [E2-1]-[E2-2]-[E2-3]- [E2-4]-[E2-5]로 구성된다. 각각은 '이름 및 주민번호 확인(E2-1)', '주소와 전화번호 확인(E2-2)', '납부방식(E2-3)', '신체정보, 직업, 운전여부 등 신상정보 확인(E2-4)', '건강정보확인(E2-5)'이라는 소주제에 의해 구분된다. 대화구조는 변이가 가능하지만, 위 항목들은 모두 E2를 구성하고, 전체 담화(E)를 성공적으로 이끌기 위한 E2의 필수적인 하위사건들이다.

〈그림4〉에서처럼 보험계약상담 담화의 중간부분은 일반적으로 E1에서 E5로 순차적으로 진행된다. 간혹 E1의 내용이나 돌발 질문에 따라 부분담화의 구조가 변경되기도 하나 전형적으로는 아래와 같은 구조를 보인다.

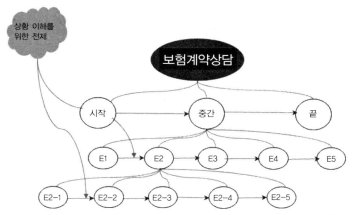

〈그림4〉 보험계약상담대화의 중간 E2(고객정보확인)의 하위사건[10]

이와 같은 주제에 따른 하위사건프레임의 구성은 아래 〈표2〉의 결과를 토대로 한 것이다.

〈표2〉 하위사건프레임(고객정보확인(E2))의 담화분석

문서번호	고객정보확인(E2)				
	E2-1(이름,주민번호)	E2-2(주소,전화번호)	E2-3(납부방식)	E2-4(신상정보, 신체, 직업, 운전여부)	E2-5(건강정보)
E2_82213W0958	(D49)-(D50)	(D51)-(D59)	(D60)-(D67)	(D68)-(D97)	(D98)-(D113)
E2_82913S0124	(D23)-(D34)	(D35)-(D37)	D(64)-(D94)		
E2_8273511072	(D66)-(D71)	(D62)-(D65)		(D72)-(D81)	(D82)-(D91)
E2_8290850147	(D85)-(D91)	(D54)-(D58)		(D59)-(D64) (D94)-(D112)	(D92)-(D93) (D118)-(D137)
E2_8294870420	(D44)-(D51)	(D21)-(D25)(D30)-(D34)	D(63)-D(70)	(D14)-(D21) (D26)-D(29) (D34)-(D43)	(D57)-(D62)
E2_8297710620	(D78)-(D79)	(D18)-(D20)	D(21)-(D34)	(D78)--(D81)	
E2_8298870073	(D17)-(D18)	(D21)-D(22)	(D61)-(D70)	(D19)-D(20) (D23)-(D33)	(D37)-(D60)
E2_8300850253	(D47)-(D52) (D56)-(D59)	(D53)-(D55)	(D88)-D(96)	(D20)-(D26) (D60)-(D67)	(D76)-(D87)
E2_8301280101				(D144)-(D147) (D148)-(D152)	(D132)-(D143)
E2_8301310623	(D11)-(D14)	(D67)-(D69)(D74)-(D77)	(D84)-(D89)	(D63)-(D66) (D71)-(D73)	(D6)-(D10) (D78)-(D83)
E2_8301330516	(D74)-(D75)	(D85)-(D86)	(D111)-(D113)	(D76)-(D84)	(D94)-(D108)
E2_8305700938	(D40)-(D41)(D55)-(D58)	(D61)-(D65)	(D83)-(D107)	(D30)-(D39)(D59)-(D60)	(D43)-(D49) (D73)-(D82)

---

10 〈그림4〉의 '상황이해를 위한 전제'는 전단계의 하위사건 정보를 표시하는 한 부분이다. 전단계 담화단위의 어휘 및 문장 의미는 다음 단계 담화에서 상담자가 고객에 대해 가지는 구정보로서 담화내용 및 구조의 변화를 가져오기도 한다.

위는 12개 자료의 담화단위를 소주제별로 범주화한 것이다. 간혹 빈 공간으로 남은 부분은 E1에서 이미 정보가 제공되었거나, 고객의 사정으로 대화가 중단된 경우에 해당한다. 이와 같은 개별 담화의 구별은 참여자의 발화에 사용된 핵심어휘를 통해 가능하다. E2의 하위사건을 구성하는 부분담화는 '이름, 주민번호, 주소, 결재방식, 신상정보, 건강정보'와 연관된 어휘들이 대부분인데, 핵심 어휘를 살펴보면 다음과 같다.[11]

〈표3〉 고객정보확인 단계의 핵심어휘

E2							
어휘	출현 횟수	어휘	출현 횟수	어휘	출현 횟수	어휘	출현 횟수
고객님	88	의사	34	치료	26	지정	21
사실	54	경우	27	이상	25	키	21
최근	42	수술	26	계약자	22	내용	20
예	40	투약	26	수익자	22		
이내	37	진찰	26	어머니	21		
피보험자	34	검사	26	입원	21		

'수술, 투약, 진찰, 검사, 입원, 키' 등 신상 및 건강과 연관된 어휘들이 많이 출현하는데, 이는 보험계약과 연관하여 고객의 보험가입자격에 관한 확인 절차와 관련한 질의-응답으로 하위사건프레임이 구성되기 때문이다.

E2에서 '최근, 사실, 이내, 경우' 등은 상담원의 질문에서 다수 나타

---

11 전체 상담대화 중 E2에 해당되는 부분의 담화단위는 총 581개, 4,355어절, 1개의 담화단위 당 평균 7.49의 어절로 구성되었다. 〈표3〉은 그 가운데 고빈도 어휘를 나타내는 명사 어휘의 빈도를 제시한 것이다.

난다.

> (3) 가. 최근 1년 이내에 의사로부터 진찰 검사를 통해 추가검사 받은
>   사실이 있으십니까?
>   나. 골절 같은 경우에는 30만원씩 계속 나갑니다.
>   다. 만약에 본인이 사망한 경우 상속인이 권리를 행사하도록 지정하
>   시겠습니까?

이는 상담원의 보험계약상담담화의 특성상 건강정보확인 단계에서
일정 기간 고객의 치료 경험에 관한 질문, 경우에 따른 보장내용 설명,
미래상황의 가정과 관련한 질문이 많다는 점에서 비롯된다. 또한 (4)처
럼 어떤 사실에 대한 여부를 묻는 질문과 '예, 아니오' 형식의 고객의
응답으로 이루어진 대화문의 구성이 매우 전형적이다.

> (4) 가. 1(D95) : 투약을 받은 사실이 있습니까?
>   2(D96) : 아니요.
>   나. 1(D97) : 치료 진단을 받은 적 있으세요, 고객님?
>   2(D98) : 아니요.
>   다. 1(D100) : 수술을 받은 적이 있으십니까?
>   2(D101) : 아니요.

(4가-다)는 상담원의 질문에 모두 '아니오'로 응답하고 있다. 자료
분석 결과, 전체 보험계약상담 자료 2,060개 담화단위에서 고객 발화
는(2(D-)유형) 833개로 40.4%를 차지한다. 그 중 '예', '아니오', '네',
'네네', '맞아요' '그래요'와 같은 단답형은 397개로 고객대화의 47.6

5%[12]를 차지했다. 또한 하위사건프레임 E2는 총 581개의 담화단위로 구성되었으며, 상담원의 담화단위는 320개, 고객은 261개로 구성되었다. 이중 '예/아니오'와 같은 단순 긍정, 부정을 나타내는 고객 응답 담화는 120개로 45.97%의 비율을 보였다. E2-1에서는 주민번호, 이름, 주소 등을 확인하는 질문-응답이 많아 '예/아니오'구성의 응답 출현이 E2-5에 비해 매우 적고, E2-5의 경우에는 '예/아니오'의 응답을 요하는 질문-응답 화행이 대부분이라는 점에서 E2-5는 자동대화시스템의 구성에 매우 적절하다.

4. 대화시스템을 위한 담화 분석의 활용

부분-담화단위의 상황정보기술은 담화맥락으로부터 얻은 어휘정보에 기반한다. 특정담화의 유형에 속하는 말뭉치를 분석하여 맥락정보를 갱신하고 패턴화한 결과는 어휘목록과 문법지식, 배경지식에 관한 정적인 프레임의 개념을 넘어 상황정보에 관한 입체적인 지식의 도식이 가능하다. 이러한 담화단위의 상황정보를 구체적으로 기술하는 방안은 인간의 경험과 개념적 인지체계에 관한 연구로 확장이 가능하며, 전산학적 대화처리시스템에서의 활용도 가능하다.[13]

---

12 '긍정'과 '부정'에 관한 응답 대화분석에서 고객은 '없습니다', '네, 없습니다', '어, 그런 거 없어요'와 같은 발화를 보이기도 한다. 수치는 이와 같이 '예/아니오'와 같은 응답으로 치환이 가능한 예들을 모두 포함한 결과이다.

13 대화처리시스템 구축을 위해 전산학적 연구에서는 유한 상태 기반 관리(Finite-state based management), 프레임 기반 관리(Frame-based management), 계획 기반 관리 (Plan-based management), 정보 상태 기반 관리(Information-state based manage-

　대화처리시스템은 '음성인식→자연어 텍스트의 이해→자연어 관리 →응답처리→평가'과정을 거치는데, '자연어 텍스트의 이해' 단계에서 는 담화의 주제와 관련한 범주와 목적을 파악하고, 화행의 유형에 따라 화자의 의도된 행동을 분류한다. 이 단계는 사건 담화의 기본적 속성파 악만 가능하다. 상황정보의 파악과 관련한 단계는 다음 단계인 '자연어 관리'단계이다. 이 단계는 담화의 맥락을 파악하는 단계로 담화의 목적 달성을 위한 행위에 관한 슬롯(slot)으로 구성된 프레임으로 대화를 관 리하는 프레임기반 관리모델(Frame-Based Dialogue Model)을 적용하기 도 한다. 프레임기반 관리모델은 사건프레임의 구조와 하위사건프레 임이 어느 정도 고정적인 경우에 자연어 관리에 적용한다. 상품판매나 보험계약상담을 위한 담화처럼 부분-담화단위의 담화형태가 고정적 인 경우, 담화자료의 부분-담화단위를 분석하여 비교적 고정적인 상 황정보를 추출해 낼 수 있다면 활용이 가능하다.

　전술한 바와 같이 보험계약상담 담화 중 고객정보 확인에 관한 사건 담화는 '이름 및 주민번호확인(E2-1)', '주소와 전화번호확인(E2-2)', '납부방식(E2-3)', '신체정보, 직업, 운전여부 등 신상정보확인(E2-4)', '건강정보확인(E2-5)'에 관한 부분-담화단위로 구성된다. 각 담화구조 가 고정적이며 패턴이 단순한 편이다.

---

ment) 등의 적용을 시도하고 있다. 각각의 모델의 사건 담화의 목적이나 유형, 흐름 등의 특성에 따라 활용도가 다르지만, 무엇보다 담화 단위의 상황정보에 관한 면밀한 언어학적 분석이 선행되어야 한다.

(5) E2-5의 담화분석

E2-5	
①	1(D73) : 최근 3개월 이내 의사로부터 질병진단 의심소견 치료입원 투약 수술 등을 받은 사실이 있거나 혈압강하제 신경안정제 진통제같은 약물을 상시 복용한 사실이 있으십니까?(질문) 2(D74) : 없어요 (응답) 1(D75) : 현재 신체장애가 있으십니까?(질문) 2(D76) : 신체장애는 없는데요 (응답) 1(D77) : 최근, 최근 1년 이내 의사로부터 진찰 또는 검사를 통하여 추가검사 재검사 받은 사실이 있으십니까? (질문) 2(D78) : 아직까진 없어요.(응답) 1(D79) : 최근 5년 이내 의사로부터 진찰 또는 검사를 통하여 입원 수술 계속하여 7일이상 치료 계속하여 30일 이상 투약 받은 사실이 있으십니까? (질문) 2(D80) : 아니요(응답) 1(D81) : 또한 5년이내 암이나 백혈병 고혈압 협심증 심근경색증 심장판막증 간경화증 뇌졸중 뇌출혈 뇌경색 당뇨병 에이즈 및 HIV 에이즈 바이러스 보균으로 의사로부터 진찰 또는 검사를 통하여 질병확정 진단 치료 입원 수술 투약 받은 사실이 있으십니까?(질문) 2(D82) 없어요(응답)
②	1(D6) : 아, 그러세요. 최근 6개월 이내에 충치치료 받으신 거 있으세요 고객님?(질문) 2(D7) : 충전치료요?(확인) 1(D8) : 네, 충치치료.(응답) 2(D9) : 충치치료 없어요. 예전에 치료 다 받아가지고(응답) 1(D10) : 아 예, 가입 신청 가능하시구요. (확인/부연설명) 1(D78) : 네, 현재 틀니를 하고 계십니까 고객님?(질문) 2(D79) : 아니요.(응답)
③	1(D142) : 술, 담배 하세요?(질문) 2(D143) : 안해요.(응답) 1(D144) : 그럼 괜찮으시고, 혹시 지금 키하고 몸무게 어느 정도 유지하세요?(질문) 2(D145) : 155에 50kg 50키로(응답) 1(D146) : 최근 6개월 이내에 5kg이상 체중 감소 있으셨어요?(질문) 2(D147) : 아니요.(응답)
④	1(D103) : 고객님, 그럼 지금 충치 치료해 놓은 거는 몇 개나 있으세요? 현재 때운 거. (질문) 2(D104) : 어, 정확히는 잘 모르겠는데(응답) 1(D105) : 대강 저희가 그냥 참고사항으로 기재해 놓습니다.(부연설명) 2(D106) : 세 네 개 정도(응답)

	1(D105) : 세 네 개 정도 떼운 거 있으시고.(확인) 1(D106) : 씌우신 거는요? (질문) 2(D107) : 아마 없는 걸로 알고 있어요.(응답) 1(D108) : 아, 씌우신 거는 없으시고. (확인) 1(D109) : 아, 그리고 고객님. 세 네 개 떼우신 거는 몇 년 정도 되신 거 같으세요?(질문) 2(D110) : 한 삼년 정도 된 거 같아요.(응답) 1(D111) : 삼년정도 되셨고요. 치아는 보통 5년 정도 되시면 2차 충치가 오시 거든요. 그래서 지금 참 잘 하시는 거구요.(확인/부연설명)

건강정보를 확인하는 (5)과 같은 부분담화는 질문-응답 화행으로 이루어지고, 고객은 대부분 '예/아니오'로 응답한다. 위 4개의 대화 가운데, ①과 ③은 가장 전형적인 것으로 모든 건강관련 보험계약담화에 나타나며, 순서가 바뀌기도 하지만 필수적이다. 또한 치아보험이라는 특수보험에 한해서는 ②와 ④의 담화가 필수적인데, 이 경우 고객의 상태에 따라 '예/아니오' 이외의 정보를 전달하는 고객의 응답 담화가 많이 나타난다. ①, ③의 경우에는 '예/아니오'를 요하는 질문-응답이 교체되며, 고객이 '예'로 답하는 경우 계약이 성공적이지 못할 확률이 높고, 이런 경우에는 E3, E4, E5로 담화가 이어지지 못한 채, 전체 사건프레임의 마지막 단계인 [인사단계]로 넘어갈 가능성이 크다.

우선 (5)의 ①, ③과 같은 건강정보에 관한 담화는 매우 고정적인 문장패턴을 보이므로 다음과 같은 화행 슬롯의 구성이 가능하다.

(6) E2-5 단계의 담화 구성 유형1

슬롯	문장	화행	개념 정보[14]
①약물복용유무 _질문	3개월 이내 약물을 상시 복용한 사실이 있습니까?	Ask_if	[time=3개월], [medicine=약]
약물복용유무_ 응답	예/아니오	Answer	[answer=아니오]

②신체장애유무_응답	신체장애가 있습니까?	Ask_if	[handicap=장애]
신체장애유무_응답	예/아니오	Answer	[answer=아니오]
③진찰재검유무_질문	1년 내 추가검가 재검사 받은 사실이 있습니까?	Ask_if	[time=1년] [reexamination =재검사]
진찰재검유무_응답	예/아니오	Answer	[answer=아니오]
④수술입원유무_질문	5년 내 입원 수술을 한 적이 있습니까?	Ask_if	[time=5년] [operation=수술]
수술입원유무_응답	예/아니오	Answer	[answer=아니오]
⑤특수병력유무_질문	암, 백혈병, 고혈압, 협심증 등 질병확정 진단 치료 입원 수술 투약을 받은 사실이 있습니까?	Ask_if	[disease=암]
특수병력유무_응답	예/아니오	Answer	[answer=아니오]

고정문장패턴을 대화시스템에 활용하기 위해 각 질문과 응답의 핵심어의 범주 정보에 해당되는 개체명 정보를 활용한다. 단순 질의-응답으로 구성된 E2-5 대화체계는 아래와 같이 구성된다.

---

14 여기서 개념정보는 개체명정보와 유사한 점이 있다. 개념정보와 개체명정보는 모두 의미정보의 한 유형으로 볼 수 있지만, 개체명이 주로 인명, 지명, 단체명 등을 주로 지칭한다는 점에서 '시간, 부정, 긍정, 검사'와 같은 단어를 개체명으로 처리하기보다는 어휘가 소속된 개념정보로 보았다.

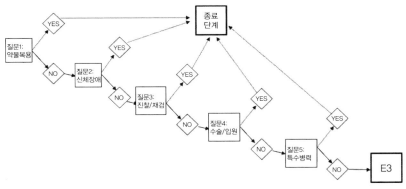

〈그림5〉 E2-5 사건프레임의 대화체계1

질문1에서 질문5까지 '아니오'로 답할 경우, 담화는 다음 사건프레임
인 E3로 이어지며, '예'는 각 단계에서 바로 전체사건프레임의 종료단
계로 이어지는 대화체계의 설계가 가능하다. 반면 위 ②, ④와 같은
치아보험계약 담화는 고객의 치료유무, 경력에 따라 후행하는 질문 유
형이 달라지는데, 이 경우에는 'Ask_wh'나 'Ask_how many'유형의 질
의와 'number'에 해당하는 응답이 요구된다.

(7) E2-5 단계의 담화 구성 유형2

슬롯	문장	화행	개념 정보
충치치료유무 _질문	6개월 이내 충치치료 받 으셨습니까?	Ask_if	[time=3개월] [treatment=치료]
충치치료유무 _응답	예/아니오	Answer	[answer=아니오]
치료개수 _질문	몇 개가 있습니까?	Ask_how many	[number=개수] [treatment=치료]
치료개수 _응답	0개	Answer	[number=개수]
특수치료유무	씌운 것은 몇 개가 있습	Ask_how many	[number=개수]

_응답문	니까?		[treatment=씌움]
특수치료유무 _응답	0개	Answer	[number=개수]
틀니유무 _질문	틀니가 있습니까?	Ask_if	[teeth=틀니] [number=개수]
틀니유무 _응답	예/아니오	Answer	[number=개수]

위는 E2-5에서 고객의 '예/아니오' 이외의 응답을 보였던 대화문으로 위의 대화는 충치, 특수치료, 틀니 등의 개수가 대화시스템의 변인으로 작용한다. 충치치료와 틀니의 유무와 관련하여 '아니오'로 답하는 경우에는 대화는 〈그림5〉처럼 다음단계인 E3로의 진행되며, '예'로 답하는 경우에는 '치료 정보'에 관한 대화로 진행된다.

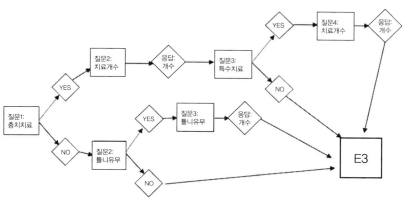

〈그림6〉 E2-5 사건프레임의 대화체계2

〈그림6〉은 일반건강보험이 아닌 치과보험계약에 관한 담화를 분석한 결과에 따른 것으로 〈그림5〉와는 다르다. 사건프레임은 사건을 구성하는 필수구성요소에 따른 하위사건으로 구성되며, 대화체계는 계

약담화를 구성하는 참여자, 주제 등의 변인에 따라 달라진다. 참여자와 주제가 상황을 결정하는 주요 요인으로 작용하며, 이 상황에 따라 대화의 체계가 달라진다. 특정영역 대화시스템을 위해서는 담화자료의 유형, 구조뿐만 아니라 (6), (7)에서 제시한 슬롯의 변인, 문형정보, 화행정보, 개념정보에 관한 언어에 관한 면밀한 분석이 요구된다. 이 과정에는 사건의 핵심구성요소와 관련된 타 개념과의 연관관계에 관한 온톨로지 정보의 활용도 요구된다.

〈그림5〉은 보험계약상담대화의 E2-5에 해당하는 대화의 전형적인 대화체계이며, 상담에서 다루는 주제에 따라 〈그림6〉과 같은 변형이 가능하다. 담화분석을 토대로 한 대화체계의 설계를 위해서는 가능한 많은 양과 다양한 유형의 대화자료 분석을 통해 대화의 유형 및 핵심어휘에 관한 파악이 필요하다. 대화 참여자의 처지, 심리적 상태, 관심분야 등에 따라 무한히 달라질 수 있는 일상대화에 비해 이와 같은 고정적 구조를 보이는 담화의 하위사건프레임의 연구는 대화시스템구축을 위한 자료로 활용 가능하다.

5. 결론

본 연구에서는 담화를 구성하는 부분-담화단위의 상황정보와 담화구조와의 연관성, 부분-담화단위에 상황으로 작용하는 어휘의 개념관계와 전체 사건프레임의 개념관계 등에 대해 주목하였다. 사건담화프레임의 개념기술을 어휘의미, 개념관계, 통사정보 등 사건에 관한 평면적 기술 차원을 넘어 하위프레임을 구성하는 개체의 속성과 개체와 관련된 상황 등을 고려한 프레임 개념기술의 필요성을 강조하였다. 담화 장치, 유형, 구조, 기능과 관련한 언어학적 연구가 활발하였음에도 불구하고, 상황정보를 표상을 바탕으로 한 담화사건의 프레임을 대화시스템 구성에 활용하는 자료 구축 및 연구는 많지 않다.

본 연구는 담화단위를 통한 언어학적 분석결과를 다른 분야에 적용하는 방안을 강구하고자 하였으며, 실제 자료를 통해 보험계약상담대화의 전체 구조를 분석하고 대화시스템에 활용하고자 하였다는 점에 의의를 둔다. 추후 하위사건프레임에 관한 면밀한 분석과 분석 영역을 확장하여 실제 응용이 가능한 언어자료로 사용되는 것이 가능하도록 화행 및 개념정보의 명시적 제시 방안에 관한 연구를 이어나갈 예정이다.

『한국어 의미학』 58집(한국 의미학회, 2017.12.)에
게재한 원고를 재수록한 것임.

참고문헌

고창수 외, 『인공지능 대화시스템 연구』, 지식과 교양, 2012.

김동환, 「틀의미론과 의미 구조」, 『언어과학연구』 16, 언어과학회, 1999.

김석환·이청재·정상근·이근배, 「EPG정보 검색을 위한 예제 기반 자연어 대화 시스템」, 『소프트웨어 및 응용』 34(2), 한국정보과학회, 2007.

박용익, 『대화분석론(개정판 4판)』, 현문사, 2014.

왕지현·서영훈, 「개념 및 구문 정보를 이용한 한국어 대화체 분석 시스템」, 『한국정보과학회 언어공학연구회 학술발표논문집』, 1997.

이병규, 「담화의 개념과 단위」, 『어문론총』 제61호, 한국문학언어학회, 2014.

이숙의, 「토론프레임의 인지언어학적 연구」, 『한국어 의미학』 36, 한국어의미학회, 2011.

_____, 「[보험계약상담대화]프레임의 인지의미론적 연구」, 『어문연구』 92, 어문연구학회.

이현정·서정연, 「한국어 대화체 문장의 화행 분석」, 『한국정보과학회 가을 학술발표논문집』 24(2), 한국정보과학회, 1997.

최석재, 「주문 대화 영역에서의 대화시스템을 위한 언어의 분석과 처리 –패스트푸드와 커피 주문을 중심으로–」, 『우리말연구』 31집, 우리말연구학회, 2012.

Manzoor Ahmed, Romana Riyaz and Saduf Afzal, "A Comparative Study Of Various Approaches for Dialogue Management", *An international journal of acvanced computer technology*, 2(4), 2013.

Fellbaum, C. et al., *WordNet*, Cambridge: The MIT Press, 1998.

Fillmore, C. J., "An alternative to checklist theories of meaning", *Proceedings of the First Annual Meeting of the Berkeley Linguistics Society, ed. Cathy Cogen et al*, Berkeley: Berkely Linguistics Society, 1975.

_____, Frame Semantics, *Linguistics in the Morning Calm*, Seoul: Hanshin, 1982.

_____, *Frames and the semantics of understanding*. Quaderni di semantica, 1985.

Josef Ruppenhofer, Michael Ellsworth, Miriam R. L. Petruck, Christopher R. Johnson, Jan Scheffczyk, *FrameNet II*: Extended Theory and Practice, 2010.

Langacker, Ronald W, "Semantic representations and the linguistic relativity hypothesis", *Foundations of language 14*, 1976.

'기쁨' 감정동사의 원형과 유의관계에 대한 연구

조경순

1. 서론

국어의 동사 부류 중 자극체에 대한 주체의 감정적 반응을 표현하는 동사들이 있는데 이러한 동사들을 감정동사로 묶을 수 있다. 감정이란, 감정을 유발하는 자극체를 인지하고 그에 대한 평가를 내림으로써 발생하며, 그에 따른 신체적 반응을 동반하는 비의도적인 마음의 상태를 말하고, 어휘 또는 억양, 발화의 맥락과 발화 내용의 상호 작용 등을 통하여 언어적으로 표현될 수 있다.[1] 이러한 언어적 표현이 동사로 실현되었을 때 이를 감정동사라고 할 수 있다.

감정동사란 "나도 모르게 저절로 ~한 마음이 {생기다/들다}"와 "마음{이/에}~한 상태"의 검증 틀에 모두 적합한 어휘로, 구문의 주어는 항상 '경험주'로 실현되며, 어떤 대상이나 사태에 대한 '지각'이나, 판단이나 믿음과 같은 '인지'의 요소를 전제로 하는 동사이다.[2] 전형적인

---

1 홍종선·정연주, 「감정동사의 범주 규정과 유형 분류」, 『한국어학』 45호, 2009, 390쪽.
2 김은영, 『국어 감정동사 연구』, 전남대학교 박사학위논문, 2004, 26쪽.

감정동사의 통사적·의미적 특성으로 감정동사의 주어는 경험주이고, 감정 반응의 원인이 되는 논항이 드러나며, 주관적인 성격을 보이고 마음 상태를 서술 대상으로 한다.[3] 그리고 상태성 감정동사 구문은 주체가 특정한 감정을 경험하는 구문으로 감정 표현의 과정에서 생리적 반응의 측면에 초점이 놓이고, 행위성 감정동사 구문은 주체가 특정한 감정을 경험한 뒤 이를 경험한 감정과 연관된 특정한 감정 행위를 수행한다.[4]

　기존 연구에서는 감정동사 전체를 대상으로 감정동사의 개념 정립과 분류에 중점을 두었다. 그래서 기쁨, 슬픔, 놀람 등과 같은 범 안에 포함되는 여러 감정동사들이 대등한 감정 의미소를 가지는 것으로 간주되었다. 기존 연구에서는 감정동사를 동질하게 보았기 때문이라 할 수 있다.

　본 연구에서는 감정 범주 중 [기쁨] 영역에 속하는 감정동사들의 의미가 동질적이지 않음을 살펴서 감정동사가 유의관계를 통해 묶여 있음을 밝히고자 한다. '기쁨' 범주에는 다양한 감정동사들이 포함되어 있는데, 모두 [기쁨]이라는 단일한 의미소만 가지고 있다고 보기 어렵다. 모든 감정동사가 동일한 의미소로 이루어져 있다면 문장에서 대치가 가능해야 하지만, 기쁨 감정동사인 '흐뭇하다'와 '통쾌하다'의 대치가 부자연스러운 이유를 설명하기 어렵다. 본 연구에서는 이러한 이유는 감정동사들이 의미소에 따라 중심과 주변 층위에 분포되어 있기 때문이라 본다. 따라서 기쁨 감정동사의 의미소를 찾고, 이를 기반으로

3　홍종선·정연주, 앞의 논문, 393쪽.
4　조경순, 「국어 감정동사 구문의 개념구조 연구」, 『한국어학』 56호, 2012, 271~272쪽.

기쁨 감정동사의 유의관계를 분석하고자 한다.

2. 기쁨의 원형과 기본 층위

용언의 의미 분석을 위해 계열적 특성과 결합적 특성을 고려해야 한다.[5] 감정동사는 인지와 반응이라는 표현 과정을 따르며, 자발적으로 일어나며 비의지적이고 상태적이며 주관성을 지닌다는 특징이 있다. 감정 표현의 과정 중 생리적 반응과 인식은 감각 및 반응의 자동적 과정으로, 주관적 판단은 감정 인지 및 평가의 과정으로 볼 수 있다.[6] 이 단계들은 동시적이며 복합적으로 일어나므로 단계적으로 분리할 수 없다. 그러나 언어적으로 표상된 감정동사는 어느 과정을 중심으로 개념화가 되었는지 구분될 수 있다.

(1) ㄱ. 철수는 오랫동안 찾아다닌 책을 드디어 발견했다. 그래서 바로 기뻤다.
ㄴ. 철수는 오랫동안 찾아다닌 책을 드디어 발견했다. 그래서 (?바로) 감동했다.

예문 (1)에서는 주체의 감정이 변화된 원인이 나타나 있다. 예문 (1ㄱ)에서 책을 찾은 사건과 주체의 감정은 동시적으로 발생한다. 즉, 책을 찾음과 동시에 '기쁨'이라는 감정이 발생하며, 이를 언어적으로 '기쁘

5 남경완, 「의미 관계로서의 다의 파생 관계에 대한 고찰」, 『한국어 의미학』 17호, 2005, 162쪽.
6 조경순, 앞의 논문, 248~249쪽.

다'라고 표현하는 것이다. 이에 비해, 예문 (1ㄴ)에서는 먼저 주체가 책을 찾은 사건이 발생하고 1차적인 감정인 '기쁨'이 발생한 뒤 주체가 상황을 고려하여 '감동하다'는 감정을 판단한다고 할 수 있다. 즉, '감동하다'는 사건과 주체의 감정이 계기적으로 발생하는 것을 나타내며, 감정 상태가 기쁨의 중심 영역에서 주변 영역으로 이동한 것으로 볼 수 있다.

(2) ㄱ. 민수는 합격 소식에 기쁘고 감동했다.
ㄴ. 민수는 합격 소식에 기쁘지도 않았고 감동하지도 않았다.
ㄷ. ??민수는 합격 소식에 감동했으나 기쁘지 않았다.
ㄹ. 민수는 합격 소식에 *기뻤지/기뻐했지/감동했지.

예문 (2ㄱ, ㄴ)에서 감정 경험주는 '기쁘다'와 '감동하다'의 두 감정을 모두 경험하거나 경험하지 않을 수 있다. 그러나 '감동하다'는 '기쁘다'를 전제하기 때문에 예문 (2ㄷ)은 의미적으로 이상하다. 즉, '기쁘다'는 주체가 감정 자극체로 인해 '기쁨'이라는 감정을 느끼는 것을 표출하는 것에 반해, '감동하다'는 감정 자극체에 대해 느낀 감정을 판단하는 것을 표현하는 것이라고 할 수 있다. 즉, '감동하다'는 감정 자극체에 대한 1차적인 감정이 형성된 뒤에 개념화되는 것으로 보인다. 그래서 예문 (2ㄹ)과 같이 '기쁘다'에 비해 '감동하다'는 다른 사람이 감정 주체의 상태를 판단할 수도 있는 것이다.

이상과 같이 감정동사는 감각 및 감정 인지를 중심으로 감정을 표출하는 중심 영역과 감정을 판단하는 주변 영역으로 나눌 수 있다. 이때 중심 영역은 기쁨의 원형이라 할 수 있는데, 원형은 그 범주를 대표할 만한 가장 '전형적' '적절한' '중심적' '이상적' '좋은' 보기를 말한다.[7]

두 감정동사 부류는 감정 표현 과정에서 초점화된 단계가 다르므로, 유의관계를 분석할 때 감정동사를 감정 표출과 감정 판단으로 구분해야 한다. 또한, 기쁨 의미소를 찾은 뒤 이를 중심으로 삼아 유의관계를 분석해야 할 것이다. 감정동사는 의미를 중심으로 묶여 있는 동사류이므로 유의관계 분석의 기준은 감정 의미소가 되어야 하며 감정 표현 과정을 고려해야 하기 때문이다.

그렇다면 다음으로 감정동사의 목록을 정해야 할 것이다. 기존 연구에서는 감정동사 유형과 목록에 대해, '기쁨'과 '좋아함'의 의미 영역에 속하는 동사들은 '만족'의 의미를 내포한다고 하거나[8], 나는 대학 합격 소식을 듣고 {~었다.}"라는 틀 속에 자연스럽게 어울리는 동사를 '기쁨'의 범주에 속하는 것으로 보았다.[9] 본 논문에서는 기존 연구에서 제시한 어휘 목록과 사전을 재검토하여 다음과 같이 기쁨 감정동사의 목록을 확정하였다.

> (3) 감개무량하다, 감격스럽다, 감동하다, 고소하다, 기껍다, 기쁘다, 대견하다, 들뜨다, 벅차다, 보람차다, 뿌듯하다, 열광하다, 영광스럽다, 유쾌하다, 자랑스럽다, 즐겁다, 통쾌하다, 행복하다, 황홀하다, 흐뭇하다, 흔쾌하다, 흡족하다, 흥겹다

다음으로 기쁨 감정동사의 의미를 통해 감정 의미소를 분석해야 한다. 본 연구에서는 기쁨 범주의 의미소는 사전에 등재되어 있는 의미를

---

7 임지룡, 『인지의미론』, 탑출판사, 1997, 64쪽.
8 김은영, 앞의 논문, 117~121쪽.
9 홍종선·정연주, 앞의 논문, 413쪽.

살펴 목록화할 수 있다고 본다. 사전에 등재된 의미는 '확립된 의의'에 해당한다고 볼 수 있다. 어휘의 확립된 의의는 어휘부에 등재되는 의의를 말하는데, 확립된 의의는 우리 마음속의 어휘 목록에 다르게 표시되어 있을 것이며,[10] 이러한 것이 결국 사전으로 제시된다고 할 수 있기 때문이다.

이상과 같은 논의를 통해 기쁨 감정동사의 주요 감정 의미소를 다음과 같이 분석할 수 있다.[11]

(4) 기쁨 감정의 자질 목록

감정동사	감정 의미소 분포											
감개무량하다											감동	
감격스럽다											감동	
감동하다											감동	
고소하다					유쾌		재미					
기껍다	기쁨											
기쁘다			만족	흐뭇함								
대견하다				흐뭇함						자랑		
들뜨다								흥분				
벅차다									가득함			
보람차다			만족									
뿌듯하다									가득함			
열광하다								흥분				
영광스럽다												영예
유쾌하다		즐거움				상쾌						

---

10 Cruse, D.A., *Lexical Semantics*, 임지룡·윤희수 옮김, 『어휘의미론』, 경북대학교 출판부, 1998, 86쪽.

11 감정 의미소는 『표준국어대사전』에 등재된 의미에서 감정 주체나 대상, 감정의 정도 표현 등을 제거하고 감정 상태만을 나타내는 의미에서 추출하였다.

자랑스럽다							자랑	
즐겁다	기쁨			흐뭇함				
통쾌하다		즐거움			유쾌			
행복하다	기쁨		만족	흐뭇함				
황홀하다						흥분		
흐뭇하다			만족					
흔쾌하다	기쁨				유쾌			
흡족하다			만족					
흥겹다		즐거움						

기쁨 감정동사들은 단일한 감정 의미소만 나타나는 것이 있고 두 개 이상의 감정 의미소가 나타나는 것도 있다. 그런데, 뜻풀이에 사용된 어휘들 간의 관계 분석을 통해 같은 유의어 군의 어휘들은 다시 세부적인 군집으로 나눌 수 있다.[12] 본 연구에서는 감정 의미소를 중심으로 기본적인 유의관계를 설정하고 각각 원형이 되는 동사를 기준으로 다시 군집을 설정한다. 원형 구조를 가진 범주는 일련의 자질로 표상되며, 이 자질들은 어떤 특별한 예시에서 명시화되는 자질이 많을수록 해당 항목은 더 높은 보기의 좋음 점수를 가지게 되므로[13], 원형 의미소는 의미적으로 단순하며 감정의 정도에서 기본적인 것 즉 [유쾌]보다는 [기쁨]을, [흥분]보다는 [흐뭇함]을, [넘침]보다는 [만족]을 기본 영역으로 삼는다. 이 세 영역은 가쁨 감정동사의 원형이라 할 수 있는 '기쁘다, 즐겁다, 행복하다'의 의미 감정소 분포에 기반을 둔다.

---

12 강현화, 「중·고급 학습자를 위한 감정 기초형용사의 유의관계 변별 기제 연구」, 『한국어 의미학』 17호, 2005, 47~48쪽.

13 Cruse, D.A., *Meaning in Language*, 임지룡·김동환 옮김, 『언어의 의미』, 태학사, 2002, 238~242쪽.

3. 기쁨 감정동사의 유의관계 분석

1) 중심 영역의 유의관계

두 어휘가 유의관계에 있다는 것은 의미상 공통점도 있지만 차이점
도 존재한다는 것을 전제한다. 동의어라 하더라도 개념적 의미가 아닌
여러 가지의 다른 의미, 예컨대 연상적 의미와 주제적 의미, 확장된
의미 등에서는 반드시 일치하지 않을 수 있다[14]. 본 연구에서는 기쁨
감정동사의 의미 영역과 의미 자질을 통해 유의관계를 분석할 수 있다
고 본다. 먼저 [기쁨] 영역에서 '흥겹다'와 '기껍다'는 강한 유의관계를
맺어 대치가 자연스럽다.

  (5) 온 가족이 화기애애하게 모인 것이 정말 즐거웠다/행복했다/기뻤다/
  기꺼웠다/흥겨웠다/??영광스러웠다/??고소(苦笑)했다.

예문 (5)에서 중심 영역에 포함되는 '즐겁다, 행복하다, 기쁘다, 기껍
다, 흥겹다'는 쓰임과 대치가 자연스럽지만, 주변 영역에 포함되는 '영
광스럽다'와 '고소하다'는 쓰임이 부자연스럽다. 이와 같이 동일한 기
쁨 감정동사이지만 감정의 중심/주변 영역에 따라 대치가 자연스러운
강한 유의관계와 대치가 부자연스러운 약한 유의관계로 나눌 수 있다.
  '기쁘다'는 [흐뭇함], [만족]의 공통 영역에, '즐겁다'는 [흐뭇함], [기
쁨]의 공통 영역에 있으며, '행복하다'는 [기쁨], [흐뭇함], [만족]의 공
통 영역에 있다.

---

14 윤평현, 『국어의미론』, 역락, 2008, 125~127쪽.

(6) ㄱ. 아버지는 잘 자란 자식들을 기쁘게/흐뭇하게/[?]흡족하게 여기셨다.

　　ㄴ. 시어머니는 며느릿감이 마음에 기뻤다/흡족하였다/[?]흐뭇하였다.

　　ㄷ. 민수는 대학 합격 소식에 흐뭇했지만 흡족하지는/^{??}기쁘지는 않았다.

'기쁘다'는 감정 의미소 [만족]과 [흐뭇함]을 모두 가지고 있다. '기쁘다'가 [만족]의 의미를 나타낼 때는 '흡족하다'와 대치가 자연스러우며, [흐뭇함]의 의미를 나타낼 때는 '흐뭇하다'와 대치할 수 있다. 예문 (6ㄷ)과 같이 '흐뭇하다'와 '흡족하다'는 어느 한쪽을 부정해도 모순이 생기지 않는 반면에, '흐뭇하다'와 '기쁘다'는 어느 한쪽을 부정하면 모순이 생긴다. 이는 '흐뭇하다'와 '흡족하다'는 의미 영역을 공유하고 있지 않지만, '기쁘다'가 양쪽 모두의 의미를 가지고 있기 때문이라고 할 수 있다. 따라서 '기쁘다'는 [만족]의 의미가 강할 때 '흡족하다'와 강한 유의관계를 맺으며, [흐뭇함]의 의미가 강할 때 '흐뭇하다'와 강한 유의관계를 맺는다고 할 수 있다.

(7) ㄱ. 즐거운/흥겨운/^{??}흐뭇한 노래를 불렀다.

　　ㄴ. 그때 내 감정은 흐뭇한 정도였지 흥겨운 정도는 아니었다.

　　ㄷ. ^{??}민수는 축제가 즐거웠지만 흐뭇하지는 않았다.

'즐겁다'는 감정 의미소 [기쁨]과 [흐뭇함]을 가지고 있다. 예문 (7ㄱ)과 같이 '즐겁다'가 [기쁨]을 나타낼 때는 '흥겹다'와 대치가 자연스럽다. 그런데 예문 (7ㄴ)에서는 어느 한쪽을 부정해도 모순이 생기지 않는 반면에, 예문 (7ㄷ)에서는 어느 한쪽을 부정하면 모순이 생긴다. 이는 '즐겁다'가 양쪽 모두의 의미를 가지고 있기 때문이며, '흐뭇하다'와 '흥겹다'는 의미 영역을 공유하고 있지 않기 때문이다. 이상의 논의를 통해, '즐겁다'는 [기쁨]의 의미가 강할 때 '흥겹다, 기껍다'와 강한 유의관계를 맺으며, [흐뭇함]의 의미가 강할 때 '흐뭇하다'와 강한 유의관계를 맺는다고 할 수 있다.

　기쁨 감정 표출 동사는 신체적 반응과 인지를 중심으로 감정을 표현하는 동사들로 기쁨의 중심 영역에 속해 있다. 의미소는 [기쁨], [만족], [흐뭇함]으로 설정할 수 있으며, 원형 영역에 있는 동사들인 '기쁘다, 즐겁다, 행복하다'는 각 감정 의미소 중 어떠한 의미소가 맥락에 따라 강해지느냐에 따라 강한 유의관계를 맺는 동사들이 달라질 수 있다. 이러한 논의를 기쁨 감정동사의 중심 영역 분포도를 그린 〈그림 1〉로 정리할 수 있다.

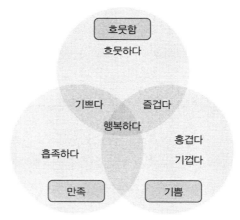

〈그림 1〉 기쁨 감정동사 중심 영역의 유의관계

2) 주변 영역의 유의관계

[흐뭇함] 영역은 [흥분]과 [자랑] 영역과 관계를 맺고 있다. [흥분] 영역의 '들뜨다, 열광하다, 황홀하다', [자랑] 영역의 '보람차다, 자랑스럽다, 영광스럽다'는 각각 강한 유의관계를 맺는다.

(8) ㄱ. 관중들이 유명 선수가 나타나자 모두 들떴다/열광했다.
ㄴ. 축제 기분에 들떴다/황홀했다.
ㄷ. 우리가 우승을 차지하다니 너무 보람차다/자랑스럽다/영광스럽다.

[흐뭇함]과 [자랑]의 공통 영역에 있는 '대견하다'는 [흐뭇함]을 나타낼 때 '흐뭇하다'와 강한 유의관계를 맺으며, [자랑]을 나타낼 때 '자랑스럽다' 등과 강한 유의관계를 맺는다고 할 수 있다.

(9) ㄱ. 어머니는 어려운 형편에도 불구하고 바르게 자란 딸이 대견했다/자랑스러웠다/흐뭇했다.
ㄴ. 그녀는 군인인 아들을 늘 대견하게/보람차게/영광스럽게/자랑스럽게/??흐뭇하게 생각했다.

예문 (9ㄱ)에서와 같이 일반적인 맥락에서는 '자랑스럽다', '대견하다', '흐뭇하다'가 모두 대치가 가능하다. 그러나 예문 (9ㄴ)은 [자랑] 영역이 강하게 활성화한 것이므로 '흐뭇하다'로 대치할 수 없는 것으로 볼 수 있다.

[만족] 영역은 [가득함] 및 [감동] 영역과 연결되어 있으며, [감동] 영역의 '감동하다, 감개무량하다, 감격스럽다'는 강한 유의관계를 맺어 대치가 자연스럽다.

(10) ㄱ. 오랜만에 고향에 돌아오니 모든 것이 감개무량하였다/감격스러웠다.
　　 ㄴ. 주민들은 시장의 연설에 감동하여/감격스러워 기부금 모금에 동참하
　　　　였다.

[유쾌] 영역의 '유쾌하다, 통쾌하다, 흔쾌하다'는 강한 유의관계를
맺고 있다. [유쾌] 영역은 '통쾌하다'와 '흔쾌하다'를 통해 [기쁨] 영역
과 의미적으로 연결되어 있으며, [유쾌] 영역은 '고소하다'를 통해 다시
[재미] 영역과 연결되어 있다.

(11) ㄱ. 나는 그를 이긴 것이 그지없이 통쾌했다/흔쾌했다/유쾌했다/고소했다.
　　 ㄴ. 자네 요즘 새살림 재미가 무척이나 고소한가/유쾌한가/??통쾌한가 봐.
　　 ㄷ. 그는 나의 제안을 흔쾌하게/유쾌하게/??고소하게 받아들였다.

예문 (11ㄱ)과 같이 일반적인 맥락에서는 [유쾌] 영역의 감정동사들
은 상호 대치가 가능하다. 그러나 예문 (11ㄴ)과 같은 맥락에서는 '통쾌
하다'는 사용하기 어려우며, 예문 (11ㄷ)과 같은 맥락에서는 '고소하다'
가 사용하기 어렵다. 이는 예문 (11ㄴ)에서는 [재미] 영역이, 예문 (11
ㄷ)에서는 [유쾌] 영역이 각각 중심이 되어 의미를 구성하고 있기 때문
이라고 분석할 수 있다.

지금까지 살펴본 기쁨 감정 판단 동사는 감정 경험주에게 [기쁨],
[흐뭇함], [만족]의 영역의 감정이 1차적으로 발생하고 난 뒤, 맥락에
따라 2차적인 기쁨 감정 영역이 복합적으로 나타나는 영역에 포함된
동사들이라고 할 수 있다. 이러한 논의를 기쁨 감정동사의 분포도를
그린 〈그림 2〉로 정리할 수 있다.

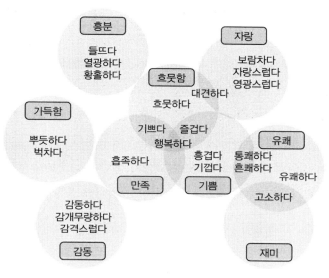

〈그림 2〉 기쁨 감정동사의 유의관계

4. 결론

본 연구에서는 감정동사의 감정 인지 과정과 감정 의미소에 따른 의미 영역을 통해 기쁨 감정동사의 전체적 유의관계를 분석하였다. 감정동사 의미소 분석은 사전에 등재되어 있는 의미를 기준으로 삼았으며, 감정 의미소를 중심으로 의미 영역을 중심 영역과 주변 영역으로 설정하였다. 중심 영역은 의미적으로 단순하며 감정의 정도에서 기본적인 '기쁘다, 즐겁다, 행복하다'의 의미 감정소 분포에 기반을 두어 [기쁨], [흐뭇함], [만족]을 삼았다.

감정동사는 감정 표출 동사와 감정 판단 동사로 나눌 수 있는데, 두 감정동사 부류는 감정 표현 과정에서 초점화된 단계가 다르다. 기쁨 감정 표출 동사는 신체적 반응과 인지를 중심으로 감정을 표현하는 동사들로 기쁨의 중심 영역에 속해 있다. 중심 영역에 있는 동사들인 '기쁘다, 즐겁다, 행복하다'는 각 감정 의미소 중 어떠한 의미소가 맥락에 따라 강해지느냐에 따라 강한 유의관계를 맺는 동사들이 달라질 수 있다. 기쁨 감정 판단 동사는 감정 경험주에게 [기쁨], [흐뭇함], [만족]의 영역의 감정이 1차적으로 발생하고 난 뒤, 맥락에 따라 2차적인 기쁨 감정 영역이 복합적으로 나타나는 영역에 포함된 동사들이다.

『중국조선어문』 2014년 2호(길림성민족사무위원회, 2014.4.)에
게재한 원고를 재수록한 것임.

참고문헌

강현화, 「중·고급 학습자를 위한 감정 기초형용사의 유의관계 변별 기제 연구」, 『한국어 의미학』 17호, 2005.

김은영, 「국어 감정동사 연구」, 전남대학교 박사학위논문, 2004.

남경완, 「의미 관계로서의 다의 파생 관계에 대한 고찰」, 『한국어 의미학』 17호, 2005.

조경순, 「국어 감정동사 구문의 개념구조 연구」, 『한국어학』 56호, 2012.

홍종선·정연주, 「감정동사의 범주 규정과 유형 분류」, 『한국어학』 45호, 2009.

국립국어원, 『표준국어대사전』, 두산동아, 1999.

윤평현, 『국어의미론』, 역락, 2008.

임지룡, 『인지의미론』, 탑출판사, 1997.

Cruse, D.A., *Lexical Semantics*, 임지룡·윤희수 옮김, 『어휘의미론』, 경북대학
　　교 출판부, 1998.

＿＿＿＿＿, *Meaning in Language*, 임지룡·김동환 옮김, 『언어의 의미』, 태학
　　사, 2002.

파생 동사 한자어 어근의
동사성과 논항구조

최윤

1. 서론

본고는 동사 파생 접사 '-하-', '-되-'의 어근이 되는 한자어 명사에 주목하여 이 어근들의 동사성을 확인하고 '-하-', '-되-' 파생 시의 논항 구조와 그 변화를 확인하는 데에 그 목적이 있다. 동사 파생 접사 '-하-', '-되-'는 파생력이 크고 단어 생산력이 강해 특히 한자어 어근을 취하여 많은 파생 동사들이 생성되었으며 이러한 파생 동사 생성은 지금도 계속되고 있다. 따라서 한자어 어근을 활용한 파생어 생성의 기저 구조에 대한 연구는 이미 생성된 어휘에 대한 이해뿐 아니라 한자어를 활용한 조어 방식에 대한 이해로 확장될 수 있을 것이다.

본고는 형태 주석 말뭉치 구축의 일환으로 진행하고 있는 형태소 분석 작업에서 필자가 느낀 어근의 표지 처리에 관한 의문과 문제 의식에서 시작되었다.[1] 형태소 분석 작업은 분석 지침에 따라 세부적인 처

---

1 '하다'는 본동사, 대동사(proverb), 경동사(light verb), 형식동사(dummy verb), 보조동사 등으로도 논의되었지만 본고에서는 동사 파생 접사로 보고 논의를 진행한다. 뒤에

리 방식이 다른데, 파생 동사에 대해서는 크게 다음과 같은 두 가지 방식의 처리가 가능하다.

> (1) '가입하다'의 분석[2]
> ㄱ. 가입하/VV+다/EF
> ㄴ. 가입/NNG+하/XSV+다/EF

형태소 분석의 방식에는 (1ㄱ)과 같이 '가입하–'를 하나의 동사로 보고 명사와 접사로 구분하지 않는 방식이 있을 수 있고 (1ㄴ)과 같이 명사 '가입'과 파생접사 '–하–'로 구분하는 방식이 있을 수 있다.[3]

필자는 개인적인 연구를 위한 분석에서는 (1ㄱ)의 방식을, 현재 수행하고 있는 사업에서는 (1ㄴ)의 방식을 취하여 분석을 하고 있어 어근과 접사를 구분과 통합을 대조적인 시각으로 바라볼 수 있는 기회를 가질 수 있었다. 그 결과 크게 두 가지 의문이 생기게 되었는데, 하나는 '–하–' 파생어가 '–되–' 파생어보다 압도적으로 많은 이유에 대한 의문이다. '–하–'가 단순히 능동의 동사를 파생시키며 이에 대비하여 '–되–'가 피동의 동사를 파생시킨다면 아무리 능동사 서술어가 피동사 서술

밝히겠지만 특히 '–하–'경동사 류로 분류하는 시각은 '–되–'와 '–하–'를 다른 층위의 문법 요소로 분류하는 시각과 연결되어 있는데, 본고에서는 '–되–'와 '–하–'를 같은 층위의 문법범주로 보는 시각을 고수한다.

2 형태 주석 말뭉치의 분석 표지는 지침에 따라 다르지만 본고에서는 필요한 경우 "21세기 세종계획 국어 특수 자료 구축 분과"의 최종 어절 분석 표지를 사용하며 주요 표지는 다음과 같다. NNG(일반명사), VV(동사), MAG(부사), EF(종결어미), XSV(동사 파생 접미사) 등.

3 '형태소 분석'은 (1ㄴ)과 같이 구분하는 것이 당연하지만 여기에서는 특정 목적을 위한 형태소 분석에서의 지침 차이에 의한 처리 방식의 차이에 대한 논의임을 밝힌다.

어보다 자연스러운 것이라고 하더라도 필자가 느낄 정도의 압도적 수량 차이를 보이는 것은 쉽게 납득하기 어려웠다.[4] 두 번째 의문은 '-하-'와 '-되-'에 공통으로 선행할 수 있는 어근과 둘 중 하나에만 선행할 수 있는 어근에 어떠한 차이가 있는 것인가에 대한 의문이다. 단순히 어근의 능동성과 피동성만으로는 이러한 특징을 이해할 수 없었다. 특히 '취업하다', '취업되다'와 같이 '-하-'와 '-되-'에 모두 선행할 수 있는 '취업'과 같은 어휘의 경우 이러한 어휘가 능동성을 가지고 있는 것으로 보아야 하는 것인지 피동성을 가지고 있는 것으로 보아야 하는 것인지 알 수 없어 단순히 의미자질만으로는 이를 합리적으로 설명하기 힘들다고 생각했다.

본고에서는 이 두 의문에 대한 종합적인 답을 찾기 위해서는 특히 이들 어근이 갖는 동사성(서술성)에 실마리가 있다고 보아 먼저 이들의 동사성과 어휘 내항에 대한 본고의 입장을 정리해 보고자 한다. 그 다음으로 피동 접사가 능동사에 통합하여 피동 파생어를 파생시키는 과정을 '-되-'의 파생에 대입하여 보고자 한다. 이 논의의 과정이 합리적으로 설명된다면 앞서 밝혔던 의문들에 대한 해답을 도출할 수 있을 것으로 기대한다.

본격적인 논의에 앞서 앞으로의 논의에서는 '-하-'나 '-되-'에 선행할 수 있는 2음절 한자어 어근으로 한정할 것을 밝힌다. 그 이유는 크게 두 가지이다. 하나는 동사 파생 접미사 '-하(되)-'에 선행하는 어

---

4 실제 〈우리말샘〉 등재어 가운데 동사 파생 접미사 '-하-'와 '-되-'에 선행하는 2음절 어근은 각각 24,336개, 4,420개이다. 이들 가운데 '하-'와 '되-'에 동시에 선행할 수 있는 형태는 4,353개로 '-되-'의 어근 대부분이 '-하-'의 어근이 될 수 있는 것으로 보아 '-하-'의 파생력이 압도적임을 알 수 있다.

근의 경우 1음절 어근 및 3음절 이상 어근에 비해 2음절 어근의 수가 압도적으로 많기 때문이다.[5] 두 번째 이유는 2음절 한자어가 1음절 한자어나 3음절 이상 한자어에 비해 한자어의 구조나 품사 정보를 파악하기 용이하기 때문이다. 단, 2음절 한자어 어근의 수량이나 구조적 특성을 보면, 이들이 한자어 어근 전체를 대표할 수 있을 것으로 본다.

2. 한자어 명사의 동사성

한국어에서 접사 '-하-'나 '-되-'를 통해 파생 동사를 생성하는 것은 매우 일반적인 조어법이라고 할 수 있다. 이때, 어근으로 활용되는 요소 역시 고유어, 한자어, 외래어, 외국어, 혼종어 등으로 다양하며 그 품사도 다양하다. 그러나 어근을 한자어로 한정하면 그 품사는 '명사'에 집중된다.[6] 즉, 한자어 어근은 한국어에서 대부분 명사로 인식되고 있다는 것이다. 당연한 이야기이겠지만 한국어의 한자어는 중국어에서의 활용과 다르다. 이와 관련하여 장호득[7]은 중국어에서의 '讀書'와 한국어에서의 '독서'를 대조하며 이에 대해 설명하고 있다.

---

5 1음절-511개, 2음절-34,150개, 3음절 이상-12,779개.

6 이러한 결과는 품사별 2음절어의 수량과도 밀접한 관련이 있다. 2음절 한자어 명사는 126,043개가 등재되어 있으나 부사는 490개, 관형사의 경우는 35개에 불과하다. 분석 결과 ㄱ부사 가운데 '-하-'와 '-되-'의 어근으로 활용되는 경우는 '계속(繼續)', '시종 (始終)', '항용(恒用)'에 불과한데 이 중에서 '계속'과 '시종'은 명사로도 등재되어 있다. 소위 품사통용어인 어근의 형태소 분석에 관한 논의 역시 필요할 것으로 보이나 이는 후고로 미룬다.

7 장호득, 「X[漢字語]+하다'로 본 한중 통사구조 생성과정 및 어순처리 비교 연구」, 『동북아 문화연구』 20호, 동북아시아문화학회, 2009, 346쪽.

(2) ㄱ. 讀書 - 동사+목적어

　　ㄴ. 讀(독)었다, 讀書(독서)었다.

　　ㄷ. 讀書(독서)하다.

위 예를 보면 (2ㄱ)과 같이 중국어에서의 '讀書'는 '동사+목적어' 구조인 동사성 어구이다. 그런데 한국어에서는 (2ㄱ)과 같이 '讀(독)'이라는 한자어 자체를 동사로 보지 않고 '讀書(독서)'라는 동사성 한자어 역시 동사로 보지 않는다. 이는 한국어의 '독서'는 명사로 전성되어 활용되고 있음을 분명히 보여주는 예라고 할 수 있다. 즉, 한자어인 경우에는 그것이 동사성을 가지고 있든 그렇지 않든 모두 [-서술성] 어휘로 변화시켜 인식하며 따라서 이를 서술어로 활용하려면 '-하-'와의 결합이 필요하다. 이때 '-하-'는 [-서술성]인 명사에 [+서술성]을 부여하게 된다는 것이다.[8] 외국어나 외래어의 활용에도 이와 같은 양상이 나타난다. 본고는 파생 동사로 논의를 한정하므로 [+서술성]이 아닌 [+동사성]의 의미 자질로 논의를 이어가기로 한다.

(3) ㄱ. get - get하다 / develop - develop하다

　　ㄴ. park - parking하다 / set - setting하다

(3)과 같이 동사 어휘인 경우에도 한국어에서 활용하려면 (3ㄱ)과

8　장호득(2009)에서는 [서술성]이 아닌 [술어성]으로 논의하고 있으나 본고에서는 [서술성]으로 논의하고자 한다. 이는 이후에 계속될 서술의 일관성을 위해서이며 [술어성]과 [서술성]은 동일한 의미 자질로 해석한다. 또한 장호득(2009)에서는 이러한 논의를 종합하여 한국어의 'X[한자어]+하다'의 '하다'를 '문법범주'가 아니라 '문법자질'로 보고 있다.

같이 어휘가 '-하-'와 공기하거나 (3ㄴ)과 같이 명사로서의 형태를 갖추고 '-하-'와 공기하는 방식을 채택해야 한다. 특히 (3ㄱ)의 경우는 동사를 명사로 인식하고 있음을 보여주는 것이라 할 수 있다.

그러나 [동사성]의 부재 자체가 어근의 기본적 속성이 될 수는 없어 보인다는 것을 분명히 해야 할 것으로 보인다.

(4) ㄱ. *문서(文書)하다 / *병원(病院)하다 / *직업(職業)하다
ㄴ. 독서(讀書)하다 / 입원(入院)하다 / 취업(就業)하다

위 (4ㄱ)은 어근을 형성하고 있는 두 한자어는 모두 [동사성]이 없는 명사 한자어인 반면 (4ㄴ)은 2음절 한자어 중 첫 음절에 해당하는 한자어가 [동사성]을 가지고 있다. 두 번째 음절의 한자어는 동일하지만 첫 음절 한자어의 [동사성] 여부에 차이가 있으므로 구성된 한자어가 가지고 있는 [동사성] 유무가 '-하-'의 결합에 영향을 주고 있는 것으로 볼 수 있다. 여기에서 다시 한 번 분명히 확인할 수 있는 것은 '-하-'에 결합하는 한자어들은 동사성이 배제되어 있는 어휘들이며 이때 '[동사성]의 배제'는 단순히 선행 어근이 [동사성]을 가지지 않아야 함을 의미하는 것이 아니라 '[동사성]의 존재'가 전제되고 여기에서 [동사성]을 감소 또는 배제시켜야 한다는 것이다.

'명사의 [동사성]'에 대립되는 개념으로 '명사의 [명사성]'에 대해 살펴보자. 이선웅[9]은 명사류어의 명사성 검증 규준을 제시[10]하고 이에

---

9 이선웅, 「格의 槪念과 分類」, 『語文硏究』 40호, 한국어문교육연구회, 2012, 7~32쪽.
10 A. 명사성 검증의 주요 규준
　　ㄱ. 격조사와 결합 가능하면 명사성이 강하다. 결합하는 격조사의 종류가 적을수록

따라 다음과 같이 34개의 명사류어의 명사성 정도를 측정하였다.

(5) 책상 = 아침 = 그곳 = 다섯 〉 연구 〉 여기 = 첫째 〉 내일 〉 것 〉
    달관 〉 감사 〉 척 〉 때문 〉 뿐 〉 만일 〉 매사 〉 거덜 〉 염두 = 어안
    = 부지런 = 각고 〉 만큼 〉 만무 〉 가관 〉 일쑤 〉 열심 〉 듯 〉 국제
    = 단순 = 거대 〉 적극 〉 간이 〉 화려 = 맹목

위의 위계에 따르면 명사성의 정도는 '책상(일반명사)', '그곳(대명사)',
'다섯(수사)' 등이 가장 강하고 '화려'나 '맹목'과 같이 어근으로만 활용
되는 소위 '어근적 단어'가 가장 약한 명사성을 가지고 있다. 이들 가운
데 2음절 한자어들만을 살펴보면 "책상 〉 연구 〉 내일 〉 달관 〉 감사
〉 만일 〉 매사 〉 염두 〉 각고 〉 만무 〉 가관 〉 열심 〉 국제(단순, 거대)
〉 적극 〉 간이 〉 화려(맹목)"의 순서로 [명사성]의 위계가 성립한다고
볼 수 있다. 그렇다면 이와 반대의 순서로 [명사성]이 약하다고 판단할
수 있으므로 '-하-'와의 결합이 자연스러워야 한다. 그러나 명사성이
강한 '연구, 달관, 감사'는 '-하-'의 선행어근이 될 수 있는 반면 '만일,
매사, 염두, 열심' 등은 '-하-'의 선행어근이 될 수 없다. 또한 '-하-'의

　　명사성이 약하다.
　ㄴ. 관형어의 꾸밈을 받을 수 있으면 명사성이 강하다.
B. 명사성 검증의 보조 규준
　ㄱ. 격조사와의 결합이 불가능해도 '이-'와 결합할 수 있으면 미약한 명사성이 있다.
　ㄴ. 형태변화 없이 관형어로 쓰이면 명사성이 있다.
　ㄷ. 단어형성에서 다른 명사와 분포적 공통성이 많으면 명사성이 있다.
　ㄹ. 부사의 분포적 특성을 허용하면 명사성이 약하고 부사의 분포적 특성만을 보이면
　　명사성이 더 약하다.
　ㅁ. 술어명사는 명사성이 약간 약하다.
　ㅂ. 의존적 단어는 자립적 단어보다 명사성이 미약하게 약하다.

선행어근이 될 수 있는 '연구, 달관, 감사, 화려, 맹목'들의 [동사성]
또는 [명사성]의 위계를 설정하여 어떤 명사가 더 [동사성]이 강한지
혹은 [명사성]이 강한지 설명하기 어렵다.[11]

다음으로는 2음절 한자어 어근의 동사성을 확인한 논의를 살펴보자.
이서란[12] '-하-'에 선행하는 2음절 한자어 어근의 구조를 핵(head)에
따라 분류하였다.[13]

    (6) ㄱ. 개학(開學), 금주(禁酒), 변형(變形), 분반(分班) …
        ㄴ. 도일(度日), 상륙(上陸), 입장(入場), 재위(在位), …
        ㄷ. 감소(減少), 축소(縮小), 해명(解明), 확대(擴大), …

(6)은 첫 어절의 한자가 동작을 나타내는 구조로서, (6ㄱ)은 '동작+
목적' (6ㄴ)은 '동작+목표' (6ㄷ)은 '동작+한정어'의 구조이며 이들 가
운데 동작을 나타내는 첫 어절의 한자가 핵이라고 보고 있다. 아래 (7)
과 같이 동작을 나타내는 한자어가 두 번째 음절에 위치하는 경우도
마찬가지이다.

    (7) ㄱ. 급증(急增), 묵인(默認), 암산(暗算), 완승(完勝), …

---

11 엄밀히 말해 [동사성]과 [명사성]은 엄격한 반비례 관계가 성립하지는 않는다. 그러나
   각주5)의 주요 규준과 보조 규준을 종합해 보면 [동사성]과 [명사성]의 판단 기준이
   밀접한 연관이 있음을 확인할 수 있다.
12 이서란, 「한자어 + 하다' 동사 연구」, 『冠嶽語文硏究』 23호, 서울대학교 국어국문학과,
   1998, 286~289쪽.
13 이서란(1999)에서는 1음절, 2음절,3음절 이상의 어근을 분석하였으나 여기에서는 2음
   절 어근만을 다룬다. 또한 본고는 어근으로 활용되는 한자어 구조의 경향성에 대한
   논의이므로 이서란(1999)의 예들 중 일부만을 순서대로 제시하기로 한다.

ㄴ. 갈구(渴求), 겸임(兼任), 대답(對答), 면담(面談), …
ㄷ. 가정(假定), 공존(共存), 독백(獨白), 복간(復刊), …
ㄹ. 남침(南侵), 미행(尾行), 야근(夜勤), 언쟁(言爭), …

아래 (8)은 동사인 한자어 둘이 병렬구조로 나타난 것이다.

(8) ㄱ. 가감(加減), 시청(視聽), 왕래(往來)
ㄴ. 결박(結縛), 변천(變遷), 설립(設立), 연소(燃燒), …

이 논문에서 나타나는 한자어 어근 가운데 동작의 의미를 나타내는 한자어가 없는 구성은 다음 4개의 예에 불과하다.

(9) ㄱ. 공부(工夫), 숙제(宿題), 신호(信號), 전화(電話)

결국 지금까지의 논의를 종합해 보면 동사 파생 접미사 '–하–'의 어근이 될 수 있는 어휘들 중 대부분은 2음절 한자어이며 이들 중 대부분이 [+동사성]을 가지고 있는 구조를 이루고 있다는 것을 알 수 있다. 따라서, '–하–'에 선행할 수 있는 한자어 어근의 대부분은 [+동사성]을 가지고 있는 명사라는 결론을 도출할 수 있다.

'–하–'를 능동사를 파생시키는 파생접사로 본다면 이에 대응하여 피동사 파생을 가능하게 하는 대표적인 접사로 '–되–'를 고려할 수 있다. 실제로 위 (6)~(9)의 한자어 어근 중 상당수는 '–되–'와의 통합을 통한 파생어 형성이 가능하며 일반적으로 이러한 한자어 어근을 대상으로 피동문을 만들기 위해 가장 고려되는 접사는 '–되–'라고 할 수 있다.[14] 따라서 본고에서는 '–되–'를 능동 파생 접사 '–하–'에 대응

하여 같은 층위에서 논의할 수 있는 피동 파생 접사로 보고 논의를
진행한다.

3. 한자어 어근의 어휘 정보와 논항 구조

2장에서 논의한 바에 따르면 '–하–'에 선행할 수 있는 한자어 어근은
[+동사성]을 가지고 있다고 볼 수 있다. 그렇다면 이것을 보다 적극적
으로 해석해 본다면 한자어 어근 명사이지만 [동사성]을 가진, '동사성
명사'이며 이러한 동사성 명사는 동사가 가진 어휘 내항 정보를 가지고
있다고 볼 수 있지 않을까? 3장에서는 이에 대해 논의해 보고자 한다.

1) 한자어 어근의 어휘 정보

생성 문법에서는 '어휘부'를 상정하고 있으며 어휘부에 등재되어 있
는 하나의 어휘 항목이 어떠한 정보를 가지고 있는지 가정하고 있다.
김용하·박소영·이정훈·최기용(2018)의 정리 기준으로 이를 제시하면
다음과 같다.

---

14 사실 개학되다, 금주되다, 상륙되다, 등과 같은 표현이 어색하므로 '–하–'에 대응하는
   피동 표현으로 '–되–'를 상정하기 쉽지 않다. 이는 선행 어근의 수량적 차이에 의한
   것으로, '–하–' 선행 어근이 '–되–' 선행 어근보다 압도적으로 많으므로 '–하–'의 선행
   어근이 '–되–'의 선행 어근이 되는 경우는 많지 않기 때문이다. 따라서 '–되–'에 선행할
   수 있는 한자어 어근으로 한정되어야 논의의 흐름이 자연스럽겠지만, 동사성 한자어에
   대한 기존 논의가 '–하–'에 집중되어 있으므로 본고 역시 선행 어근의 동사성을 판단함
   에 있어 '–되–'에 선행할 수 있는 한자어 어근으로 논의를 제한하지는 않는다.

(10) 동사 '먹-'의 어휘 내항 정보

$$
\begin{bmatrix}
\text{/meok/} & - \text{ㄱ} \\
\text{V} & - \text{ㄴ} \\
\text{[NP\_]} & - \text{ㄷ} \\
\text{L}(x_{[\text{행위주}]},\ y_{[\text{대상}]}) & - \text{ㄹ}
\end{bmatrix}
$$

위 (10)은 동사 '먹-'의 어휘 내항 정보를 정리한 것이며 (10ㄱ)은 음운론적 정보, (10ㄴ)은 통사 범주 정보, (10ㄷ)은 하위범주화 자질, (10ㄹ)은 의미역 정보이다. 즉, '먹-'은 /meok/이라고 발음하며 동사라는 통사 범주에 속할 수 있어 서술어가 될 수 있으며 이때 문장에서 한 개의 목적어를 취한다. 이 경우 '먹-'은 주어로서 행위주와 목적어로서 대상의 의미역을 갖는다는 것이다.

이러한 논의에 따르면 어떠한 어휘가 (10ㄷ)이나 (10ㄹ)과 같은 정보를 담고 있기 위해서는 서술성을 가진 통사 범주여야 한다는 논리가 성립한다. 즉, 범주적으로 동사나 형용사에 해당하는 어휘일 때 위와 같은 어휘 정보를 가지게 될 수 있다는 것이다. 그렇다면 '제압하-'와 같은 파생 동사의 어휘 내항 정보는 어떻게 구성되었다고 볼 수 있을까? 보통은 다음과 같은 구성을 생각할 수 있을 것이다.

(11) 동사 '제압하-'의 어휘 내항 정보

$$
\begin{bmatrix}
\text{/jeapa/} \\
\text{V} \\
\text{[NP\_]} \\
\text{L}(x_{[\text{행위주}]},\ y_{[\text{대상}]})
\end{bmatrix}
$$

(11)에서 보듯, '제압하-'는 동사로서 (8)의 '먹-'과 같이 하위범주화 자질 정보와 의미역 정보 역시 가지고 있다고 볼 수 있다. 그렇다면

'제압'은 어떤가? '제압하-'와 '제압'은 동사와 명사로서 분명히 구분할
수 있는 어휘인 것인가?

> (12) ㄱ. 제압: 명사. 위력이나 위엄으로 세력이나 기세 따위를 억눌러서
> 통제함.
> ㄴ. 制: 짓다, 만들다, 바로잡다 / 壓: 누르다, 막다, 무너뜨리다

(12ㄱ)은 〈표준국어대사전〉의 뜻풀이이며 (10ㄴ)은 포털사이트에서
제공하는 자전에서의 우리말 훈이다. 이를 '서적(書籍)'과 대조해 보자.

> (13) ㄱ. 서적: 명사. =책. 일정한 목적, 내용, 체재에 맞추어 사상, 감정,
> 지식 따위를 글이나 그림으로 표현하여 적거나 인쇄하여 묶어
> 놓은 것
> ㄴ. 書: 글, 글자, 문장, 기록 / 籍: 문서, 서적, 호적

'제압'과 '서적'은 모두 명사 어휘지만 이들은 [동사성]에 현저한 차이
를 가지고 있다는 것을 확인할 수 있다. 즉, 2장의 논의에서도 확인하
였지만 '-하-'에 선행하는 명사 어근은 분명한 [동사성]을 가지고 있다
는 것을 보여주며 따라서 '제압'은 다음과 같은 어휘 내항 정보를 가지
고 있다고 보아도 큰 문제가 없을 것이다.

> (14) 동사성 명사 '제압'의 어휘 내항 정보

$$
\begin{bmatrix}
/jeap/ \\
N, \ V^{15} \\
[NP\_\_] \\
L(x_{|행위주}, \ y_{|대상})
\end{bmatrix}
$$

즉, 동사성 명사 한자어는 명사이지만 동사에 준하는 하위범주화 자질과 의미역 정보를 어휘 내항에 가지고 있다는 것이다.

비슷한 논의로, 김의수(2004:101-102)에서는 다음 예를 들어 각각 다른 문형에서도 서술성 명사의 논항 구조가 유지됨을 보였다.[16]

(15) ㄱ. [철수]가 도착하다.
　　　ㄴ. [철수]가 [가족들]과 대화하다.

(16) ㄱ. [철수]가 도착을 하다.
　　　ㄴ. [철수]가 [가족들]과 대화를 하다.

(17) ㄱ. [철수]의 도착
　　　ㄴ. [철수]의 [가족들]과의 대화

---

15 본고가 발표문의 형식으로 논의되었던 학술대회에서 한 연구자께서 영어 어근의 어휘 내항 정보 표시를 근거로 동사성 명사의 품사정보를 표시할 때, 굳이 N과 V 모두를 표시하지 않아도 됨을 지적하셨다. 즉, 어근은 어근이라는 품사 정보 이외의 품사 정보 없이 하위범주화 자질이나 의미역 정보를 담고 있을 수 있다는 것이다. 그 연구자께서는 품사 정보의 수정을 권고해 주셨지만 필자는 아직까지 동사성 한자어 명사의 품사 정보에 대한 명확한 결론을 내리지 못한 상황이다. 한국어의 고유어 동사 어근과 영어의 어근은 물론 한국어의 한자어 어근과 영어의 어근은 같은 방식의 품사 정보를 가지고 있을 것으로 보이지 않기 때문이다. 따라서 본고에서는 다소 논란의 여지가 있다고 하더라도 '명사'의 품사 정보와 '동사'의 품사 정보를 같이 가지고 있는 것으로 보기로 한다. 다만, 이는 어디까지나 논의의 편의를 위한 것이지 명사와 동사가 대등한 품사 정보로 어휘 내항에 위치하고 있다는 주장은 아니다.

16 단, 김의수(2004)의 이 부분에 대한 논의의 핵심은 서술성 명사의 서술성(동사성)을 규명하기 위한 것이 아니라 '하-'가 접사나 중동사가 아닌 형식용언(dummy verb)로서의 경동사(light verb)임을 규명하기 위한 것이다. 본고에서는 '-하-'의 범주적 성격을 규명하기 보다는 그 선행어에 주목하고 있으므로 'X하-'에 대한 통사 범주적 성격 규명은 하지 않기로 한다.

'도착'은 (15ㄱ), (16ㄱ), (17ㄱ)에서 모두 같은 논항 구조를 유지하며 '대화'는 (15ㄴ), (16ㄴ), (17ㄴ)에서 모두 같은 논항 구조를 유지한다. 이는 (14)에 준하는 어휘 내항 정보를 가지고 있음을 보여주는 예라고 볼 수 있다.

이와 관련된 보다 강력한 주장은 김영희(1986)에서 찾아볼 수 있다. 김영희(1986)에서는 위에서 살펴 본 것과 같은 동사성 명사들의 의미역 할당을 근거로 이들을 명사가 아닌 동사 범주로 볼 것을 주장하였다. 그러나 본고는 이러한 주장을 수용하는 것은 아니며 어디까지나 이들이 동사에 준하는 의미역 정보를 가지고 있다는 것을 인정해야 한다는 것이다.[17]

이상의 내용을 통해 본고에서는 '동사성 명사'는 어휘 내항에 의미역 정보를 가지고 있는, 동사성(서술성)이 매우 강한 명사로 보아야 한다는 시각을 제시한다.

2) 한자어 어근의 논항 구조 변화

이상의 논의를 바탕으로 파생 동사 한자어 어근의 논항 구조를 살펴보자. 이 논의를 위해서는 유승섭(2014)의 접미파생 피동문의 논항 형성과 구조를 살펴볼 필요가 있다.

유승섭(2014)에서는 삼투현상에 따른 범주 결정을 통해 국어 피동문의 논항구조를 설명하고 있다. 이 논의에 따르면 피동 접사가 능동사에

---

17 Higginbotham(1985)에서는 동사를 포함한 명사, 형용사 등의 주요 어휘 범주들이 모두 의미역 격자(θ-grid)를 갖는다고 보았는데, 이러한 관점을 수용한다면 의미역을 할당할 수 있다는 것이 곧 그 어휘가 동사라는 충분조건이 될 수는 없다.

통합하여 파생어를 파생시킬 때, 어휘부에서 이미 논항 구조가 확정되며 이때의 논항 구조 변화 양상은 접사의 결합에 의한 삼투현상에서 비롯되는 것이다.

(18) 어휘부: 형태적 파생(피동 의미자질 삼투)
　　　　↘　← 논항 구조 변화
　　통사부: 어휘 의미구조 변화 / 어휘 통사구조 변화
　　　　　↘　← 의미역 기준, 계층적 연결원리
　　　통사부에 반영(D-구조, S-구조)
　　　　　↘
　　　　피동 문장 출력

이러한 주장은 피동 접사가 통사론적 차원에서 기능하는 것이 아닌 형태론의 차원에서 기능하는 것으로 본 것이며 이러한 접근은 어휘부에서 논항의 재구조화가 완료된다는 것으로서 절차상 타당성이 인정된다.

이 논의를 동사 '헐-'에 적용시켜 보자.

(19) 능동사 '헐-'의 어휘 내항 정보[18]

$$
\begin{bmatrix}
/heol/ \\
[-N,\ +V] \\
[NP\_] \\
L(x_{[행위주]},\ y_{[대상]}) \\
Th_1{}^A,\ Th_2{}^T \qquad -ㄱ
\end{bmatrix}
$$

---

18 유승섭(2014)에서의 어휘 내항 표시는 다소 차이가 있으나 일관성을 유지하기 위해 앞서 살폈던 도식에 맞추어 재편하기로 한다. 단, 삭제되는 정보는 없음을 밝힌다.

앞서 살펴 본 어휘 정보와 표기에 차이가 있는 것은 (19ㄱ)인데, 이것
은 의미역 정보에 따른 계층적 연결 원리에 따라 할당되는 격을 표시한
것이다[19]. 즉, [행위주] 논항에 가장 높은 계층인 주격이 [대상] 논항에
목적격이 결합되며 이러한 과정을 통해 (19ㄱ)이 생성되는 것이다. 그
런데 '헐-'에 피동 접사 '-리-'가 결합되면 다음과 같이 피동사의 논항
이 변화한다.

(20) '헐-'의 피동 접사 결합에 따른 논항 변화

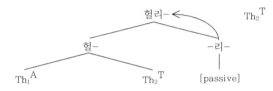

(21) ㄱ. 사람들이 베를린 장벽을 헐었다.
ㄴ. 베를린 장벽이 사람들에게 헐렸다.

이를 순차적으로 설명하면 다음과 같은 설명이 가능하다. 즉, 능동
사 '헐-'은 타동사로서 (16)과 같이 두 개의 논항을 갖는다. 그런데 (20)
의 피동 파생 과정에서 '-이-'의 피동성으로 인해 [+passive]의 의미
자질이 결합되면 계층성이 가장 높은 [행위주] 논항의 삼투가 저지되고
[행위주]를 제외한 나머지 논항만이 투사 된다. 이때 투사된 논항은

---

19 Jakendoff(1990), Carrier-Duncan(1985), Grimshaw(1990) 등에서 의미역의 계층성
논의하였고 이를 바탕으로 홍기선(1992), 송복승(1995) 등에서도 의미역의 계층 관계
를 대략 "행동주〉경험주〉피동주(목적 대상)〉수혜주(도달 대상)〉장소/도구"와 같이 제
시하였다. - 유승섭(2007, 2014)에서 수정 재인용.

[대상] 하나로 파생 전의 논항보다 축소된다. 축소된 [대상] 논항은 논항 구조 내에서 가장 높은 계층으로 승격되고 통사부로 이동한다. 이때, '모든 절은 주어를 갖는다'라는 확대 투사 원리(EPP)에 의해 피동사 '헐리다'는 주어를 가져야 하며 이는 기능구조에 반영되어 연결원리를 충족시키기 위해 [대상] 논항은 주격과 연결 관계를 형성하며 그 결과로 인해 (21ㄴ)과 같이 [대상]이 통사 구조에서 주격으로 실현된다. 이러한 과정에 의하여 (21ㄱ)의 능동사 '헐-'은 피동 접사에 의한 삼투현상에 의해 (21ㄴ)과 같은 구조로 재편된다.

  본고에서는 이러한 능동사의 피동 파생 과정을 한자어 어근에 적용할 수 있을 것으로 본다. 우리는 앞서 동사성 명사인 한자어 어근이 기본적으로 능동의 의미를 가지고 있는 것으로 보는 것이 타당함을 보았기 때문이다.

  이러한 시각에 의하면 능동 파생 접사 '-하-'와 피동 파생 접사 '-되-'는 동등한 층위에서 동사성 명사 한자어를 선행어로 취할 수 있음을 인정할 수 있으며 결합의 불균형 역시 설명이 가능하게 된다. 즉, 동사성 명사를 활용한 동사 파생어 형성 시에 한자어가 가지고 있는 근본적인 능동의 의미와 논항 구조를 그대로 드러낼 수 있는 '-하-'와의 결합은 구조의 재편이 불필요하므로 결합에 제한이 없으며, 피동의 '-되-'는 반대의 이유로 상대적인 제한성을 가지게 될 것이다. 이러한 설명을 통한다면 최초의 단순히 어근과 접사의 의미자질만으로는 해결되지 않았던 '-하-' 파생과 '-되-' 파생의 수량적 불균형을 보다 합리적으로 이해할 수 있게 된다.

  앞서 살펴보았던 동사성 명사 '제압'의 어휘 내항 정보를 (19)와 같은 형식으로 다시 쓰면 (22)와 같다.

(22) 동사성 명사 '제압'의 어휘 내항 정보

$$
\begin{bmatrix}
\text{/jeap/} \\
[+\text{N}, +\text{V}] \\
[\text{NP}\_] \\
\text{L}(x_{[\text{행위주}]}, y_{[\text{대상}]}) \\
\text{Th}_1{}^{\text{A}}, \text{Th}_2{}^{\text{T}}
\end{bmatrix}
$$

위와 같은 어휘 내항을 상정할 수 있다면 (20)과 같은 방식으로 다음 (23)과 같이 능동 접사 '-하-'와 피동 접사 '-되-'를 활용한 피동화 과정을 대조적으로 제시할 수 있다.

(23) 동사성 명사 '제압'의 접사 결합에 따른 논항 변화

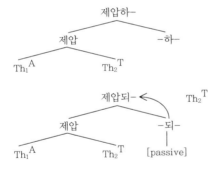

(23)의 과정은 (16)의 '헐-', '헐리-'와 같은 맥락으로 (24)와 같이 '제압하-', '제압되-'의 문장을 설명할 수 있다.

(24) ㄱ. 철수가 민수를 제압했다.

　　ㄴ. 민수가 철수에게 제압됐다.

이러한 접근은 어근인 동사성 명사가 [행위주]만을 가지는 자동사성 명사인 경우 역시 적용과 설명이 가능하다.

(25) ㄱ. 이번에는 그가 희생했다.

ㄴ. 이번에는 그가 희생됐다.

고유어 자동사인 경우에는 피동 접사가 결합하는 일이 매우 드물지만[20] 한자어 어근에 피동 접사 '-되-'의 결합이 자연스러운데, '-하-'와 '-되-'를 같은 계층의 접사로 판단했을 경우 (25)와 같은 문장은 미약한 의미적 차이를 보이는 것으로밖에 설명하지 못했다. 그러나 이러한 경우 역시 일관된 방식으로 설명이 가능하다.

(26) 자동사성 명사 '희생'의 어휘 내항 정보

$$\begin{bmatrix} /\text{hisaeng}/ \\ [+N, \ +V] \\ [\ ] \\ L(x_{[행위주]}) \\ Th_1^{\ A} \end{bmatrix}$$

---

[20] 바람이 매우 세게 불다는 의미의 '휘불다(능동사, 자동사) - 휘불리다(피동사, 자동사)' 정도의 예를 찾을 수 있었다.

i) 바람이 휘불었다 - 바람이 휘불렸다.

관련하여 자동사 '불다'도 가능한 것으로 보인다.

ii) 어디선가 바람이 불어왔다. - 어디선가 바람이 불려왔다.

(27) 자동사성 명사 '희생'의 접사 결합에 따른 논항 변화

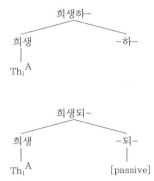

어근이 자동사성 명사인 경우는 위 (26)와 같이 하나의 논항만이 존재하므로 피동 접사의 결합이 있더라도 논항의 삼투 저지와 논항의 축소 등은 일어나지 않는다. 그 결과 논항 구조의 변화 없이 (25)와 같이 구조적으로 동일하고 의미적으로도 큰 차이가 없는 문장이 도출될 수 있는 것이다.

4. 결론

이상의 논의를 통해 한자어 어근의 동사성과 그로 인한 파생의 구조를 일관된 시각으로 살필 수 있었다. 논의의 결과 '-하-'와 '-되'는 동등한 층위에서 접사로 기능하며 이때 선행어가 될 수 있는 한자어는 동사성 명사로서 의미역 정보를 가지고 있음을 확인하였다. 이를 통해 고유어 능동사에 접사가 통합되어 어휘부에서 논항 구조가 재편되는

모델을 한자어 어근의 파생에도 일관되게 적용할 수 있음을 밝혔다.

그러나 본고의 논의만으로는 아직 해결하지 못한 부분이 있는데, 소위 '필수적 부사어'에 해당하는 [목표]나 [처소]가 필요한 자동사성 한자어 명사 어근에 대한 것이다. 즉, 다음 (28)의 '도달'과 같은 자동사성 명사의 경우 논항 구조 변화를 설명하기 힘들다. 이러한 경우 앞서 살핀 바에 따르면 삼투 저지와 논항의 축소가 일어날 것으로 볼 수 있는데 이때는 이들 논항이 행위주로서 기능해야 하지만 이러한 일은 모든 문장에 적용되지 않는다.

(28) ㄱ. 나는 목표에 도달했다.
ㄴ. ?목표가 도달됐다.
ㄷ. 목표에 도달됐다.

이는 [대상]의 의미역이 필요한 타동사에 피동 접사가 붙어 논항 구조가 재편되는 고유어 동사의 체계를 그대로 도입한 데에 기인한 문제로 볼 수 있을 것이다. 현재로서는 [대상]의 논항 이외의 논항을 다른 방식으로 처리해야 할 필요성이 있을 것으로 보인다. 다만 (28ㄴ)이 완전한 비문으로 보이지는 않는다는 점, (28ㄷ)의 주어가 (28ㄱ)과 다르다는 점 등에서 논의의 보완을 통해 해결 가능한 문제로 보인다.

또 한 가지 문제는 '-하'에는 선행할 수 없고 '-되-'에만 선행 가능한 어근들도 존재한다는 점이다. 이상의 논의에서는 파생 접사를 통한 동사 파생이 가능한 한자어 어근은 기본적으로 [능동성]을 가지고 있어야 하므로 '-하-'에 선행할 수 없는 어근은 존재하지 않아야 하지만 극히 적은 예가 존재한다. 〈표준국어대사전〉에 등재되어 있는 어휘들 가운

데 이러한 어휘는 다음 67개 어휘로 제한된다.[21]

    (29) '-하-'에 선행할 수 없는 2음절 '-되-' 선행 어근
        가상(假象), 결본(缺本), 경보(警報), 골절(骨折), 괴사(壞死), 낙질
        (落帙), 노후(老朽), 대척(對蹠), 득중(得中), 마비(痲痺/麻痺), 모순
        (矛盾), 무후(無後), 발각(發覺), 방전(放電), 분수(分水), 불방(不放),
        소용(所用), 소입(所入), 소정(所定), 손해(損害), 실종(失踪), 여기
        (勵起), 염지(鹽漬), 이염(移染), 저조(低調), 전음(傳音), 절량(絕糧),
        중독(中毒), 증우(增雨), 집대(集大), 착맥(着脈), 충혈(充血), 침정
        (沈靜), 타당(打撞), 탈항(脫肛), 특정(特定), 폐역(廢驛), 표징(表徵),
        피랍(被拉), 피박(被縛), 피살(被殺), 피선(被選), 합화(合火), 행불
        (行不), 헌액(獻額), 현탁(懸濁), 혼돈(混沌/渾沌), 혼란(混亂), 혼선
        (混線), 혼신(混信), 혼획(混獲), 홍조(紅潮)

    앞의 논의에서는 능동 접사인 '-하-'가 동사성 명사 어근의 능동성을 그대로 받을 수 있는 것으로 보았지만 이러한 시각은 위 예들을 설명하기 어렵다. 그러나 이러한 예들은 '-되-' 파생어의 극히 일부에 지나지 않으며 위 예들에서도 '-하-' 파생이 가능할 것으로 보이는 다음 예들이 존재한다는 점에서 이 역시 논의의 보완을 통해 본고의 논의에 부합하는 설명이 가능할 것으로 기대된다.

21　각주4)에서 밝힌 바와 같이, 〈우리말샘〉 등재어 가운데 동사 파생 접미사 '하-'와 '되-'
    에 선행하는 2음절 어근은 각각 24,336개, 4,420개이다. 이들 가운데 '하-'와 '되-'에
    동시에 선행할 수 있는 형태는 4,353개이다. 즉, '되-'에만 선행할 수 있는 2음절 어근
    은 (29)의 67개로, '되-' 선행 2음절 어근의 96% 가량이 '하-'에 선행할 수 있으며 '되-'
    에만 선행하는 2음절 어근은 4%도 되지 않는다.

(30) ㄱ. '-하-'에 선행이 가능한 것으로 볼 수 있는 것

가상(假象)하다, 결본(缺本)하다, 낙질(落帙)하다, 모순(矛盾)하
다, 방전(放電)하다, 분수(分水)하다, 소용(所用)하다, 소입(所入)
하다, 소정(所定)하다, 전음(傳音)하다, 절량(絕糧)하다, 증우(增
雨)하다, 집대(集大)하다, 착맥(着脈)하다, 침정(沈靜)하다, 폐역
(廢驛)하다, 피박(被縛)하다, 합화(合火)하다, 현탁(懸濁)하다, 혼
획(混獲)하다

ㄴ. '-하-'에 선행이 가능하지만 등재가 되지 않은 것

괴사(壞死)하다, 경보(警報)하다, 대척(對蹠)하다, 헌액(獻額)하
다, 불방(不放)하다, 염지(鹽漬)하다, 피랍(被拉)하다, 혼선(混
線)하다, 혼신(混信)하다

ㄷ. 형용사로 등재된 것

노후(老朽)하다, 득중(得中)하다, 무후(無後)하다, 저조(低調)하
다, 특정(特定)하다, 혼돈(混沌/渾沌)하다, 혼란(混亂)하다

ㄹ. 쓰임을 확인하기 힘든 것

여기(勵起)하다, 표징(表徵)하다

위 (30)의 예들은 보다 세밀한 논의를 통해 모두 능동성을 가진 동사
성 명사 어근으로 분류가 가능할 것이다. 'X하다'의 능동사 구문을 만
들기 힘든 예는 다음 14개의 예에 불과하며 이들은 모두 근본적인 [피
해] 또는 [불가항력]의 의미를 가진 어휘들로서 일반적인 동사성 명사
한자어 어근의 어휘 범주에 벗어나는 예외적인 것들로 처리가 가능할
것이다.

(31) '-하-'에 선행이 불가능한 것

골절(骨折), 마비(痲痹/麻痹), 발각(發覺), 실종(失踪), 손해(損害),
이염(移染), 중독(中毒), 충혈(充血), 타당(打撞), 탈항(脫肛), 피살
(被殺), 피선(被選), 행불(行不), 홍조(紅潮)

『어문론집』 제80집(중앙어문학회, 2019.12.)에
게재한 원고를 재수록한 것임.

참고문헌

고영근, 「능격성과 국어의 통사구조」, 『한글』 192, 한글학회, 1986.

김문오, 「양용동사와 사/피동사 대비 연구–한자어를 중심으로–」, 『어문학』 59,
          한국어문학회, 1996.

김영희, 「능'하다': 그 대동사설의 허실」, 『배달말』 9, 배달말학회, 1984.

_____, 「복합 명사구, 복합 동사구 그리고 겹목적어」, 『한글』 193, 한글학회, 1986.

김용하·박소영·이정훈·최기용, 『한국어 생성 통사론』, 도서출판, 역락, 2018.

김윤신, 「사동피동 동형 동사의 논항교체 양상과 의미해석」, 『한국어 의미학』 21,
          한국어의미학회, 2006.

_____, 「국어 사동피동 동형 동사의 어휘 의미 구조」, 『언어학』 49, 한국언어학회,
          2007.

김의수, 「국어의 격과 의미역 연구」, 고려대학교 대학원 박사학위논문, 2004.

시정곤·고광주·유혜원·김미령, 『논항구조란 무엇인가』, 도서출판 월인, 2000.

양정석, 『국어 동사의 의미 분석과 연결 이론』, 도서출판 박이정, 1995.

유승섭, 「국어 접미파생 사동문의 논항 형성 고찰」, 『한글』 276, 한글학회, 2007.

_____, 「국어 접미파생 피동문의 논항 형성과 구조에 대하여」, 『한글』 303, 한글

학회, 2014.

유춘평, 「한국어의 한자어-하다 형 용언에 대한 연구」, 인하대학교 박사학위논문, 2013.

이상억, 『국어의 사동·피동구문 연구』, 집문당, 1999.

이서란, 「'한자어+하다' 동사 연구」, 『冠嶽語文研究』 23호, 서울대학교 국어국문학과, 1998.

이선웅, 「格의 槪念과 分類」, 『語文研究』 40호, 한국어문교육연구회, 2012.

장호득, 「X[漢字語]+하다'로 본 한중 통사구조 생성과정 및 어순처리 비교연구」, 『동북아 문화연구』 20호, 동북아시아문화학회, 2009.

최웅환, 「기능소로서의 접사에 대한 통사적 해석」, 『국어학』 25호, 국어학회, 1995.

Higginbotham, J., *On Semantics*, LI 16-4, 1985.

Jackendoff, R., *Semantic Interpretation in Generative Grammar*, Cambridge, MA: MIT Press, 1972.

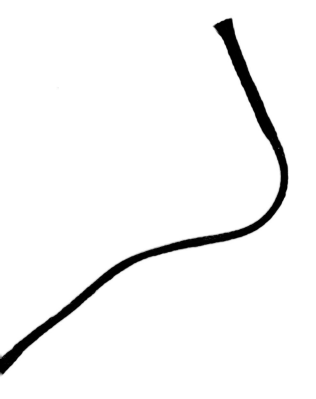

제2부

—

글쓰기

표현주의 이론을 활용한
글쓰기 교육 방법과 의의

Peter Elbow의 이론을 중심으로

김현정

1. 들어가는 말

2000년대 들어 각 대학에서 글쓰기 교육을 강화함에 따라, 글쓰기 교육 방법에 관한 다양한 연구들이 활발히 진행되고 있다. 각 대학들이 추구하는 글쓰기 교육의 목표는 다양하나, 대체적으로 학생들의 기초 능력을 증진시키고, 학술적 글쓰기 수행 능력을 높이기 위한 것으로 논의되는 경향이 있다. 그리고 이를 달성할 수 있는 다양한 글쓰기 교육 방법에 관한 연구가 진행되고 있는 추세이다.

특히 경희대 후마니타스대학에서는 2011년에 학술적 글쓰기로 국한된 기존의 대학 글쓰기 교육에서 벗어나, 개인의 내면세계를 성찰하고 이를 자유롭게 글로 표현할 수 있도록 한 글쓰기 교육 과정을 도입하여 주목을 받기도 했다. 이는 학술적 글쓰기가 더 중요하다고 인식되어 왔던 기존의 관점에서 벗어나 표현적 글쓰기에 관한 새로운 인식을 불러일으킬 수 있는 계기가 되었다고 본다.

표현적 글쓰기에 관한 조명이 필요한 이유는 글을 통한 자기표현이

야말로 글쓰기가 지닌 본연의 기능에 충실한 것일 수 있으며, 글쓰기가 학술적 가치뿐만 아니라 다양한 문화적 가치를 창출할 수 있는 가능성을 지니고 있기 때문이기도 하다. 또한 학술적 글쓰기를 할 때에도 필자의 목소리, 곧 필자의 가치관을 강조하지 않는 것은 아니기 때문에, 필자의 자기 표현은 어느 글쓰기에서나 중요할 수밖에 없다.

따라서 대학 글쓰기 교육의 내용이 지나치게 학술적 글쓰기만을 강조하면서 정형화된 틀과 학문(담화)공동체의 관습을 지키도록만 가르치고 있는 것이라면, 학생들은 글쓰기를 친숙한 것으로 여기기 어려울 것이다. 대학 글쓰기 교육이 중요하다는 사실은 더 이상 논의할 필요가 없는 것으로 인식되어 오고 있지만, 우선적으로 필요한 것은 학생들이 글쓰기를 두려운 대상으로 여기는 것이 아닌, 친숙한 대상으로서 인식할 수 있는 교육이다. 그리고 이러한 교육적 방법이 글쓰기를 두려워하지 않는 것으로 끝나는 것이 아닌, 대학 글쓰기 교육이 지향하고자 했던 학술적 글쓰기 또한 실현시킬 수 있는 선행 작업으로 이어져야 한다.

이런 측면에서 Elbow는 자신의 생각을 자유롭게 글로 표현할 것을 강조하면서, 이를 통해 학생들이 글쓰기를 두려워하지 않고 그들의 글쓰기 능력 또한 향상될 수 있을 것으로 보았다. 그리고 이러한 글쓰기 능력은 학술적 글쓰기로 전이될 가능성이 크다고 논의한 바 있다.[1] 이는 학생들이 글쓰기를 통해 개인의 목소리를 자유롭게 펼치는 과정에서, 개인뿐만 아니라 사회적 문제까지도 함께 성찰하는 데까지 나아갈 수 있는 가능성이 있음을 보여주는 것이라 할 수 있다.[2]

---

1 Peter Elbow, *Everyone Can Writing*, NY : Oxford University Press, 2000, p.5.
2 김미란, 「표현주의 쓰기 이론과 대학의 글쓰기 교육」, 『반교어문연구』 35, 반교어문학회,

이 연구는 이러한 Elbow의 논의를 바탕으로 한 표현주의 글쓰기 이론에 주목하고자 한다. 표현주의 글쓰기 이론에 주목하고자 하는 이유는 정전 중심과 주입식 위주의 우리나라 교육의 문제점에서 비롯된다. 그동안 우리나라의 교육은 정해진 답을 찾아가기 위한 교육, 정해진 틀 안에서만 사고하고 표현하는 교육의 형태로 이루어져 왔다. 대학 글쓰기 교육에서도 교육의 목표를 학술적 글쓰기 수행 능력 향상에 중점을 두면서, 논문이라는 정해진 틀 안에서 학문(담화)공동체의 관습을 존중하여 자신의 생각을 드러내는 교육이 주로 행해지고 있다. 이러한 교육이 대학 글쓰기 교육에 있어서 매우 중요한 것은 사실이나, 문제는 학생들이 그동안 중등 교육과정에서부터 시작하여 고등 교육과정에 이르기까지 자유로운 자기 표현의 기회를 충분히 갖지 못했다는 점이다. 대학에서는 학생들이 창의적이고 비판적인 사고를 할 수 있도록 많은 고민을 하고 있으며[3], 이러한 사고력을 대학 글쓰기 교육을 통해 증진시키기를 기대하고 있다. 그런데 그동안 공식적인 자리에서 자기 표현을 자유롭게 해본 경험이 적은 학생들이 학문(담화)공동체의 관습 안에만 머무른 채 자신들의 사고와 표현을 스스로 검열하고 제한하는 경우가 많다는 것이 현실이다.

이러한 국내 글쓰기 교육 환경을 고려하여, 이 연구는 Elbow를 중심으로 한 표현주의 이론을 살펴보고, 글쓰기 교육에서의 활용 방법과 표현주의 이론이 갖는 의의를 고찰해보는 것을 목적으로 한다.

2013, 327쪽.

3 박삼열, 「대학 교양과정과 글쓰기 교육」, 『철학논총』 62, 새한철학회, 2010, 124쪽; 김병길, 「대학글쓰기 교육과 인문학 지평의 확장 – 숙명여자대학교 글쓰기 교육사를 중심으로」, 『우리어문연구』 43, 우리어문학회, 2012, 10쪽.

2. 표현주의 글쓰기 이론의 특징

1) 표현주의 글쓰기 이론의 등장 배경

국내의 글쓰기 교육은 여러 글쓰기 이론 중에서도 인지주의와 사회적 구성주의의 영향을 많이 받았으며, 이에 기반을 둔 다양한 연구가 주로 진행되어 왔다. 반면, 이 연구에서 연구의 이론틀로서 살펴보고자 할 표현주의 이론은 국내에서는 크게 주목받지 못하였으나, 국외에서는 1970년대를 전후하여 인지주의와 함께 주목을 받아왔다.

국외에서 표현주의 글쓰기 이론이 다른 글쓰기 이론과 변별성을 가지고 있다고 인식한 연구자로는 Berlin, Knoblauch, Faigly 등이 있다. Berlin은 쓰기 이론을 인지적 수사학, 표현주의적 수사학, 사회인식론적 수사학으로 나누고 있으며,[4] Knoblauch은 존재론적 관점, 객관주의적 관점, 표현주의적 관점, 사회학적 또는 대화적 관점으로 나누어 쓰기 이론을 살펴보고자 했다.[5] Faigly 등[6]도 문예적 관점(또는 표현적 관점), 인지적 관점, 사회적 관점으로 나누어, 표현주의를 언급하기도 했다.[7]

사실상 이들 연구자들이 표현주의 쓰기 이론을 하나의 이론으로서

---

4   J. A. Berlin, "Rhetoric and ideology in the writing class", *College English*, 50(5), National Council of Teachers of English, 1988.

5   C. H. Knoblauch, "Rhetorical considerations : Dialogue and commitment", *College English*, 50(2), National Council of Teachers of English, 1988, pp.125~140.

6   L. Faigley, R. Cherry, D. Jolliffe & Skinner A, *Assessing Writers' Knowledge and Processes of Composing*, NJ : Ablex Publishing Corporation, 1993.

7   이재승, 「표현주의 쓰기 이론의 비판적 검토」, 『청람어문교육』 41, 청문어문교육, 2010, 271쪽.

인식하게 된 배경에는 Elbow[8]의 영향이 크다고 알려져 있다. Elbow는 형식주의 쓰기 이론이 지식, 의미, 텍스트 등을 지나치게 강조하고, 필자의 역할을 축소했다는 점을 비판하며, 필자로서의 개인을 중요하게 여겼다.[9] 그런데 Berlin과 Faigly 등은 표현주의가 다른 글쓰기 관점과 변별성을 지니고 있는 것으로 인정했지만, 표현주의를 "사회로부터 고립된 주관적 개인"을 강조하는 것으로 인식하고, 이를 부정적으로 보았다. 그러다보니 개인보다는 사회적 관점을 강조하고자 했던 당시의 분위기 속에서 표현주의는 일종의 극복의 대상처럼 여겨졌다.[10] 이러한 상황에서 Elbow는 기존의 표현주의 이론처럼 개인의 자유로운 표현을 강조하되, 이때의 '개인'을 사회와 고립된 것으로 인식하지는 않았다.[11] 그의 논의를 살펴보면, Elbow는 개인의 자유로운 표현에서 그치는 것이 아니라 다양한 방식으로 자신이 쓴 글을 타인과 공유하고 피드백 받을 것을 적극 권장한다.[12] 따라서 이 연구에서는 Elbow를 표현주의 글쓰기 이론에 관한 대표적인 연구자로 인식하되, 이때의 표현주의 이론에서 강조하는 '필자로서의 개인'을 사회로부터 고립된 개인으로 한정하지 않고, 글에서 주체적인 자기 목소리를 낼 수 있는 존재로서 인식하고자 한다.

---

8 Peter Elbow, "A method for teaching writing", *College English*, 30(2), National Council of Teachers of English, 1968, pp.115~125.

_____, *Writing with power*, NY : Oxford University Press, 1981.

_____, *Writing without teachers*, NY : Oxford University Press, 1998.

9 김보연, 「Peter Elbow의 글쓰기 이론 연구」, 『대학작문』 3, 대학작문학회, 2011, 241쪽.

10 김보연, 「피터 엘보우 글쓰기 이론 연구」, 연세대학교 석사학위논문, 2012, 20~25쪽.

11 같은 글, 20~21쪽.

12 Peter Elbow, 김우열 옮김, 『힘있는 글쓰기』, 토트, 2014.

Elbow의 표현주의 이론은 기존의 형식주의 글쓰기 이론과 Flower와 Hayes의 인지주의 이론의 반박에서 비롯된다. 우선 형식주의의 경우, '쓰기 전 → 쓰기 → 쓰기 후'라는 3단계의 절차에 따라 글쓰기가 이루어 진다고 보고 있다. 형식주의에서는 학생들에게 모범적인 텍스트를 제 공해 주고, 이를 모방하는 방식으로 글쓰기를 숙련시킬 수 있다고 인식 한다. 즉 수사학이나 문법, 형식 논리 등을 강조하고 글쓰기의 모범으 로 여겨져 왔던 방식을 따라해 보는 과정을 중시한다.[13] 이때 교사는 학생들이 글쓰기를 하는 과정에 특별히 개입하지 않는다. 형식주의 이 론에서의 교사는 학생에게 과제를 제시하여 학생이 글을 다 쓰도록 한 후, 완성문을 보고 글의 오류를 하나하나 지적하면서 학생들의 글을 교정하는 역할을 담당한다.[14] 이러한 형식주의 글쓰기 이론은 글쓰기 의 과정에서 이루어지는 필자의 인지 과정을 고려하지 않았다는 점에 서 비판을 받았고, 이에 Flower와 Hayes[15] 등의 논의를 통해 인지주의 글쓰기 이론이 본격적으로 알려지게 되었다.[16]

Flower와 Hayes의 인지주의 이론은 글쓰기의 과정을 크게 '계획하

---

13 이재승, 『글쓰기 교육의 원리와 방법』, 교육과학사, 2002, 65쪽.

14 이는 표현주의의 글쓰기 지도 전략과 유사하게 보일 수 있으나, 이 두 절차는 전략적으로 큰 차이가 있다. 형식주의에서의 교사 역할은 학생이 완성한 글, 즉 결과물을 평가하고, 여기에서 발견되는 오류를 하나하나 지적하는 방식으로 학생의 글쓰기 능력을 향상시키고자 한다면, 표현주의에서는 학생이 자유롭게 글쓰기를 하는 과정을 통해 내용 생성을 극대화하기 위한, 지극히 과정 중심적인 접근 방법이라고 볼 수 있다.

15 L. S. Flower & J. R. Hayes, "A cognitive process theory of writing", *College Composition and communication*, 32, National Council of Teachers of English, 1981.

16 Flower와 Hayes의 인지주의 이론에 관한 논문은 1980년에 발표했으나, 1981년에 일부 내용을 수정하여 다시 관련 내용을 발표되었다. 이에 이 연구에서는 1980년에 발표한 논문이 아닌, 1981년에 발표한 논문을 인용하고자 한다.

기', '작성하기', '검토하기'의 단계로 구분하고, '점검하기(monitor)'를 설정하여 각 과정을 통제해야 함을 제시했다. 그리고 이러한 글쓰기의 과정이 이전의 형식주의와 달리 선조적으로 이루어지는 것이 아니라 회귀적으로 이루어지는 것임을 강조했다. 그러나 이러한 인지주의 이론조차도 형식주의에 비하면 개선되었다고는 하지만, 여전히 글쓰기 과정을 정형화하고 있다는 비판을 받기도 하며[17], 글쓰기 과정에서의 사회적 맥락을 고려하지 않았다는 비판을 받기도 했다.

이에 Elbow를 비롯한 Macrorie, Murray 등은 이러한 형식주의와 인지주의에 대한 반박으로 표현주의 글쓰기 이론을 논의하고 있다. 이들은 정형화된 글쓰기에서 벗어나 개인의 자유로운 표현을 강조하고, 이를 통해 내적 성장을 도모하고자 한다.[18]

국내에서는 표현주의 글쓰기 이론에 관한 연구가 미흡한 편이다. 글쓰기의 표현적 관점을 부각시키고자 했던 연구자로는 배수찬이 있다. 배수찬은 쓰기를 개인적 표현 중심으로 이해하는 것이 타당하기는 하지만, 기존의 관점은 쓰기의 문화적 맥락을 놓치고, 가볍고 쓰기 쉬운 글쓰기로 치중하는 경향이 있다고 비판했다. 이에 '표현' 중심의 쓰기를 단순히 필자의 내면세계 표현으로만 보지 말고, "문자 언어의 문화적 습득을 통해 행하는 외적 발현 활동"으로 인식해야 한다고 보았다.[19]

---

17 이재승, 「과정 중심 글쓰기 교육의 허점과 보완」, 『한국초등교육』 33, 한국초등국어교육학회, 2007, 148쪽.

18 이재승, 「표현주의 쓰기 이론의 비판적 검토」, 『청람어문교육』 41집, 청람어문교육학회, 2010, 276~279쪽.

19 배수찬, 「'표현' 중심 쓰기관에 대한 반성적 연구」, 『국어교육』 124, 한국어교육학회, 2007, 225쪽.

이재기는 Fulkerson의 논의를 바탕으로 작문 연구를 비판적 접근법, 표현주의 접근법, 수사적 접근법으로 나눠 살펴보면서 표현주의 접근법을 소개하고 있다. 이때 표현주의는 주로 개인의 성찰과 심미적·인지적·도덕적 발달에 초점을 둔 접근 방식이다.[20]

위의 두 연구자는 글쓰기에서의 표현주의적 관점을 인식하고 이를 소개하고 있다는 점에서 의의가 있다. 이 두 연구자 이외에도 국내에서 표현주의 이론을 본격적으로 다룬 연구자로는 이재승, 김미란, 김보연 등이 있다.

이재승은 표현주의 쓰기 이론의 위치를 설명하며, 표현주의 쓰기 이론의 특징과 한계를 정리한 바 있다. 이재승은 표현주의 쓰기 이론이 개인의 의미 구성 행위를 강조하며, 동료 간의 협의를 강조하고, 실생활에 밀접한 글쓰기를 강조한다는 점에서 의의가 있다고 보았다. 그러나 글쓰기 행위의 과학화를 저해하고 교수자 입장에서 가르쳐야 할 내용이나 방법을 설정하는 데 어려움이 있으며, 의사소통적 글쓰기를 약화시키고 글쓰기의 상황적 측면을 고려하지 않는다는 한계를 지적했다.[21]

김미란은 Elbow의 표현주의 글쓰기 이론을 비판적으로 수용하는 관점에서 대학 글쓰기 교육에서의 표현적 글쓰기 강좌를 위한 기본 모형을 제안했다. 김미란은 '내 표현 찾기-자기 탐색-사회 탐색-세계 탐색'의 과정으로 확장되어가는 글쓰기 교육 프로그램을 제안하면서 주체 인식을 강화하는 데 주력하고자 했다.[22]

---

20 이재기, 「작문 연구의 동향과 과제 : 작문에 대한 세 가지 가치론적 접근법」, 『청람어문교육』 38, 청람어문교육학회, 2008.
21 이재승, 「표현주의 쓰기 이론의 비판적 검토」, 앞의 글.
22 김미란, 앞의 글.

Elbow를 보다 더 본격적으로 소개한 연구자로는 김보연이 있다. 김보연은 Elbow의 이론을 이원론적 체계로 구분하여 살펴보고 있다. 즉, Elbow가 '생성과 비평', '신뢰와 의심', '안내자와 평가자'라는 상반된 두 요소 사이의 긴장 안에서 나름대로의 이론을 정립하고 있음을 밝혔다.[23]

이러한 국내의 선행 연구들을 종합해 볼 때, 표현주의 글쓰기 이론은 필자를 강조하고, 필자의 자기 성찰을 위한 글쓰기에 매우 유용한 이론으로 정리해 볼 수 있다. 다만 국내의 연구들은 주로 표현주의 이론의 특징을 밝히는 데 중점을 두었다면, 이 연구에서는 표현주의 이론을 글쓰기 교육에서 활용할 때에 유용한 주요 전략들을 제시해 보고, 이러한 전략들을 활용한 글쓰기 교육의 의의를 살펴보고자 한다.

2) 표현주의 글쓰기 이론의 주요 전략

(1) 자유롭게 쓰기 전략

Elbow의 글쓰기 특징으로 많이 언급되는 것은 '자유롭게 쓰기 (freewriting)' 전략이다. Elbow의 『힘있는 글쓰기(Writing With Power)』 한글 번역판 서문을 보면, Elbow는 올바른 말을 찾기 위해서 잘못된 말을 할 필요가 있었던 예화를 소개한다. 다시 말해, 지금 자신이 표현하고자 하는 말이 적합한 어휘나 표현은 아닐지라도 일단 표현해 보면, 그 표현된 말이 조금씩 다듬어지면서 보다 적합한 표현으로 바뀔 수 있다는 것이다.[24] Elbow가 이러한 예화를 소개한 것은 글도 말과 마찬

---

23 김보연, 「Peter Elbow의 글쓰기 이론 연구」, 앞의 글.

가지여서 일단 한번 글을 써보면서 다듬어 가는 과정이 필요하다는 것을 설명하기 위한 것이다.

이때 Elbow가 말하는 자유롭게 쓰기, 멈추지 말고 계속 쓰는 것은 자신이 표현하고 싶은 내용이 있다면 일단 한번 표현해 보고, 자신의 내적 감각(felt sense)을 느끼는 것이 중요하다는 것을 강조하기 위한 방법이다.[25] Elbow의 자유롭게 쓰기가 질적으로 부족한 글쓰기를 양산할 수 있다는 우려도 있을 수 있으나, Elbow는 좋은 글을 쓰기 위한 전제로서 자유롭게 쓰기를 강조한 것이지, 자유롭게 쓴다고 좋은 글을 쓸 수 있다고 말한 것은 아님을 강조한다.

Elbow가 자유롭게 쓰기를 강조하는 것은 글을 생산하는 과정과 수정하는 과정을 분리하고자 하는 측면이 크다. 그렇다고 해서 Elbow가 글의 생산하는 과정과 수정하는 과정을 엄격히 구분하는 것은 아니다. Elbow는 글쓰기의 회귀적 과정 그 자체를 부정하지는 않는다. 다만 글 쓰는 과정에서 각 단계를 쉽게 넘나드는 것을 경계하며, 글을 쓸 때에는 창조와 비판의 과정을 분리할 필요가 있다고 보았다. 다시 말해, 글을 생산하는 과정에서는 온전히 이에 집중하여 자신이 하고자 하는 말을 최대한 표현한 다음에 수정을 해야지, 글을 생산하는 과정에서 스스로 자기 검열을 통해 계속 수정하는 것은 효율적이지 않다는 입장이다. 바로 불필요한 "이른 퇴고" 과정을 경계하는 것이다. 이른 퇴고는 글의 내용을 생산하는 데 방해가 될 뿐이며, 글의 내용을 표현하는 데 있어서 글의 흐름을 끊기게 하는 요소로 작용하기 때문이다.[26]

---

24 Peter Elbow, 『힘있는 글쓰기』, 앞의 책, 16쪽.
25 같은 책, 21~22쪽.

Elbow는 글을 쓸 때 필요한 창의적 사고력과 글을 수정할 때 필요한 비판적 사고력을 동시에 발휘하려고 하기보다는 단계를 구분하여 각각의 능력을 최대한 발휘하는 것이 더 효율적이라고 보았던 것이다. 자유롭게 쓰기를 통해 창조와 비판의 과정을 구분하는 것이 창의적 사고력과 비판적 사고력이라는 두 능력을 상생할 수 있는 Elbow 나름의 전략인 셈이다.[27]

이러한 Elbow의 입장은 Chenoweth와 Hayes의 연구 결과와 연계하여 이해할 수 있다. Chenoweth와 Hayes는 글을 쓰는 도중에 편집을 겸하는 것보다는 글을 쓰고 난 후에 편집을 하는 것이 기억 용량의 방해 없이 글을 더 잘 쓸 수 있다는 연구 결과를 소개한 바 있다.[28] 이를 종합해 보면, 회귀적으로 글쓰기 과정을 밟되, 한 번에 여러 작업을 동시에 진행하기보다는 하나씩 단계별로 작업을 진행하면서 각각의 단계를 강화시키는 것이 중요하다는 것임을 알 수 있다.[29]

작업 기억에 관한 설명은 Elbow 이전에 Kellogg, 그 이전에는 Flower와 Hayes도 언급한 적이 있다. 이들 연구자들은 글쓰기를 할 때 작업 기억의 용량 한계로 인해 글쓰기 과정에 제약이 있을 수밖에 없음을 말한 바 있다. 글쓰기에서의 작업 기억은 장기 기억에 내재되어 있는 지식이나 경험들을 글쓰기 단계에서 적절하게 사용할 수 있도록 하는 것이다. 따라서 글쓰기 단계별로 어떠한 전략을 선택할지를 고르

---

26 같은 책, 31~36쪽.
27 같은 책, 49쪽.
28 Chenoweth, N. A., & Hayes. J. R., "Fluency in writing : Generating text in L1 and L2", *Writing Communication*, 18, London : Sage Publications, 2001, pp.80~98.
29 Peter Elbow, 『힘있는 글쓰기』, 앞의 책, 31쪽.

는 것은 이러한 작업 기억에 따라 이루어지는 것이며, 글쓰기를 잘한다
는 것은 각 단계별로 이러한 작업 기억의 부담을 조절해 가면서 이를
수행해 가는 것임을 뜻한다.[30]

그런데 Kellogg는 글쓰기의 작업 기억의 부담을 덜어주기 위한 전략
으로 계획하기, 즉 개요 작성을 강조한다. 특히 "숙련된 표현 전략과
꼼꼼한 사전 계획 활동이 결합된 쓰기 과정"[31]이 작업 기억 차원에서는
가장 바람직하다고 제시하고 있다.

물론 Elbow 역시 계획 단계를 언급하기도 한다. Elbow는 쓰기 전에
의미를 명확하게 하기 위해서는 주제에 관해 며칠 심사숙고해보거나,
다른 사람과 주제에 관한 대화나 논의를 시도하는 방법을 제안하기도
하며, 독자에게 미치고 싶은 영향에 관해 최대한 명확하게 고려해 보는
작업을 제안하기도 한다.[32]

그러나 Elbow는 계획 단계에서 개요 작성이 꼭 필요하다고 보지는
않았다. 아직 쓸 내용이 준비되어 있지 않은 상태라면 일단 글을 써가
면서 자신이 하고자 하는 말이 자연스럽게 드러날 수 있도록 하는 것이
더 좋을 수도 있다는 것을 제안한다. 오히려 무슨 말을 쓸지를 모른
상태에서의 개요란 쓸모없는 것이라고 보았다.[33]

---

30 김혜연, 「쓰기 과정 연구의 이론적 경향과 다원적 관점의 가능성」, 『작문연구』 24집,
   한국작문학회, 2015, 56쪽.
31 R. T. Kellogg, "A model of working memory in writing", In C. M. Levy & S.
   Ransdell (Eds), *The science of writing : Theories, methods, individual difference,
   and applications*, Mahwah, NJ : Lawrence Erlbaum Associates, 1996, p.62.; 김혜
   연, 앞의 글, 57쪽에서 재인용.
32 Peter Elbow, 『힘있는 글쓰기』, 앞의 책, 136쪽.
33 같은 책, 135~141쪽.

이러한 Elbow의 논의를 반영한 글쓰기 교수 전략이 바로 교사 없는 글쓰기 교실이다.[34] Elbow는 교사가 없는 글쓰기 교실을 제안하면서 교사는 학생들이 자유롭게 글쓰기를 할 수 있는 환경을 조성해 주고, 교실에서는 친구나 교수와 피드백을 주고받음으로써 글쓰기 학습이 이루어진다고 보고 있다.[35] Elbow는 교실에서의 대화는 글을 쓴 학생에게 독자들이 자신의 글을 읽을 때 어떠한 반응을 보이는지를 알려주기 위한 것이라고 보았다. 이러한 교수법의 궁극적인 목표는 학생 필자들이 모둠 활동이나 다른 독자의 직접적인 반응에 얽매이지 않고 자신의 생각을 자유롭게 쓸 수 있도록 하는 데 있다. 이를 통해 타인에 의존하는 글쓰기가 아닌 자신만의 글쓰기를 할 수 있도록 유도하고자 하는 것이다.[36]

(2) 글 공유하기를 통한 수정 전략

Elbow는 자유롭게 쓰기뿐만 아니라, 글 공유하기를 강조한다. Elbow는 힘이 없는 글의 상당수는 글쓴이의 기술이 부족하기보다는 자신의 글을 다른 사람들에게 공개(공유)하는 것을 원하지 않을 때에 나타나는 경우가 많다고 보았다.[37]

이때 글을 공유하는 것은 그동안 글쓰기 교육 현장에서 많이 다루었던 직접적인 피드백을 받기 위함이 아니다. Elbow가 말하는 글 공유하

---

34 Peter Elbow, *Wrting Without Teachers*, *Ibid.*
35 Irene Ward, 박태호 외 옮김, 『이데올로기와 대화 그리고 작문교육의 새로운 패러다임』, 아카데미프레스, 2015, 24쪽.
36 같은 책, 37쪽.
37 Peter Elbow, 『힘있는 글쓰기』, 앞의 책, 61쪽.

기는 그저 자신의 글을 다른 사람들 앞에서 소리 내어 읽는 방법으로서의 공유하기이다. 이때 다른 사람들은 글의 내용을 들은 후에 글의 강점이나 약점을 평하지 않고, 그저 "잘 들었다."라는 반응과 글에서 인상 깊은 표현이나 구절만 언급하면 될 뿐이라고 말한다. 자신의 글을 소리 내어 읽음으로써 자신의 귀로 듣는 글을 인식하게 되고, 이러한 경험이 곧 독자로서의 감각을 기를 수 있는 좋은 방법이라는 것이 Elbow의 글 공유하기 효과이다.[38]

이러한 Elbow의 논의에서는 독자의 역할에 관한 여러 가지 생각을 불러일으킨다. 좋은 글을 쓰기 위해서는 독자를 고려해야 한다. 그런데 독자에 대한 섣부른 고려가 때로는 글쓰기를 어렵게 할 수 있다. 실제로 Elbow는 글쓰기를 방해하는 이러한 독자를 "ghost reader"라고 표현하기도 했다.[39]

"ghost reader"에서 벗어날 수 있는 방법은 자신이 표현하고자 하는 진정한 내용이 무엇인지에 대한 깊은 성찰 이전에 독자부터 고려하는 것을 경계하는 것이다. 이를 위해서는 교사 없는 교실에서의 다른 동료들이 글쓴이의 글을 읽거나 혹은 들은 이후에 '평가를 위한 피드백'을 해서는 안 된다. 독자로서의 동료들은 단순히 글을 읽거나 들었을 때의 드는 생각이나 느낌 정도를 가볍게 표현하는 정도에서 피드백을 제공하면 된다. 이는 글쓴이가 교사나 동료, 또는 다른 독자의 눈치를 보느라 자신의 내면세계의 목소리를 자유롭게 표현해 내지 못하는 상황을

---

38 같은 책, 27~28쪽.

39 Peter Elbow, "Closing My Eyes as I Speak : an Argument for Ignoring Audience", *College English*, 49(1), National Council of Teachers of English, 1987.

막기 위함이다.

그리고 글쓴이 역시 이러한 독자의 반응을 들었을 때에 자신이 어떠한 느낌이 들었는지를 표현하지 말아야 한다. 이는 반대로 독자들이 글쓴이의 눈치를 보지 않고 자신의 생각을 자유롭게 표현할 수 있게 하기 위함이다. 그래야만 글쓴이 역시 솔직한 독자들의 생각을 알 수 있으며, 독자들이 말한 내용을 통해 글을 어떻게 고쳐야 할지에 대한 시사점을 얻을 수 있기 때문이기도 하다.[40] 이러한 교수법은 자신의 글이 독자에게 어떻게 읽힐지에 관해 전혀 알지 못하는 초기 단계에 유용하게 쓰일 수 있다.

이와 같이 Elbow는 수정이나 퇴고 단계 역시 중요하게 여긴다. 다만 그의 논의 중 '자유롭게 쓰기'가 워낙 강조되다보니 그의 수정이나 퇴고 단계에 관한 논의는 많이 다루어지지 않고 있다. 사실 Elbow는 글을 쓰는 데 필요한 시간 중 절반은 초안 쓰기에, 나머지 절반은 퇴고에 사용하도록 하고 있다. 이때 글의 초안을 작성할 때에는 "빠르고 느슨한 사고방식"의 사람으로 머물러 있어도 되지만, 글을 수정하는 단계에서는 "무자비하고 강인하고 철저하게 논리적인 편집자"로 변신해야 한다고 말한다.[41] 그러면서 Elbow는 퇴고가 어려울 경우에는 다른 사람들과 함께 서로 원고를 퇴고하는 방법으로 연습할 것을 권하기도 하며, 궁극적으로는 다른 사람과의 협업을 제안하기도 한다. 다만 퇴고를 잘 활용하고 싶다면, 그전에 퇴고하지 않은 글을 많이 써보아야 한다는 것이 Elbow의 입장이다.[42]

---

40 Irene Ward, 앞의 책, 38쪽.
41 Peter Elbow, 『힘있는 글쓰기』, 앞의 책, 131~132쪽.

종합해 보면 Elbow는 개인의 내면세계를 자유롭게 쓰기를 강조하면서, 작업 용량의 한계를 고려하여 내용 생성과 수정(비판) 단계를 구분하는 것이 글쓰기에 더 효율적이라고 보았다. 아울러 독자로서의 동료들과 자신의 글을 공유할 것을 강조하고 있음을 살펴볼 수 있었다.

3. 표현주의 이론의 글쓰기 교육 적용과 의의

1) 표현주의 이론의 글쓰기 교육 적용 방법

표현주의 글쓰기 이론을 국내 글쓰기 교육에 구체적으로 적용한 사례를 다룬 연구는 김미란의 연구가 있다. 김미란은 〈내 표현 찾기 활동〉, 〈자기 탐색 1-내 목소리를 찾는 글쓰기〉, 〈자기 탐색 2-나를 객관화하는 글쓰기〉, 〈자기 탐색 3-나를 성찰하는 글쓰기〉, 〈사회 탐색 1-우리를 성찰하는 글쓰기〉, 〈사회 탐색 2-사회를 성찰하는 글쓰기〉, 〈세계 탐색-다른 문화를 성찰하는 글쓰기〉를 중심으로 16차시의 수업안을 제시한 바 있다. 김미란은 이와 같은 16차시의 수업안을 통해 학생들이 표현적 글쓰기에서 습득한 쓰기 능력을 학술적 글쓰기로 전이시킬 수 있도록 했다고 밝히고 있다.[43]

이러한 김미란의 수업안 이외에도 표현주의 글쓰기 이론의 성격이 드러난 수업안에 관한 연구 역시 이루어지고 있다.[44] 이들 연구는 주로

---

42 같은 책, 211~218쪽.
43 김미란, 앞의 글, 338~346쪽.
44 박현이, 「자아 정체성 구성으로서의 글쓰기교육 연구」, 『한국문학이론과비평』 32, 한국

자기소개서나 자아성찰에세이 작성을 통해 개인의 자유로운 표현과 자기 성찰을 강조하고 있어 일정 부분 표현주의 글쓰기 이론과 맥을 같이 한다고 볼 수 있다. 그러나 이들 연구들은 자기를 표현하는 글이라는 장르적 특성이나 소재적 측면에 초점을 두고 있어서, 표현주의 글쓰기 이론을 본격적으로 적용하고 있다고 보기는 어렵다. 이를 종합해 볼 때, 김미란의 연구 이외에 소재적 접근이 아닌 교수법의 측면에서 본격적으로 표현주의 글쓰기 이론을 글쓰기 수업에 적용하고자 하는 연구는 드물다.

지금까지의 연구 사례처럼 자기를 표현하는 형태의 자아성찰에세이 (자기소개서) 작성 이외에 글쓰기의 일반적인 과정에서 표현주의 글쓰기 이론을 적용할 수 있는 방안을 모색해 볼 필요가 있다. 특히 표현주의 글쓰기 이론의 특징을 고려했을 때, 글쓰기 과정에서 이를 쉽게 적용해 볼 수 있는 부분은 초안을 위한 자유롭게 쓰기와 고쳐쓰기를 위한 피드백 단계일 것이다.

초안을 위한 자유롭게 쓰기는 '일단 한 번 써보기'로 요약해 볼 수 있다. 물론 쓰고자 하는 내용이 머릿속에 정리되어 있다면 개요로 정리해 볼 수도 있으나, 무엇을 써야 할지 모르는 상황일 때에는 일단 글쓰기를 먼저 시작하는 것이 더 효과적이라는 것이 Elbow의 의견이다.

문학이론과비평학회, 2006; 최숙기, 「자기표현적 글쓰기의 교육적 함의」, 『작문연구』 5, 한국작문학회, 2007; 강민정, 「"자기 성찰적 글쓰기"의 효과적 교육 방안 연구-대학 교양 글쓰기 교육에서 자기 성찰적 글쓰기 교육의 실제 적용 사례를 중심으로-」, 『우리어문연구』 54, 우리어문학회, 2016; 김영희, 「'자기 탐색' 글쓰기의 효과와 의의 : 대학 신입생 글쓰기 수업 사례를 중심으로」, 『작문연구』 11, 한국작문학회, 2010; 김현정, 「자아(나)를 소재로 한 글쓰기 장르별 교육 방안 : 자기소개서와 자아성찰에세이를 중심으로」, 『인문학연구』 46, 조선대학교 인문학연구원, 2013.

이와 같은 전략은 그동안 여러 연구에서 표현주의 글쓰기 이론으로 이해 가능했던 자아성찰에세이(자기소개서)에는 적용이 쉬울 수 있다. 왜냐하면 이러한 글들은 쓸 내용이 자신의 삶 속에 존재하기 때문에 자신의 내면의 목소리가 글로 드러나도록 하면 된다. 그런데 대학에서 써야 할 상당수의 글은 학술적 글쓰기를 중심으로 한 공적 글쓰기이며, 이러한 글쓰기는 자신의 내면에 쓸 내용이 존재하는 것이 아니라, 자신의 바깥에 존재한다. 다시 말해, 사회 현상에 관한 비판적 이해나 이와 관련된 여러 텍스트에 관한 이해가 전제되어야만 글을 쓸 수 있는 경우가 더 많다.

Elbow는 이러한 공적 글쓰기에 대해서도 언급한 바 있다. Elbow는 '설명문에 경험 불어넣기'라 하여, 설명문을 쓸 때에 "생각을 경험"하라고 조언한다. 생각을 경험한다는 것은 문득 떠오른 생각을 논리적인 언어로 번역하지 말고 자신의 생각을 그대로 살려서 적으라는 의미이다.[45] 그러나 이러한 Elbow의 설명문 쓰기 방법은 난해하기도 하고, 이러한 방법이 설명문에 적합할 것인가에 대한 의문도 남는다. 이런 점에서 Elbow의 자유롭게 쓰기 전략은 공적 글쓰기보다는 사적 글쓰기에 더 적합한 방법일지도 모른다. 그리고 Elbow의 표현주의 글쓰기는 학술보고서에 적합하지 않는 것으로 인식될 가능성도 있다.

그럼에도 불구하고, Elbow의 자유롭게 쓰기 전략을 학술적 글쓰기에 적용 가능한 형태로 응용하여 활용해 볼 수는 있다. 단 이때에는 무조건적인 자유롭게 쓰기보다는 개요 작성이 부분적으로 필요하다. Elbow의 자유롭게 쓰기는 개요가 꼭 필요하지는 않으며, 때로는 개요

---

45 Peter Elbow, 『힘있는 글쓰기』, 앞의 책, 438쪽.

가 생각의 흐름을 방해하는 것으로 이해되기도 한다. 그러나 Elbow는 무엇을 써야 할지를 도저히 모를 때에는 개요를 먼저 쓰기보다는 일단 한번 무작정 써볼 것을 제안한 것이지 개요가 절대적으로 불필요하다는 것을 말하지는 않았음에 주목해야 한다. 실제로 Elbow는 글을 쓰기 전에 자신이 하고자 하는 말을 거의 다 알 경우에는 생각을 명료하게 정돈하는 작업, 즉 온전한 문장으로 개요를 작성하라고 조언하기도 했다. 그리고 이 방법이 생각을 이중으로 점검하고 체계화시킬 수 있는 것이라고도 했다. 다만 개요대로 글을 쓰다가 글에 생기가 없다고 느낄 경우에는 개요를 생략한 채 일단 한번 써 보고, 그런 다음에 다시 체계를 세우기 위해 개요를 활용하라고 조언한다.[46]

일반적으로 설명문과 같은 학술적(공적) 글쓰기에서는 자료 조사가 필수적이다. 글을 쓰기 전에 충분한 자료 조사를 거쳐야 되는 만큼, 글쓴이는 글을 쓰기 전에 이미 무엇을 써야할 지에 관한 정보는 가지고 있는 셈이다. 다만 어떤 순서로 쓸거리를 배치할 것인지, 그리고 정보의 수준은 어느 정도로 할 것인지, 대상을 어떤 방법으로 설명하는 것이 가장 효과적일지에 관해 결정을 내리지 못한 상태일 뿐이다.

따라서 글쓰기 교육 현장에서 학생들을 지도할 때에는 무조건적으로 개요를 쓰도록 강요하기보다는 자신의 상황에 맞춰 선택적으로 개요 작성을 활용하되, 왜 개요가 필요한지, 왜 개요가 때로는 글쓰기에 방해가 되는지 등을 교수가 학생들에게 분명하게 알려주어야 할 것이다. 그리고 사전에 개요를 썼든지, 그렇지 않든 간에 처음에 쓰는 글은 완성도보다는 일단 한 번 글을 써보았다는 점에 의의를 둘 수 있도록

---

46 같은 책, 434쪽.

지도함으로써, 학생들이 글쓰기에 부담을 느끼지 않도록 하는 것이 중
요하다.

　그런데 글쓰기 교육과 관련한 국내의 논의에서는 상당수가 개요 작
성은 필수적인 것으로 언급되고 있다. 글쓴이의 생각이 일목요연하게
전달되기 위해서 학생들이 "반드시 거쳐야" 할 과정이 바로 개요 작성
이며[47], 개요를 얼마나 잘 작성했는가에 따라 글의 완성도가 결정된다
고 보는 논의 또한 있다.[48] 또한 개요를 작성하지 않고 바로 글을 쓰는
상황을 문제적인 것으로 인식하기도 한다.[49]

　물론 이러한 논의들에서 언급한 개요 작성의 필요성에 대해서는 공
감되는 부분이 있지만, Elbow의 자유롭게 쓰기 전략을 살펴본다면 무
조건적으로 개요를 작성하도록 하는 교수법에 대해서는 재고가 필요하
다. 다시 말해, 무조건적으로 개요 작성 다음에 초안 쓰기의 단계로
이행하는 것이 아니라, 일단 한 번 초안을 써본 다음에 초안의 내용을
바탕으로 개요를 정리하여 최종본을 써볼 수도 있는 것이다.

　이와 같은 초안을 위한 자유롭게 쓰기 이외에 표현주의 글쓰기 이론
을 글쓰기 교육에 쉽게 적용해 볼 수 있는 부분은 고쳐쓰기를 위한
피드백 단계이다. Elbow는 자유롭게 쓰기 이외에도 고쳐쓰기와 글 공
유하기를 강조한 바 있다. 앞서 초안 작성을 위한 자유롭게 쓰기의 경

---

47 김윤경, 「제재의 내용 조직하기를 통한 개요 작성 지도 방안 연구」, 『독서교육연구』
　　6, 한국독서교육학회, 2010, 36쪽.
48 김미향, 「개요 작성을 활용한 "과정 중심 글쓰기" 지도 방안 연구」, 『건지인문학』 16,
　　전북대학교 인문학연구소, 2016, 86쪽.
49 김세령, 「대학 글쓰기에서의 개요 작성 교육 – 호서대학교 〈글쓰기와 커뮤니케이션〉
　　사례 분석을 중심으로」, 『한국문예창작』 15(2), 한국문예창작학회, 2016, 7쪽.

우, 학생들이 글쓰기에 부담을 느끼지 않도록 일단 한 번 글을 완성해 보자는 것에 의의를 두도록 해야 한다고 언급한 바 있다. 그러기 위해서는 글쓰기 수업에서 이루어지는 교수의 피드백이 최종 완성글에 관한 피드백이 아니라, 글쓰기 과정 중에 이루어질 수 있도록 하는 것이 필요할 것이다. 이를 통해 학생들이 제출하는 초안은 어디까지나 초안일 뿐이며, 부담 없이 교수 또는 동료들에게 피드백을 받음으로써 자신의 글을 고칠 수 있는 좋은 기회를 얻기 위한 목적에서 쓰는 것으로 인식할 수 있도록 할 필요가 있다.

Elbow도 다양한 방식으로 피드백을 받는 방법을 소개하고 있다. Elbow가 가장 강조했던 것은 피드백의 목적이 독자로부터 어떠한 구체적인 수정 사항을 받기 위한 것이라기보다는 그저 자신의 글을 소리 내어 읽어보면서 스스로 자신의 글이 지닌 문제점을 깨닫도록 하는 데 있다. 글쓴이가 동료의 반응에 일일이 신경쓰다보면 글쓰기를 두려워할 수밖에 없다는 것이 Elbow의 의견이다.[50] 이는 동료 피드백을 통해 글쓴이에게 적절한 조언이 제공될 수 있도록 지도해야 한다는 기존의 연구와는 다른 입장이라 볼 수 있다.[51]

위의 연구와 Elbow의 입장을 종합해볼 때, 수업 현장에서 이루어지는 동료 피드백은 글쓴이에게 자신의 글을 공유할 수 있는 기회를 제공해 주고, 글쓴이에게는 글쓰기에 부담을 주지 않는 데에 주안점을 두어

---

50 Peter Elbow, *Wrting Without Teachers*, *Ibid*, pp.82~83, 93~101.
51 한경숙, 「중학생의 쓰기에 제시된 동료 피드백의 유형과 수용 양상 연구 – 중학교 2학년 학생을 대상으로」, 『작문연구』 23, 한국작문학회, 2014; 주민재, 「블로그를 활용한 동료 피드백 활동의 특성과 동료 피드백에 관한 학생들의 인식 분석」, 『한어문교육』 31, 한국언어문학교육학회, 2014.

야 할 것으로 보인다. 그러나 자칫 이런 형태의 동료 피드백은 글 공유하기라는 형식에만 치우칠 수 있다는 비판도 가능하다. 따라서 Elbow 식의 글을 듣고 난 이후에 단순한 소감을 주고받는 피드백보다는 글쓴이가 자신의 글의 장점과 단점이 무엇인지를 깨달을 수 있도록 균형을 이룬 피드백을 주는 것이 좋으리라 본다. 즉, 동료 피드백을 수업 시간에 활용할 때에는 장점과 단점을 하나씩만 이야기해 보도록 한다는 등과 같이 장점과 단점을 고루 말하되, 글쓴이가 자신감을 잃지 않도록 유도할 수 있는 방법을 고민해 볼 필요가 있다. 또한 동료 피드백을 주고받을 때 명쾌하게 정리된 형태의 문장으로만 주고받을 필요가 없다는 점에 관한 교육도 필요하다. 명쾌하게 정리된 형태의 문장을 말하려면 피드백을 주는 사람 입장에서도 자신의 의견이 맞는지에 관한 두려움이 들기 마련이다. 대신 글을 듣고 난 이후에 드는 자신의 생각이 부정적이라면 구체적인 이유를 설명하지는 못하더라도 무엇인가가 부족하다는 느낌이 든다는 정도로만 표현해도 되는 형태로 자유롭게 생각을 주고받을 수 있는 분위기를 형성해 주는 것이 좋다. 글쓴이는 자신의 글을 읽으면서 자신 스스로가 느껴지는 글의 장점과 단점도 있겠지만, 동료의 반응을 통해 좀 더 깊이 자신의 글을 살펴볼 수 있다는 점에서 글을 개선할 수 있는 조언을 더 많이 얻을 수 있기 때문이다.

2) 글쓰기 교육에 있어서 표현주의 이론의 의의

표현주의 글쓰기 이론은 개인의 내면세계와 자아 성찰을 강조하고, 이를 통한 자유로운 글쓰기를 강조함으로써 문예적 글쓰기나 개인적 글쓰기에 적합한 이론으로 알려져 있다.

　그런데 표현주의 쓰기 이론이 형식주의 이론과 인지주의 이론에 이어 등장한 이후, 사회구성주의 이론이나 후기 과정 중심 이론 등이 새롭게 등장했다고 하더라도 표현주의가 인지주의와 사회구성주의 이론, 또는 그 이후에 등장하는 대화주의 글쓰기 이론과 같은 후기 과정 중심 글쓰기 이론과 차별화되는 것은 아니다.[52] Elbow도 그의 글쓰기 전략을 조금씩 수정해 가는 것처럼, 표현주의 쓰기 이론은 이후에 등장하는 여타 글쓰기 이론의 장점을 수용하면서 발전해 오고 있기 때문이다. 실제로도 Elbow는 어떠한 특정 이론을 배척하기보다는 각각의 이론이 지니는 장점들을 적절하게 수용하고자 하는 입장이기도 했다.[53]

　표현주의 글쓰기 이론의 가장 큰 의의는 필자를 본격적으로 인식하고 있다는 점이다. 표현주의 글쓰기 이론이 등장하기 전의 형식주의 이론이나 인지주의 이론의 경우에는 특정한 글쓰기 이론을 강조하고 여기에 맞춘 글쓰기 과정을 강조하다보니 글쓰기에 있어서 제일 중요하다고 할 수 있는 필자에 관해 진지하게 고려하지 못했다는 한계가 있다. 사실 보편적인 필자는 글쓰기 이론을 전문적으로 배우지도 않았을 뿐만 아니라, 글쓰기 이론을 배웠다고 할지라도 막상 글을 쓰는 데 있어서 본격적으로 글쓰기 이론을 접목하여 글을 쓰는 사람은 극히 드물다. 또한 글쓰기라는 행위 자체가 담화공동체 속에서 타인과 소통하기 위한 실용적인 목적에서 이루어지는 경우만 있는 것이 아니라, 단순히 쓰는 것 자체가 즐거워서 글쓰기를 하는 경우도 많다.[54] Elbow

---

52 Irene Ward 역시 넓은 의미에서 표현주의를 대화주의적 관점에서 인식하기도 했다.
　－Irene Ward, 앞의 책, 2015.
53 김보연, 「피터 엘보우의 글쓰기 이론 연구」, 앞의 글, 26쪽.
54 박영민 외, 『작문교육론』, 역락, 2016, 66쪽.

또한 대학 글쓰기 교육이 학술적 글쓰기뿐만 아니라 개인적 글쓰기를 가르쳐야 한다고 보는 이유도 전문 학자로서의 길을 선택하는 학생은 소수에 불과하기 때문에 학생들이 전문적인 학술적 글쓰기 이외의 다양한 글쓰기를 할 수 있는 경험을 주는 것이 필요하다고 보았다.[55]

　본격적으로 필자를 고려했다는 점 이외에도 표현주의 글쓰기 이론은 글쓰기에 미숙한 사람들에게 유용하게 활용해 볼 수 있다는 점에서 의의가 있다. Flower와 Hayes의 인지주의 이론 같은 경우에는 글쓰기에 능숙한 이들을 연구 대상으로 삼아 이론을 정립한 경우가 많다. 따라서 미숙한 필자에 대한 고려가 부족하다는 한계가 지적되기도 한다. 특히 글쓰기 교육에서는 지식·기술·태도의 측면에서 개인의 글쓰기 수행 능력 차이에 관한 고려가 필요할 수밖에 없다. 이런 점을 고려할 때에 Elbow는 글쓰기에 미숙한 사람, 특히 내용 생성에 어려움을 겪는 필자에게 적용하기 적합한 이론이라고 볼 수 있다.

　국내의 중등 교육과정 현실상, 대학에 들어온 신입생들의 상당수는 자신의 생각을 자유롭게 표현하는 것을 두려워하는 경우가 많다. 특히 학문적 글쓰기라는 것에 익숙하지 않은 학생들은 대학 글쓰기의 실체를 접하기 이전에 대학 글쓰기 자체를 두려워하는 경향이 있다. 이러한 학생들에게 자신이 하고 싶은 내용이 무엇인지를 1차적으로 표현하도록 하는 과정이 필요하다. 그동안의 글쓰기 이론은 독자를 지나치게 의식하도록 하여 때로는 글쓰기에 어려움을 겪는 학생들로 하여금 더욱 글쓰기를 어렵게 느끼도록 만들었으며, 그로 인해 학생들은 자신의 솔직한 생각을 담아내지 못한 경우가 많았다. 그러나 표현주의에서는

---

55 김보연, 「피터 엘보우의 글쓰기 이론 연구」, 앞의 글, 51쪽.

필자의 자유로운 글쓰기를 강조함으로써, 글쓰기를 통해 자신의 내면
의 목소리를 발견하고 이를 표현하는 과정에서 글쓰기의 즐거움을 느
낄 수 있는 계기를 마련해 준다. 이때 기존의 논의처럼 개인적인 글에
서만 이러한 표현주의적 접근 방식을 적용해 보는 것이 아니라 비판적
인 글, 학문 목적의 글에서도 자신이 쓰고자 하는 내용이 무엇인지를
깊이 있게 성찰해 보는 과정이 필요하다. 바로 이 과정에서 표현주의
글쓰기 이론의 여러 전략을 적용해 볼 수 있는 것이다.

이런 측면에서 표현주의 글쓰기 이론이 학문적인 글쓰기보다는 개인
의 내면세계에 대한 성찰과 자아 정체성 확립의 차원에서 이루어지는
개인적 글쓰기를 강조하는 측면이 상대적으로 강하지만, 학문적인 글
쓰기에서도 표현주의 글쓰기 이론의 적용 가능성 또한 크다. 표현주의
글쓰기 이론을 자칫 잘못 이해할 경우, 자유롭게 하고 싶은 이야기를
글로 많이 쓰다보면 자연스럽게 글을 잘 쓸 수 있을 것이라며, 마치
'자유롭게 쓰기' 전략이 '글 잘 쓰는 법'의 충분조건인 것처럼 오해할
수 있다. 이러한 오해로 인해 표현주의 글쓰기 이론이 방임주의적인
글쓰기 교수법이며, 글쓰기 교수자의 역할을 지나치게 축소하는 것이
라고 비판을 받을 수도 있다. 그러나 자유롭게 쓰기는 하나의 필요조건
일 뿐 충분조건이 아니라는 것을 Elbow도 충분히 인지하였으며, 그렇
기 때문에 동료와의 협의나 피드백 과정을 강조하고 있다.

이러한 동료와의 협의나 피드백 과정이 있기에 개인적 글쓰기뿐만
아니라 학문적 글쓰기에서도 표현주의 글쓰기 이론은 유용하게 적용할
수 있는 것이다. 따라서 표현주의가 개인적 글쓰기를 강조한다고 하기
보다는 초고 쓰기 단계에서 개인의 생각을 충분히 글로 표현해내기
위한 개인의 목소리를 강조한다고 보는 것이 더 적절하리라 본다.

또한 표현주의 글쓰기 이론이 단순하게 자신의 생각을 솔직하게 표현해내는 것을 강조하다보니 자칫 학생 필자의 '대화성' 부족이라는 문제점을 야기할 수 있다고 비판받기도 한다.[56] 그러나 이는 앞에서 언급한 바와 같이 Elbow가 동료와의 협의나 피드백을 적극 활용하도록 함으로써 이러한 문제는 충분히 극복할 수 있다고 본다. 동료와의 협의를 통한 전통적인 외적 대화뿐만 아니라, 자신이 하고 싶은 말이 무엇인지를 스스로에게 깊이 있게 자문해 보는 내적 대화 역시 시도했다는 점에서 Elbow의 표현주의 이론은 그 교육적 가치가 충분하다고 평가할 수 있다.

일부에서는 Elbow가 제안한 자유롭게 쓰기나 동료와 글 공유하기 등의 글쓰기 전략이 이미 국내 글쓰기 교육 현장에서 보편적으로 활용되고 있는 것이기 때문에, Elbow의 표현주의 이론과 이를 적용한 글쓰기 교육 방법을 제안한 이 연구의 논의가 새로운 것이 아니라는 비판이 나올 수도 있다. 그러나 교수자가 이러한 전략에 내재된 표현주의 글쓰기 이론의 특징을 이해하고 관련 전략을 활용하는 것과, 관습적으로 이러한 전략을 활용하는 것 간에는 교육적 효과에 있어서 차이가 있으리라 본다. 구체적으로는 앞서 언급한 바와 같이, 대부분의 글쓰기 교재에 포함되어 있는 개요 작성의 단계를 어떻게 적용할 것인가의 문제나 동료 피드백을 활용하는 목적이 글의 개선점을 찾아내기 위한 목적에서인지, 아니면 글을 공유하는 것 자체를 목적으로 삼는지에 따라 교육 방법이 달라질 수 있기 때문이다.

이러한 점들을 고려할 때에 이 연구에서 살펴본 표현주의 글쓰기

---

56 이재승, 「표현주의 쓰기 이론의 비판적 검토」, 앞의 글, 284쪽.

이론은 다양한 측면에서 글쓰기 교육 방법을 제안해 볼 수 있는 하나의 이론틀로서 의의가 있으리라 본다. 그리고 표현주의 글쓰기 이론을 글쓰기 교육 현장에 적용하고자 했을 때에도 표현주의 글쓰기 이론이 추구하고자 했던 개인의 내적 표현을 독려하는 방식으로 이를 적절히 활용하는 방안을 지속적으로 모색해 볼 필요가 있을 것이다.

4. 나가는 말

그동안 국내 대학의 글쓰기 교육은 학술적 글쓰기를 강조해 왔으나, 지나치게 학술적 글쓰기라는 장르적 관습과 정형화된 형식을 강조하다 보니 필자 개인의 목소리를 자유롭게 펼칠 수 있는 교육적 논의가 거의 이루어지지 못하고 있다. 이 연구에서 살펴보고자 하는 표현주의 글쓰기 이론은 그동안 국내 대학에서 소홀히 다루어왔던 글쓰기에 있어서 필자 개인에 초점을 맞추고자 하는 것이다. 이는 필자 개인만을 강조하기보다는, 학술적 글쓰기가 지니는 학문공동체 또는 사회에 대한 인식과 필자 자신에 대한 인식을 모두 고려함으로써 두 인식 간의 균형을 맞추기 위한 시도이다.

특히 이 연구에서는 표현주의 이론의 대표 연구자라 할 수 있는 Elbow의 이론을 살펴보았다. Elbow는 글쓰기 과정에서 자유롭게 쓰기와 교사 없는 교실을 지향하는 동료와의 협력을 강조하며, 창조와 비판의 과정을 분리함으로써 각각의 효과를 극대화할 수 있는 전략을 제안하고 있다. 아울러 개요 작성과 같은 계획하기 단계를 지나치게 강조하는 것 역시 비판적으로 인식하기도 한다. 이러한 비판적 인식 하에서

Elbow는 개인의 내면세계를 자유롭게 쓸 것을 강조하면서, 작업 용량의 한계를 고려하여 내용 생성과 수정(비판) 단계를 구분하여 글쓰기를 수행하는 것이 효율적이라고 보았던 것이다. 그러면서 독자로서의 동료들과 자신의 글을 적극적으로 공유할 것을 강조하며, 필자로서의 개인이 사회로부터 고립되지 않도록 하고 있다.

  이러한 Elbow의 전략은 글쓰기에 어려움을 겪고 있는 필자에게 유용하게 적용할 수 있다는 점에서 글쓰기 교육에 유용하게 활용해 볼 수 있다. 또한 표현주의 쓰기 이론이 그동안 '자유롭게 쓰기'라는 전략만 강조되어 개인적 글쓰기나 문예적 글쓰기에만 적용 가능한 것으로 인식되어 왔으나, 학술적 글쓰기에서도 충분히 적용 가능할 것이다. 아울러 Elbow의 표현주의 이론은 자신의 내면 목소리에 귀 기울이고 동시에 독자를 고려하는 대화를 유도한다는 점에서도 그 의의를 찾을 수 있었다. 이러한 측면에서 대학 글쓰기 교육 현장에서도 표현주의 쓰기 이론의 장점을 적절하게 활용해 보는 전략이 필요하리라 본다.

『인문학연구』 53집(조선대학교 인문학연구원, 2017.2.)에
게재한 원고를 재수록한 것임.

참고문헌

강민정, 「"자기 성찰적 글쓰기"의 효과적 교육 방안 연구 – 대학 교양 글쓰기 교육에서 자기 성찰적 글쓰기 교육의 실제 적용 사례를 중심으로」, 『우리어문

연구』 54, 우리어문학회, 2016.

김미란, 「표현주의 쓰기 이론과 대학의 글쓰기 교육」, 『반교어문연구』 35, 반교어
　　　문학회, 2013.

김미향, 「개요 작성을 활용한 "과정 중심 글쓰기" 지도 방안 연구」, 『건지인문학』
　　　16, 전북대학교 인문학연구소, 2016.

김병길, 「대학글쓰기 교육과 인문학 지평의 확장 – 숙명여자대학교 글쓰기 교육사
　　　를 중심으로」, 『우리어문연구』 43, 우리어문학회, 2012.

김보연, 「Peter Elbow의 글쓰기 이론 연구」, 『대학작문』 3, 대학작문학회, 2011.

_____, 「피터 엘보우의 글쓰기 이론 연구」, 연세대학교 석사학위논문, 2012.

김세령, 「대학 글쓰기에서의 개요 작성 교육 – 호서대학교 〈글쓰기와 커뮤니케이
　　　션〉 사례 분석을 중심으로」, 『한국문예창작』 15(2), 한국문예창작학회,
　　　2016.

김영희, 「'자기 탐색' 글쓰기의 효과와 의의 : 대학 신입생 글쓰기 수업 사례를 중심
　　　으로」, 『작문연구』 11, 한국작문학회, 2010.

김윤경, 「제재의 내용 조직하기를 통한 개요 작성 지도 방안 연구」, 『독서교육연구』
　　　6, 한국독서교육학회, 2010.

김현정, 「자아(나)를 소재로 한 글쓰기 장르별 교육 방안 : 자기소개서와 자아성찰
　　　에세이를 중심으로」, 『인문학연구』 46, 조선대학교 인문학연구원, 2013.

김혜연, 「쓰기 과정 연구의 이론적 경향과 다원적 관점의 가능성」, 『작문연구』 24,
　　　한국작문학회, 2015.

박삼열, 「대학 교양과정과 글쓰기 교육」, 『철학논총』 62, 새한철학회, 2010.

박영민 외, 『작문교육론』, 역락, 2016.

박현이, 「자아 정체성 구성으로서의 글쓰기교육 연구」, 『한국문학이론과 비평』 32,
　　　한국문학이론과비평학회, 2006.

배수찬, 「'표현' 중심 쓰기관에 대한 반성적 연구」, 『국어교육』 124, 한국어교육학
　　　회, 2007.

이재기, 「작문 연구의 동향과 과제 : 작문에 대한 세 가지 가치론적 접근법」, 『청람
　　　어문교육』 38, 청람어문교육학회, 2008.

이재승, 「과정 중심 글쓰기 교육의 허점과 보완」, 『한국초등교육』 33, 한국초등국
　　　어교육학회, 2007.

_____, 「표현주의 쓰기 이론의 비판적 검토」, 『청람어문교육』 41, 청문어문교육,

2010.

이재승, 『글쓰기 교육의 원리와 방법』, 교육과학사, 2002.

주민재, 「블로그를 활용한 동료 피드백 활동의 특성과 동료 피드백에 관한 학생들의 인식 분석」, 『한어문교육』 31, 한국언어문학교육학회, 2014.

최숙기, 「자기표현적 글쓰기의 교육적 함의」, 『작문연구』 5, 한국작문학회, 2007.

한경숙, 「중학생의 쓰기에 제시된 동료 피드백의 유형과 수용 양상 연구 – 중학교 2학년 학생을 대상으로」, 『작문연구』 23, 한국작문학회, 2014.

Berlin, J. A., "Rhetoric and ideology in the writing class", *College English*, 50(5), National Council of Teachers of English, 1988.

Chenoweth, N. A., & Hayes, J. R., "Fluency in writing : Generating text in L1 and L2", *Writing Communication*, 18, London : Sage Publications, 2001.

Elbow, Peter, "A method for teaching writing", *College English*, 30(2), National Council of Teachers of English, 1968.

_____, "Closing My Eyes as I Speak : an Argument for Ignoring Audience", *College English*, 49(1), National Council of Teachers of English, 1987.

_____, *Everyone Can Writing*, NY : Oxford University Press, 2000.

_____, *Writing with power*, NY : Oxford University Press, 1981.

_____, *Writing without teachers*, NY : Oxford University Press, 1998.

_____, 김우열 옮김, 『힘있는 글쓰기』, 토트, 2014.

Faigley, L., Cherry, R, Jolliffe, D. & Skinner, A, *Assessing Writers' Knowledge and Processes of Composing*, NJ : Ablex Publishing Corporation, 1993.

Flower, L. S. & Hayes J. R., "A cognitive process theory of writing", *College Composition and communication*, 32, National Council of Teachers of English, 1981.

Kellogg, R. T., "A model of working memory in writing", In C. M. Levy & S. Ransdell (Eds), *The science of writing : Theories, methods, individual difference, and applications*, Mahwah, NJ : Lawrence Erlbaum Associates, 1996.

Knoblauch, C. H., "Rhetorical considerations : Dialogue and commitment",

    College English, 50(2), National Council of Teachers of English, 1988.

Ward, Irene, 박태호 외 옮김, 『이데올로기와 대화 그리고 작문교육의 새로운 패러다임』, 아카데미프레스, 2015.

장르 지식을 활용한 설명하는 글쓰기 교육 방안 연구

한국어 학습자를 중심으로

김해미

1. 서론

학문 목적 한국어 학습자들은 대부분 4급 이상의 고급 학습자라는 점에서 기초적인 문법 항목 및 어휘에 대한 지식과 구사 능력을 갖추고 있다. 하지만 한국어 학습자의 언어 지식이 쓰기 활동에 자동적으로 전이되는 것은 아니다.[1] Widdowson(1978)은 쓰기는 문장을 문법적으로 정확하게 쓰는 언어학적 능력 이상의 지적이고 논리적 것을 필요로 한다고 설명한다. 강승혜(2002)는 쓰기란 글말 형태를 통해 이루어지는 언어활동 중의 하나로 아주 초보적인 단계의 언어활동을 베끼는 수준에서부터 좀 더 고급 수준의 창의적이고 효과적인 의사 전달 형태인 작문 형태를 포함한다고 설명한다. 즉, 쓰기는 자신의 생각을 적절한

---

[1] Hinkel(2002:181~182)에 의하면 L2(second language)의 문법 지식은 쓰기 활동 시에 자동적으로 전이되는 것은 아니다. 김호정(2007:234)에서도 이와 의견을 같이하여 쓰기에서의 정확성은 쓰기 활동을 통해서만 길러질 수 있기에 쓰기 교육이 필요함을 제시하고 있다.

구조와 표현을 사용하여 완결한 텍스트 쓰기라고 말할 수 있을 것이다. 하지만 글쓰기 과정의 특징상 사고 양식과 사회·문화적 관습의 표현이 익숙하지 않는 한국어 학습자들에게 글쓰기 행위는 힘든 작업이다. 그렇다 보니 글을 쓸 때 한국어 학습자들은 언어 지식과 구사 능력을 적절하게 활용하지 못하는 경향이 있다.[2]

정다운(2009:81)에 의하면 한국어 학습자가 다양한 장르의 텍스트를 다룰 수 있기 위해서는 장르별 특징적인 담화 형식과 표현을 배워서 활용할 수 있어야 한다. 하지만 쓰기 교육에서는 이러한 장르 특징적인 담화 형식과 표현에 대한 관심을 많이 기울이지 않고 있다. 뿐만 아니라 교육 현장에서는 한국어 학습자 스스로 장르별 담화 특징을 찾아서 활용하기를 기대하고 있다. 그러나 한국어 학습자가 모국어 화자가 아니라는 것을 생각하면 학습자가 스스로 장르별 담화 특징을 찾아서 활용하기를 요구한다는 것 역시 매우 어려운 일이다. 왜냐하면 한국어 학습자가 스스로 장르별 특징을 이해하기 위해서는 많은 노력이 필요할 것이고 개인적인 능력에 따라 텍스트 구성 결과가 매우 달라지기 때문이다. 따라서 문법 및 어휘 항목의 이해를 확인하는 차원의 글쓰

---

2 정다운(2009:81)은 각 언어 교육기관의 고급 학습자를 위한 쓰기 교육의 목표를 쓰기 교재를 중심으로 살펴보고 있다. 그에 따르면 현재 쓰기 교육은 한국어 학습자의 쓰기 교육 목표를 제대로 달성하고 못하고 있다. 한국어 학습자는 다양한 장르의 텍스트를 다룰 수 있어야 하는데 그렇지 못하고 있다. 즉, 다양한 장르의 텍스트를 다룰 수 있기 위해서는 장르별 특징적인 담화 형식과 표현을 배워서 활용 할 수 있어야 하지만 현재의 쓰기 교육에서는 이러한 장르 특징적인 담화 형식과 표현에 대한 관심을 많이 기울이지 않고 있으며, 학습자 스스로 이런 특징을 찾아서 활용하기를 기대하고 있었다. 학습자 스스로 장르별 특징을 이해하기 위해서는 많은 노력이 필요할 것이고 개인적인 능력이 따라 그 결과가 매우 달라질 것이다. 또한 한국어 학습자들이 모국어 화자가 아니라는 점을 생각하면 이러한 점을 요구한다는 것이 매우 어려운 일이라고 설명한다.

기[3]에서 독립적으로 쓰기 교육을 할 필요성이 있다고 보며 장르 중심 쓰기 교육 방법을 활용한 쓰기 교육에 대해 제언하고자 한다.

장르 중심 쓰기 교육은 사회적인 맥락을 중시한다. 이때 사회적인 맥락이란 자신이 글을 쓰는 상황과 독자에 대한 고려를 뜻한다. 더불어 장르 중심 쓰기 교육은 텍스트의 내용과 형식을 강조한다. 즉, 글의 장르에 따라 사회에서 요구하는 내용과 형식이 있으며 이러한 것을 잘 지키지 않았을 경우에는 의사소통에 있어 많은 문제가 생긴다는 것이다. 결국 쓰기 교육을 할 때에 사회적인 맥락에 따른 텍스트[4]의 내용과 형식에 대한 고려가 이루어지도록 장르에 초점을 둔 교육이 필요하다고 보는 것이다.

그러므로 본 연구는 다음과 같은 순서로 논하고자 한다. 먼저, 2장에서는 장르 지식 활용의 필요성을 고찰한다. 그리고 3장에서는 한국어 공인 시험인 한국어능력시험(TOPIK)Ⅱ의 표현 영역인 쓰기 출제 문항의 텍스트 유형 중 설명하는 글을 바탕으로 장르 지식 요소를 분석한다.[5] 4장에서는 3장의 분석 결과를 활용하여 장르 지식을 활용한 설명

---

3 김정숙(1999)은 근래에 유의적 맥락에서의 글쓰기 교육이 학습한 문법 항목과 특정 주제를 연관시킨 글쓰기 교육에 초점이 맞춰져 있다는 점을 들어 한국어 교육 현장에서 의 쓰기 교육의 문제점을 지적한 바 있다.

4 장르 중심 쓰기에서 텍스트는 결과 중심 쓰기에서 강조하는 텍스트와는 조금 다르다. 박태호(2000:16)에 따르면 결과 중심 쓰기 교육에서 텍스트는 상황 맥락과 상관없이 고정된 것으로 이해했다. 반면에 장르 중심 쓰기 교육에서 텍스트는 맥락과 상호 작용 하는 것으로 사회적인 맥락에 따라 텍스트의 언어적 형식과 특징이 변하는 것으로 이해 한다.

5 설명하는 글은 학생들에게 매우 친숙한 장르이다. 간단하게는 제품 사용 설명부터 안내 문까지 쉽게 접할 수 있는 장르이기 때문이다. 따라서 설명하는 글이 학생들이 기본적 으로 배워야할 장르라고 볼 수 있다. 또한 다른 장르를 학습하는 데 기초가 된다고 볼 수 있다. 따라서 설명하는 글을 바탕으로 이야기한다.

하는 글쓰기 능력 신장을 위한 방안을 모색하고 일부 적용한 예를 살펴본다.

2. 장르 지식 활용의 필요성

본 연구에서 제시하는 장르 중심 쓰기 교육 방법을 설계하기 위해서는 왜 장르 지식이 필요한지가 제시되어야 할 것이다. 이를 위해서 한국어능력시험(TOPIK)의 쓰기 영역 평가 내용 및 기준을 살펴보고자 한다.

먼저, 한국어능력시험(TOPIK)에서 제시하고 있는 쓰기 영역 평가 내용은 아래와 같다.

〈표1〉 한국어능력시험(TOPIK) 쓰기 영역 평가 내용

평가 범주	평가 기준
내용 및 과제 수행	· 주어진 과제를 충실히 수행했는가? · 주제와 관련된 내용으로 구성하였는가? · 주어진 내용을 풍부하고 다양하게 표현하였는가?
글의 전개 구조	· 글의 구성이 명확하고 논리적인가? · 글의 내용에 따라 단락 구성이 잘 이루어졌는가? · 논리 전개에 도움이 되는 담화 표지를 적절히 사용하여 조직적으로 연결하였는가?
언어 사용	· 문법과 어휘를 다양하고 풍부하게 사용하여 적절한 문법과 어휘를 선택하여 사용하였는가? · 문법, 어휘, 맞춤법 등의 사용이 정확한가? · 글의 목적과 기능에 따라 격식에 맞게 글을 썼는가?

위의 〈표1〉과 같이 한국어능력시험(TOPIK)에서는 쓰기 영역의 평가 내용 중 글의 전개 구조에서 '논리 전개에 도움이 되는 담화 표지를 적절히 사용하였는가?'와 언어 사용에서 '글의 목적과 기능에 따라 격

식에 맞게 글을 썼는가?'를 평가하고 있다. 즉 목적에 따라 특정의 주제로 작문할 수 있는 학습자의 능력을 요구하고 있다. 하지만 한국어 학습자가 글을 쓰는 데 필요한 특정의 텍스트 내용이나 유형에 대한 지식이 없다면 글의 목적에 맞는 글을 쓰는 것이 쉽지 않다. 이때 특정의 텍스트 내용은 언어, 문화, 문학과 같은 언어 관련을 의미하는 것은 아니다. 학문 목적의 한국어 학습자가 대학에서 접하게 될 내용과 글쓰기에서 요구되는 텍스트 내용이다.

Silve(1992, 1993)에 의하면 제2언어 필자의 제2언어 쓰기 텍스트 생성은 모국어 필자의 텍스트에 비해 더 수고스럽고, 덜 유창하고, 덜 생산적인 특징을 보인다.[6] 즉, 한국어 학습자가 모국어가 아닌 목표어인 한국어로 글을 쓸 때 쓰고자 하는 대로 잘 쓰지 못해 어려움을 겪는다는 것이다. 왜냐하면 담화공동체에서 용인 가능한 언어 사용에 관한 방식이 모국어와 목표어가 서로 다르기 때문이다. 이때 담화공동체에서 용인 가능한 언어 사용에 관한 방식이 바로 장르[7]이다. 장르는 담화 공동체가 언어를 구조화하는 방식을 보여주는 틀이다.(McCarthy & Carter 1994) 그리고 장르 지식[8]은 단순한 문법적 능력이 아니라 실세계의 의사소통 상황에

---

6 박주영, 『장르 중심 한국어 설명문 쓰기 교육』, 서울대학교 석사학위논문, 2012, 3쪽.

7 Stern(1984)와 Ferguson(1994)에 따르면 '장르'는 '언어 사용역', '영역', '문체'라는 용어와 엄밀한 의미에서 구분되기도 하지만 유사 또는 동의어로 사용되기도 한다. 이러한 용어의 모호성에도 불구하고 언어 공동체가 공유하는 장르 지식을 학습하고 이를 기반으로 텍스트 활동이 이루어져야만 언어 공동체 내에서 의사소통이 가능해질 수 있다.

8 장르 지식의 개념은 박영민·최숙기(2008), 임진선(2011) 등을 참고할 수 있다. 먼저, 박영민·최숙기(2008)에서는 장르 지식을 필자가 쓰기를 수행하기 위해 알고 있어야 할 지식으로 정보 지식이나 독자 지식과 같은 층위에서 쓰기 지식을 이루는 하나의 구성요소로 보았다. 그리고 임진선(2011:37~38)에서는 장르 지식을 글의 종류에 따른, 즉 설명적·설득적·서사적 글의 종류에 대한 구조 및 형식과 관련된 지식으로 규정하고

참여하는 방법을 이해하는 능력이다.(Hyland 2004:55)⁹ 따라서 제2언어 필자는 글을 쓰기 위해서는 담화공동체가 공유하는 장르 지식을 알아야 한다.

Bawarshi & Reiff(2010:83)은 장르와 글쓰기의 관계를 테니스 경기 규칙에 비유하고 있다. 그에 따르면 장르는 우리의 의식 안에서 벌어지는 경기 규칙과 같다. 장르에 대한 이해 없이 텍스트의 교환을 제대로 이해할 수 없다. 그러나 이 장르는 경기 상황을 떠나 따로 존재하는 것이 아니라, 경기 상황 속에 놓여 있을 때에만 규칙으로서의 역할을 다한다.¹⁰

또한 Knapp & Watkins(2005)에서는 실제 학생들이 장르별 글쓰기를 한 결과물을 바탕으로 장르가 글을 쓰는 과정에서 문법이나 구조를 결정하는 데 어떠한 영향을 미치고 있는지를 분석하고 있다. 그에 따르면 묘사하기, 설명하기, 지시하기, 주장하기, 서사하기 등 장르 상당 부분의 기술은 필자의 장르 인식에 따른 의미 구성 행위와 연결된다. 그리고 적절한 텍스트를 생산하기 위해 장르와 관련된 구조, 문법적 지식 원리 다시 말해 해당 장르의 특성이 드러나는 글쓰기 필수 구현 원리가 필요하다.¹¹

이처럼 장르 지식을 안다는 것은 특정 경기 규칙을 아는 것과 같다.

있다. 그리고 장르 중 논설문의 장르 지식 목록을 제시하고 있다.

9 이때 장르 지식이란 특정 텍스트의 수사학적 구조나 형식을 일방적으로 모방하거나 따름으로써 체득되는 지식을 가리키는 것은 아니다.

10 서영경, 『장르 인식과 글쓰기 관련 양상 연구 – 설명적 글쓰기를 중심으로』, 한양대학교 박사학위논문, 2014, 39쪽.

11 주세형 외 역, 『장르 텍스트 문법: 쓰기 교육을 위한 문법』, 박이정, 2007.

그래서 장르 지식이 쓰기 목적을 결정하고, 내용을 선택하고, 배열하는 학습자의 글쓰기 과정에 영향을 미칠 수 있다. 그리고 장르별 필수 구현 원리를 알면 장르별 맥락에 따른 문법, 어휘, 내용, 형식을 선택할 수 있다. 나아가 쓰기 주제에 적합한 내용을 선택할 수 있을 것이다. 그리고 장르 형식을 갖춘 글을 쓸 수 있을 것이다. 따라서 장르가 쓰이는 사회 맥락, 담화공동체의 장르 구조 및 글쓰기 과정에 필요한 언어를 명시적으로 교수하는 방법인 장르 지식을 활용한 글쓰기 교육 방법이 필요하다.

　물론 장르 지식을 활용한 글쓰기 교수법에 대한 우려가 없는 것은 아니다. Johns(2003)은 장르 중심 글쓰기 교육의 문제점을 다음과 같이 지적하였다. 첫째, 신입 교사나 훈련이 되지 않은 교사가 지도를 할 때 사회적 맥락 속에서 결정된 장르의 기능을 고려하지 않고, 장르와 장르의 특질들에 대한 설명들을 그대로 받아들여 경직된 장르관을 그대로 학습자들에게 전달할 수 있다. 둘째, 특정 장르를 강조하여 그것을 생산하도록 만드는 교수법은 쓰인 결과만을 중시하고 그것을 쓰는 과정을 무시할 수 있다. 이러한 장르 지식을 활용한 글쓰기 교수법에 대한 지적은 규범적으로 틀에 짜인 장르를 따르는 데에만 급급하면 창의력은 사라지고 관례만 남게 된다는 의견에서 출발한다.

　이 같은 우려에도 불구하고 장르 지식을 활용한 쓰기 교육이 유용한 것은 각 글에서 요구하는 양식에 맞추어 쓸 수 있는 능력이 필요하기 때문이다. 또한 다양한 상황과 목적에 부합하게 장르 지식을 활용하여 전략적으로 쓰는 것이 효율적이기 때문이다. 최미숙 외(2016:286)은 장르는 담화 공동체 안에서 그 구성원들 간에 이루어지는 효율적인 의사소통의 매체 또는 도구로 활용되기 때문에 특정 담화 공동체 구성원들과 원활한 의사소통을 하기 위해서는 그 집단에서 소통되는 장르를 익힐 필요가 있음을 주장하고 있다. 또한 McCarthy & Carter(1994)의 주장처럼 장르 중 일부(보고, 내러티브, 논증 등)은 핵심적인 문화 활동의 소산이다. 그리고 장르는 담화 공동체가 세계를 바라보고 그 안에서 언어를 구조화하는 방식을 보여주는 틀이다. 결국 필자가 쓴 글을 통해 독자와 소통한다는 점에서 쓰기의 결과물인 텍스트를 강조하지 않을 수 없다.

지금까지 살펴본 것처럼 장르 지식을 활용한 글쓰기는 사회적인 맥락과 텍스트를 중요하게 여긴다. 장르 지식을 활용한 글쓰기 교육을 통해 교사는 지식이 부족한 학습자에게 장르에 대한 자료 및 정보를 제공할 수 있다. 교사는 담화 공동체에서 사용하는 사회문화적 맥락을 한국어 학습자에게 인식시키고 글을 쓰는 데 적절한 정보 및 자료를 제공한다. 그리고 교사는 한국어 학습자들이 글을 쓰는 데 필요한 지식을 개발할 수 있도록 지도함으로써 글쓰기 능력을 향상시킬 수 있다. 이처럼 장르 지식을 활용한 글쓰기 교수법은 결국 담화 형식과 장르 특징을 배울 수 없는 과정 중심 교육에서 필요한 쓰기 교수법이라고 하겠다.

따라서 본고는 현재의 한국어 학습자를 위해서 장르 지식을 활용한 설명하는 글쓰기 교육 방법을 제안하고자 한다.

3. 설명하는 글의 장르 지식

이 장에서는 설명하는 글의 장르 지식 요소를 살펴보고자 한다. 이은혜(2011:13)에서는 Hyland(2004)[12]와 Johns et al(2006)[13]의 장르 지식의 요소와 관련된 논의를 중심으로 장르 지식 요소를 다음과 같이 제시하고 있다.

　가.　의사소통 목적에 관한 지식
　　　 : 독자와의 상호 작용을 위해 필자의 목적이 드러나는 지식
　나.　필자와 독자의 관계에 관한 지식
　　　 : 참여자들의 관계에 따라 격식성에 영향을 미치는 지식
　다.　구조·형식적 지식
　　　 : 담화공동체가 인정하는 정해진 규범에 관한 지식
　라.　주제·내용적 지식
　　　 : 글의 목적에 맞는 주제와 내용에 관한 지식
　마.　수사적 지식

---

12 [Hyland(2004)의 장르 지식 요소]
　가. 개인적, 관습적, 사회적 의소통 목적에 대해 아는 것
　나. 특정 장르의 전형성을 만들어 주는 역할 혹은 일반적 위치에 대해 아는 것
　다. 텍스트의 전형적인 형식, 구조에 대해 아는 것
　라. 알맞은 주제와 주제를 발전시키는 방법에 대해 아는 것
　마. 알맞은 사용의 선택을 위해 어휘와 문법적 특질에 대해 아는 것
　바. 장르를 구성하며 장르 안에서 사용되는 반복적인 문맥에 대해 아는 것
　사. 해당 장르를 사용하는 독자의 담화공동체의 가치와 신념을 알고 그 독자와 담화공
　　　동 체가 해당 장르에 사용하는 이름을 알며 그들에게 해당 장르가 어떤 의미를
　　　갖는지 아는 것
　아. 인간의 행위 연속성에 있어 텍스트들의 연결성을 포함하여 해당 텍스트의 다른
　　　텍스트에 대한 의존성에 대해 아는 것
13 [Johns et al(2006)의 장르 지식 요소]
　가. 특정 장르에서 사용되는 표지, 종결 어미, 어휘 등에 관한 지식
　나. 장르에 따른 내용 및 필자의 사용역에 관한 지식
　다. 텍스트의 전형적인 형식 및 구조에 관한 지식

: 담화 공동체가 인정하며 글의 목적과 내용을 잘 전달하기 위한
수사적 표현에 관한 지식

　이때 의사소통 목적에 관한 지식은 필자가 하려는 말과 관련이 있다.
설명하는 글쓰기의 의사소통 목적은 필자가 독자에게 특정 정보를 쉽
게 이해시키고자 하는 새로운 정보 전달에 있다. 설명하는 글은 불특정
다수를 대상으로 쓴 격식적인 글이다. 따라서 필자와 독자의 관계는
격식성을 필요로 한다. 이것이 바로 필자와 독자의 관계에 관한 지식이
다. 구조·형식적 지식은 필자가 정보를 구성하는 짜임새에 해당한다.
즉, 텍스트 내용은 각각의 정보가 전체적인 의미와 긴밀히 관련될 수
있도록 구성이 되어야 한다. 이때 의미적 긴밀성은 글의 논리성과도
연결이 된다. 따라서 필자가 글을 논리적으로 쓰기 위해서는 설명하는
글의 구조·형식적 지식이 필요하다. 주제·내용적 지식은 주제에 대한
사회, 문화, 경제, 역사, 정치 등 전문적인 지식에 해당한다. 수사적
지식이란 글의 문체적 측면으로 문법, 어휘, 담화 표지 등을 말한다.
　장르 지식을 활용한 설명하는 글쓰기를 실현시키기 위해서는 설명하
는 글의 장르 지식 요소가 마련되어야 한다. 한국어능력시험을 보는
학문 목적 한국어 학습자를 위한 설명하는 글쓰기에 적합한 장르 지식
을 항목화하기 위해 신개편 한국어능력시험(TOPIK)Ⅱ 쓰기 53번 모범
답안을 텍스트로 선정하였다. 장르 지식 요소와 관련한 선행 연구 내용
을 바탕으로 한 텍스트 분석을 통해 설명하는 글에서 사용하고 있는
장르 지식 요소를 확인할 수 있을 것이다. 한국어능력시험(TOPIK)Ⅱ
쓰기 53번 설명하는 글쓰기는 주제와 정보를 제공하고 있다.[14] 제공된
정보를 바탕으로 글쓰기를 한다. 장르 지식 요소 중 의사소통 목적에

관한 지식 및 필자와 독자의 관계에 관한 지식은 구조·형식적 특성, 수사적 특성에 반영이 된다. 한국어 담화 공동체에서 요구되는 설명하는 글쓰기의 구조·형식적 지식과 수사적 지식 두 영역을 중심으로 텍스트 분석을 하고자 한다.[15]

1) 구조·형식적 지식

설명하는 글은 통상적으로 3단 구성법을 쓴다. 김정종(1997:32)는 설명하는 글의 구조를 [처음(서두)] - [중간(본문)] - [끝(결어)]로 제시하고 있다. 처음(서두) 부분은 글의 시작으로 화제 제시, 글을 쓰는 목적이나 의도 등을 간단하게 소개하기 등으로 구성된다. 중간(본문) 부분에서는 처음(서두) 부분에서 언급한 내용에 대하여 구체적으로 설명한다. 이때 설명의 방식은 서술, 비교 원인과 결과 등 다양하다.[16]

35-52회 한국어능력시험 Ⅱ 쓰기 53번 모범 답안에 나타난 주제 및 구조·형식적 지식을 정리하면 아래와 같다.

---

14 신토픽 체제로 바뀐 후 쓰기 영역의 출제 비중이 높은 설명하는 글쓰기의 주제는 문화 및 사회 분야이다.

15 한국어능력시험(TOPIK)Ⅱ 쓰기 53번 설명문 쓰기는 주제와 정보를 제공하고 있다. 이러한 제약으로 인해 독자와 필자의 관계에 관한 지식 및 내용에 관한 지식은 고정되어 있다. 본고는 장르 지식을 활용한 설명하는 글쓰기 교육 방안을 모색하는 것을 목적으로 하고 있기에 일부 분석을 통해 효율적인 방안을 모색하고자 한다.

16 설명하는 방식의 유형은 학자마다 다양하다. 이삼형(1994)는 수집, 부가, 삭제, 인과, 이유, 비교 및 대조, 상세화, 문제 및 해결 초담화로 구분하였다. 김종정(1997)은 정의, 예시, 비교, 대조, 분류, 분석, 설명적 묘사, 문제와 해결, 설명적 서사, 과정 서술, 원인과 결과, 시간 순서 등으로 유형화하였다.

〈표2〉 설명하는 글의 구조적·형식적 지식

회차	주제	구조적 지식	형식적 지식
35	필요한 공공시설	처음 - 화제 제시 중간 - 필요한 공공시설 세대 별 비교 설명 끝　- 결과 정리	비교
36	1인 가구 현황	처음 - 화제 제시 중간 - 1인 가구 증가세 및 이유 설명 끝　- 전망 제시	원인과 현황
37	대중매체 분류	처음 - 화제 제시(정의) 중간 - 대중매체의 종류 및 특징 설명	정의 분류
41	글쓰기 능력 향상 방법	처음 - 화제 제시 중간 - 글쓰기 향상 방법 직업별 비교 설명 끝　- 결과 정리	비교
47	국내 유학생 현황	처음 - 화제 제시 중간 - 유학생 증가 원인 설명 끝　- 전망 제시	원인과 결과
52	출산 이유	처음 - 화제 제시 중간 - 출산에 대한 남녀 생각 차이 설명	이유 비교

　한국어능력시험 Ⅱ 쓰기 53번 모범답안은 분량이 200~300자이다. 그래서 상세한 글쓰기가 진행되지 못한다. 긴 글쓰기에 부담을 갖는 학습자들에게 200~300자 설명하는 글쓰기는 간단하지만 글쓰기 연습을 할 수 있기에 좋다고 본다. 한국어능력시험 Ⅱ 쓰기 53번 모범답안은 짧은 분량의 설명하는 글이다. 그럼에도 대부분 구조적으로 '처음-중간-끝'이라는 삼단 구성으로 이루어져 있다. '처음'에는 '정의' 형식적 지식 등을 활용하여 대상에 대한 정의 및 화제를 제시한다. '중간'에는 '비교, 분류, 이유, 원인과 결과' 등의 형식적 지식을 활용하여 설명하는 대상에 대해 구체적 정보를 제공한다. 마지막으로 '끝'에는 설명한 내용을 요약 및 정리하여 마무리한다.

2) 수사적 지식

수사적 지식은 설명하는 글의 담화 표지 및 종결어미 사용 양상, 설명하는 글쓰기에 적합한 어휘에 대한 지식을 말한다. 이러한 언어 표현은 담화 표지, 내용 전개를 위한 기능 표현, 문체적 특성을 반영한 표현들이다.[17] 이를 바탕으로 텍스트 내용 요소 연결 표지로 텍스트 형식을 '가정', '나열', '분류-포함', '비교-대조', '인과', '전환', '정의-예시'로 분석할 수 있었다.[18] 이를 정리하여 제시하면 다음과 같다.

---

[17] 이미혜(2010:479)에 따르면 학술논문담화의 경우 전형적으로 드러나는 담화표지 기능 수행을 하는 언어 표현이다. 예를 들면 내용 표지는 '이제까지 ~을 살펴보았다', '~기 위해 ~가 필요하다' 등이 있다. 또한 담화표지에는 '~고 있다, ~면 다음과 같다, ~라는 점에서, ~에서도 알 수 있듯이' 등이 있다.

[18] 설명하는 글의 구조 유형은 학자마다 다르다. 김정종(1997:27-28)에서는 기존의 연구 결과들을 토대로 설명하는 글의 구조 유형을 제시하였다. 따라서 본고의 3장에서 사용하는 분석 기준인 설명하는 글의 구조 유형은 김정종(1997:27-28)에서 제시한 것을 참고한다. 구조 유형은 다음과 같다. 구조 유형은 '정의', '예시', '비교', '대조', '분류', '분석', '설명적 묘사', '문제와 해결', '설명적 서사', '과정 서술', '원인과 결과', '시간 순서' 등으로 나뉜다. 정의는 어떤 개념이나 사물의 뜻을 밝히는 것을 말한다. 예시는 구체적인 설명을 위해 사례나 경험 등을 통해 예를 드는 방법이다. 비교와 대조는 두 가지 이상의 사건이나 개념들의 공통점과 차이점에 대해 설명하는 방법이다. 분류는 기준에 따라 나누는 방법이다. 분석은 전체가 무엇으로 구성되어 있는지 설명하는 방법이다. 설명적 묘사는 눈에 보이듯이 서술하는 방법이다. 문제와 해결은 제시된 문제를 해결하기 위한 방법 설명적으로 제시하는 방법이다. 설명적 서사는 시간의 흐름에 따라 기술하는 방법이다. 과정 서술은 과정이나 단계에 따라 기술하는 방법이다. 원인과 결과는 특정 일을 유발하는 원인 및 이유와 결과에 대해 기술하는 방법이다. 시간 순서는 시간의 흐름에 따라 사건의 내용을 기술하는 방법이다.

〈표3〉 텍스트 형식 표지의 예

형식	기능	예시
가정	가정	-(으)려면, -기 위해서는, -(으)ㄹ 전망이다
나열	내용	그리고, 또한, 다음과 같다, 이외의, -을/를 대상으로, -에 대한 등
	순서	우선, 다음으로 첫째, 둘째, 셋째, 그 뒤(로), 이어(서), 마지막으로, 최근 등
분류-포함	분류	-(으)로 나누면, -(으)로 분류하다, 중에, 가운데
	포함	모두, -등이 이에 속한다 등
비교-대조	비교	동일하게, 마찬가지로, 이와 비슷하게, 이와 같이 등
	대조	반면(에), 이에 비해, 이와 달리 -에서 차이를 보이다, -에서 차이가 나타나다 등
인과	원인	-의 원인은, -의 원인으로, 이러한 원인으로 -이/가 발생하다 (일어나다, 나타나다) 등
전환	전환	한편, 그런데, 이상의, 이처럼, 이와 같이, 이러한, 등
	결과	영향을 주다, 그 결과, 등
정의-예시	정의	-(이)란, -을/를 말한다, -을/를 의미하다, 다시 말해 등
	예시	-을/를 들 수 있다, -라고 (말)하다, -(으)ㄴ바와 같이, 조사 결과에 따르면 등

'가정' 표지는 결론에 앞서 논리의 근거로 어떤 조건이나 전제를 제시하는 것이다. 가정 형식에서는 [-(으)려면, -기 위해서는] 등과 같이 결과의 실현 방식을 규정하는 표지와 [-(으)ㄹ 전망이다] 등과 같이 특정 상황이나 결과를 예측하는 가정 표지가 나타난다.

'나열' 형식 표지는 여러 가지 내용과 시간 순서를 제시하는 것이다. 내용을 열거하여 제시하는 내용 나열 형식으로 [그리고, 또한, 이외의] 등과 같이 내용이 서로 대등적으로 연결되거나 내용의 중요성에 따라 전후 배치하여 나열하는 표지 등이 있다. 또한 [첫째, 둘째, 셋째, 우선, 마지막으로] 등과 같이 차례 순서에 따라 나열하는 표지와 [최근, 그 뒤로]와 같이 시간 순서에 따라 나열하는 표지 등이 있다.

'분류-포함' 형식 표지는 기준에 따라서 가르거나 하나의 범주로 함께 넣어 제시하는 것이다. 분류 표지는 [-(으)로 나누면, -(으)로 분류하다, 중에, 가운데] 등이 있다. 포함 표지는 [모두, -등이 이에 속한다] 등이 있다.

'비교-대조' 형식 표지는 둘 이상의 내용의 유사점과 차이점을 밝혀 제시하는 것이다. [동일하게, 마찬가지로, 이와 비슷하게, 이와 같이] 등은 내용의 비교 관계를 [반면에, 이에 비해, 이와 달리, -에서 차이를 보이다, -에서 차이가 나타나다] 등은 대조 관계를 지시한다.

'인과' 구조 표지는 원인과 결과를 아울러 제시하는 것이다. 인과 형식에서는 [-의 원인은, -의 원인으로] 등과 같이 원인을 제시하는 표지와 [이러한 원인으로 -이/가 발생하다(일어나다, 나타나다)] 등과 같이 결과를 지시하거나 제시하는 표지 등이 나타난다.

'전환' 형식 표지는 텍스트의 내용을 새로운 주제로 바꾸거나 마무리하여 제시하는 것이다. 전환 구조 표지는 [한편, 그런데]와 같이 앞으로 전개될 내용을 개관하거나 앞의 내용과 다른 주제의 내용을 제시하는 표지가 나타난다. 또한, [이상의, 이처럼, 이와 같이, 다시 말해] 등과 같이 앞의 내용을 마무리하거나 텍스트를 완결하는 표지가 있다.

'정의-예시' 형식 표지는 정의는 내용이나 개념을 이해하기 쉽게 다른 말로 바꾸어 설명하는 방식이다. 그리고 예시는 예를 들어 설명하는 방식이다. 정의 표지는 [-(이)란, -을/를 말한다, -을/를 의미하다] 등과 같이 어떤 개념을 구체적이고 적합하게 나타내 주는 표지와 [다시 말해] 등과 같이 반복하여 개념을 정의하거나 강조하는 표지가 있다. 예시 형식에서는 [-을/를 들 수 있다] 등과 같이 예를 드는 예시와 [-라고 (말)하다] 등과 같이 다른 사람의 말을 인용하여 가져오는 예시,

[-(으)ㄴ바와 같이, 조사 결과에 따르면] 등과 같이 제시된 자료나 특정 자료를 인용하여 가져오는 예시 표지가 있다.

　　다음은 핵심어를 중심으로 추출한 표현 문형이다. 이는 핵심어를 기준으로 앞 뒤 문맥에 자주 공기되어 출현하는 표현을 정리한 것이다.

〈표4〉 핵심어 중심 표현 문형

핵심어	핵심어 중심 표현 문형
조사(하다)	~을 대상으로 ~에 대해 조사하였다 ~을 대상으로 ~에 대한 설문조사를 실시하였다 ~을 대상으로 ~에 대해 조사한 결과 ~ ~을 대상으로 ~을 조사해 보니 ~ ~을 대상으로 ~에 대해 조사해 보니 조사 결과 ~가 ~%로 가장 높게 나타났으며 ~이 ~%로 그 뒤를 이었다 조사 결과 ~가 ~%로 가장 높게 나타났 조사 결과를 통해 ~다는 사실을 알 수 있다 이상의 설문 조사 결과를 통해 ~다는 사실을 알 수 있다
말하다	~란 ~을 말한다 ~란 ~는 것을 말한다 ~은 ~을 말하는 것이다
기준	~을 기준으로 나누면 ~이다
특징	~는다는 특징이 있다 ~는다는 특징을 가진다
응답	그 결과 ~라고 응답한 ~는 ~%였다 ~라고 응답한 경우가 가장 많았다 ~은 ~라고 응답하였다 ~라고 응답한 이유에 대해 ~라고 말했다
다르다	그 결과 ~ 다르다는 것을 알 수 있었다 이와 달리 ~는 것으로 나타났다
나타나다	~는다가 ~%로 가장 높게 나타났다 ~%로 가장 높게 나타났으며 ~이 ~%로 그 뒤를 이었다 ~는다가 ~%로 가장 높게 나타났지만 ~의 경우에는 ~가 ~%로 나타났다 ~에 대한 견해는 동일하게 나타났다 ~에 대한 견해는 다르게 나타났다 ~와 ~가 ~%로 동일하게 나타났다 그 결과 ~이 다르게 나타났다
차지하다	~는다가 ~%를 차지했다

그치다	~는다는 ~%에 그쳤다
높다	~이 ~%로 가장 높았다 ~는다가 ~%로 가장 높게 나타났지만
이유/원인	이유에 대해 ~서라고 응답했다 이러한 원인은 다음과 같다
이어서	이어서 ~라고 응답하였다
증가하다	~이 계속 증가하고 있다 ~ 사이에 ~%가 증가한 것이다 ~은 꾸준히 증가하여 ~%에 도달했다 ~로 인한 ~의 증가이다 ~가 증가하면서 ~도 증가하게 되었다
불과하다	~에 불과했던 ~는 ~에 도달했다
영향	~는데 영향을 주었다 ~은 ~에 영향을 미쳤다 ~은 ~에 영향을 끼쳤다
전망이다	~은 앞으로도 ~을 전망이다 향후 ~을 전망이다 앞으로 ~을 전망이다
최근	최근 ~고 있다
반면에	~는 반면에 ~로 나타났다 반면에 ~이 ~%로 나타났다
동일하다	~은 ~와 ~가 ~%로 동일하게 나타났다

이와 같이 설명 유형 및 핵심어를 중심으로 실제 한국어능력시험 (TOPIK) Ⅱ 표현 영역인 쓰기 53번 모범 답안을 바탕으로 귀납적으로 추측한 표현 문형은 문맥에 따라 다양한 수식어가 결합한다. 또한, 필자의 의도에 따라 종결부를 여러 형태로 활용할 수 있다. 완전히 일치하는 형태가 동일하게 사용되지는 않는다. 하지만 기본적으로 제시된 자료를 활용하여 설명하기를 위한 기능적 표현으로 덩어리 표현을 제시하면다면 문장 생성력을 함양할 수 있을 것이다. 또한 나아가 언어 유창성도 꾀할 수 있을 것이다.

4. 장르 지식을 활용한 설명하는 글쓰기 교육 방안

앞서 2장에서는 장르 지식을 활용한 글쓰기가 무엇인지 살펴보았다. 즉, 장르 지식을 화용한 글쓰기 교수법에 대한 이론을 살펴보았다. 그리고 3장에서는 설명하는 글의 장르 지식 요소를 분석하였다. 4장에서는 장르 지식을 활용한 글쓰기 교수법에 대한 이론과 글의 설명하는 글의 장르 지식 요소 분석을 통해 장르 지식을 활용한 설명하는 글쓰기의 실제 교육 방안을 모색하고 일부 적용 예를 살펴보고자 한다.

1) 설명하는 글쓰기 교육 원리

필자가 장르 인식을 갖게 되면 특정 맥락이 요구하는 텍스트의 형태를 가늠할 수 있다. 필자의 장르 인식이 미치는 범위, 이에 따른 글쓰기 구현 원리를 Martin(1997:15)에서는 보여준다.[19] 하지만 서영경(2014:49)에 의하면 Martin(1997)의 분류 유형은 영어권, 그리고 역사 분야라는 맥락에 따른 분류라는 점에서 장르 인식이 쓰기 행위와 맺는 관계를

---

19 장르 유사성에 관한 위상학적 관점(Martin 1997:15)

1	음성학적 인지		주기적 인지		논제 인지
2	명제				명제+주장
3	구술하기	기록하기	설명하기		
			드러내기	탐색하기	논증하기
	일대기 나열	시간적 나열	시간적 설명	요인이나 필연 관계 설명	해석적 설명, 이의 제기
					논쟁
4	인물의 초점화	집단의 초점화			
5	정보의 순서성이 있음			정보의 순서성이 없음	
6	일회적 전개 방식	인과적 전개 방식	내적 전개 방식		

파악하기 어렵다. 그에 따라 서영경(2014:50)은 설명하는 글에 작용하는 장르 인식 범위를 다음과 같이 제시하고 있다.

〈표5〉 장르 인식의 적용 범위(서영경 2014:50)

의도한 목적	1	묘사	설명		주장
목적 실현을 위한 필수적 행위	2	대상 재현하기	정보 배열하기	정보 탐색하기	논제에 대해 논증하기
선택한 정보의 순서성 판단	3	선택한 정보의 순서성이 있는 경우	선택한 정보의 순서성이 없는 경우		
수집한 정보 배열을 위한 조직화	4	시간에 따른 전개 순서성에 따른 전개	논리적 구조를 부여한 전개		

(왼쪽 세로: 장르 인식의 작용 범위)

〈표5〉의 1은 장르인식 상태 판단을 위한 출발점으로 의도한 목적을 활성화한다. 필자의 목적이 언어화되기 위해 2의 목적 설명을 위한 필수적 행위인 정보 배열하기, 정보 탐색하기 등 정보 선택이 이루어진다. 2의 필수적 행위를 구조화하기 위해 3에서 의미의 순서성을 판단하고 그 판단 결과에 따라 4에서 정보 배열을 조직화한다. 예를 들어 항목 1의 설명은 항목 2의 정보 배열하기, 정보 탐색하기 행위와 인접해 있다. 이는 설명하는 글을 쓸 때 설명을 주 기능으로 선택하고 정보 배열하기, 정보 탐색하기 행위가 필수적으로 나타난다는 의미이다. 그리고 정보의 시간성이 달라 학습자는 정보의 순서를 부여하게 된다. 의미가 순서성이 있는지 혹은 순서성이 없는지에 따라 의미 조합 가능성을 판단한다. 그 판단 결과를 바탕으로 조직화의 방식을 고민할 수 있게 된다.

이러한 장르 인식이 이루어지면 설명하는 글의 장르 지식을 활용한다. 항목 1의 장르 지식은 대상을 설명하는 표현의 특성, 설명하는 글이 필요한 상황, 글의 구조, 문단 간 관계 파악의 원리, 절차 및 방법 등을 설명하는 글의 구조, 분석의 개념 등이다. 대상과 관련된 내용을 정리하고 독자가 이해하기 쉽게 정보 배열하는 방법 등을 정리할 수 있는 목적에 접합한 정보 선택하고 배열하는 설명하는 글의 구조적 지식을 학습자에게 설명할 수 있다. 이를 정리하면 다음과 같다.

〈표6〉 장르 인식과 장르 지식

	장르인식		장르 지식
			구조 및 형식적 지식
1	설명		설명하는 글의 표현의 특성 설명하는 글이 필요한 상황 설명하는 글의 구조
2	정보 배열하기	정보 탐색하기	설명하는 대상과 관련된 내용 정리 중심 내용과 세부 내용 구별
3	선택한 정보의 순서성이 있는 경우	선택한 정보의 순서성이 없는 경우	정보를 쉽게 전달하는 절차, 방법
4	시간에 따른 전개 순서성에 따른 전개	논리적 구조를 부여한 전개	글의 의도나 맥락을 고려한 글의 짜임 문단 간 관계 분석을 통한 글의 짜임 통일성 있는 글의 짜임

그리고 장르 지식 중 수사적 지식을 학습자에게 제시한다. 이때 제시되는 수사적 지식은 표현장르 특징적 표지 및 어휘로서 실제 설명하는 글쓰기에 사용하는 표현 문형이다. 핵심어 '조사하다'를 예를 들면 다

음과 같다.

<표7> '조사하다' 중심 표현 문형

구조	기능	핵심어 중심 표현 문형
서론	배경 정보	~을 대상으로 ~에 대해 [조사]하였다 ~을 대상으로 ~에 대한 설문[조사]를 실시하였다
본론	정보 설명	~을 대상으로 ~에 대해 [조사]한 결과 ~ ~을 대상으로 ~을 [조사]해 보니 ~을 대상으로 ~에 대해 [조사]해 보니 [조사] 결과 ~가 ~%로 가장 높게 나타났으며 ~이 ~%로 그 뒤를 이었다 [조사] 결과 ~가 ~%로 가장 높게 나타났다
결론	정보 정리	[조사] 결과를 통해 ~다는 사실을 알 수 있다 이상의 설문 [조사] 결과를 통해 ~다는 사실을 알 수 있다

위의 표 핵심어 '조사하다'는 장르 특징적 어휘로서 실제 조사 자료를 활용한 설명하는 글쓰기에 사용하는 문형이다. 이때 장르 지식 중 구조·형식적 지식과 관련하여 설명하는 글쓰기 구조인 '서론-본론-결론' 중 어느 단계에 쓰이는지에 대한 설명도 제시할 수 있다.

2) 설명하는 글쓰기 교육 실제

여기에서는 위에서 제시된 장르 지식을 활용한 쓰기 원리에 따른 쓰기 교육이 실제로 어떻게 이루어질 수 있는지를 살펴보고자 한다. 즉 장르 지식을 활용한 장르 중심 쓰기 교수 방법이 쓰기에서 실제로 어떻게 구현될 수 있는지를 살펴보고자 한다.

먼저 한국어능력시험(TOPIK) Ⅱ 표현영역인 쓰기 53번[20]의 문항이다.

---

20 제41회 한국어능력시험

<표8> 47회 한국어능력시험II 쓰기 53번 문항

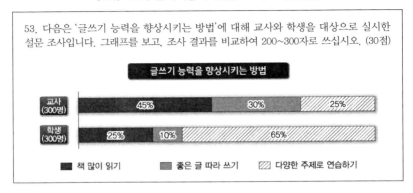

위의 문항은 설명하는 글쓰기를 요구한다. 주어진 정보는 순서성이 없는 정보로 논리적 구조를 부여한 전개 방식을 통해 정보를 조직화할 수 있다. 또한 위의 문항은 설명하는 글 장리 지식 중 '비교'라는 형식적 지식에 대한 이해를 요구한다. 내용을 표현할 수 있는 수사적 지식으로는 설명 유형인 '비교·대조', '배열 서술', '내용 정리'에 필요한 담화 표지 및 주어진 정보를 설명할 수 있는 표현 문형이 필요하다.

먼저, 한국어 학습자[21]가 주어진 자료를 바탕으로 쓴 글이다.

---

21 장르 지식을 활용한 설명하는 글쓰기를 진행한 학습자는 전남 지역 소재의 대학교 부설 기관의 한국어 연수 과정에 재학 중이다. 학습자 총 인원은 20명이며 국적별로 중국 10명, 네팔 4명, 인도네시아 2명, 베트남 1명, 몽골 1명, 일본 1명, 미얀마 1명으로 구성되어 있다. 이 중 한 학습자의(국적-중국, 성별-여, 연령-21세, 한국어 학습 기간 -11개월) 글을 예로 들어 설명하고자 한다.

〈예1〉 한국어 학습자의 설명하는 글1

> 글쓰기 능력을 향상시키는 방법을 설문조사했다. 교사와 학생 300명이다. 방법은 교사는 일 번 책 많이 읽기 45%, 두 번 째 좋은 글 따라 쓰기 30%, 세 번 째 다양한 주제로 연습하기 25%로 학생은 일 번 다양한 주제로 연습하기 65%, 두 번 째 책 많이 읽기 25%, 세 번 째 좋은 글 따라 쓰기 10%로 교사는 책 많이 읽기를 학생은 다양한 주제로 연습하기를 좋아하는 것이 알다. 이와 같이 교사와 학생의 글쓰기 능력을 향상시키는 방법이 다른 것이 알다.[22]

위의 글은 한국어를 배운 지 11개월이 된 중국인 학습자(여)가 쓴 글이다. 학습자는 '글쓰기 능력을 향상시키는 방법'에 대한 설문조사 대상에 대해 제시하는 방식을 글의 서론에서 사용하고 있다. 한 편의 텍스트는 하나의 주제를 향해 응집된 의미의 연결할 수 있는 결속 장치의 사용이 중요하다. 따라서 글을 쓸 때 접속어, 지시어, 담화 표지를 적절히 사용하는 것이 필요하다. 하지만 학습자의 글은 접속어, 지시어, 담화 표지 사용이 보이지 않는다. 또한, 학습자가 쓴 글은 자료에 제시된 정보들을 순서대로 가져와 병렬적으로 나열하고 있다. 즉 글을 쓰는 목적을 실현하기 위한 정보 배열과 관련된 의도적 행위가 일어나지 않았다. 〈예1〉을 통해 글을 쓴 학습자가 갖고 있는 장르 지식의 정도를 추측할 수 있다. 학습자는 제시된 정보들이 주제와 어떤 의미적 관련을 갖는지, 주어진 정보가 서로 연결되면서 어떠한 논리적 전개 원리를 갖추는지 등과 관련한 장르 지식에 관한 인식이 미비한 것으로 판단할 수 있다.

동일 그룹의 한국어 학습자를 대상으로 장르 지식을 활용한 장르 중심 쓰기 수업을 진행하였다.

---

22 맞춤법 및 오류 수정 없이 학습자의 글을 그대로 제시한다.

먼저 이 수업의 목표는 다음과 같다.

■ 목표 : 비교·대조의 방법을 사용하여 제시된 조사 자료를 설명할
　수 있다.

　먼저 학습자에게 장르의 구조 및 형식적인 특징을 이해하도록 한다.
제시된 자료를 보고 학습자는 상황 맥락을 파악한다. 그리고 자료를
바탕으로 글쓰기 능력을 향상시키는 방법에 대해 교사와 학생의 의견
특징을 정리한다. 그리고 글의 전체 구조를 그려 보며 글의 구조적 특
징을 이해한다. 서론에서는 배경을 설명한다. 그 후 본론에서는 비교와
대조의 방법을 사용하여 교사와 학생의 응답 특징을 비교한다. 결론에
서는 조사 결과를 정리한다. 이러한 과정을 통해 학습자는 먼저 설명문
의 전체 구조가 어떻게 되는지 이해할 수 있다. 그리고 제시된 자료를
기준에 의해 묶고 분류할 수 있다. 이를 정리하면 다음과 같다.

■ 배경 및 설명 대상 제시 ⇨ 대상에 대한 설명(비교 및 대조)
　⇨ 내용 정리(조사 결과 최종 정리 및 자신의 최종 의견)

　다음으로는 설명 유형에 따른 표현 수사적 지식이다. 먼저 비교와
대조를 나타내는 표현이 있는지 알아본다. 학습자는 비교와 대조 표현
으로 '반면에', '이와 달리'와 같은 표현을 말할 수 있을 것이다. 거기에
덧붙여 비슷한 비교와 대조 표현을 함께 학습할 수 있다.

■ 반면(에), 이에 비해, 동일하게, 마찬가지로, 이와 달리, 이와 비슷

하게, 이와 같이 등

교사는 학습자들이 설명하는 글의 장르적 특징과 비교와 대조의 방법을 통해 설명하는 글이 어떤 특징을 가지고 있는지 이해했다고 판단하면 텍스트를 구성한다. 즉, 주어진 정보를 바탕으로 내용을 조직한다. 내용을 조직할 때에는 서론, 본론, 결론에 어떤 내용을 쓸 것인지를 비교와 대조 방법을 어떻게 서술할 것인지를 결정한다.

이렇게 내용 정리가 끝나면 초고를 쓴다. 그리고 다시 읽기와 고쳐쓰기 과정을 거친 후 마지막으로 교사의 피드백을 진행한다.[23] 교사의 피드백을 받은 후 학습자는 최종 텍스트를 완성하도록 한다. 위의 내용을 간단히 정리하면 다음과 같은 순서로 수업을 진행한다.

자료 보기 ⇨ 상황 및 맥락 파악하기 ⇨ 글의 구조적 특징 이해하기
⇨ 글의 형식적 특징을 이해하고 사용할 수 있는 수사적 표현 확인하기
⇨ 쓰는 방법 확인하기 ⇨ 내용 생성하기 ⇨ 내용 조직하기
⇨ 쓰기 ⇨ 다시 읽기 ⇨ 고쳐 쓰기 ⇨ 교사의 피드백 ⇨ 텍스트 완성

다음은 장르 지식을 활용한 장르 중심 쓰기 수업에 필요한 내용을 정리하면 다음과 같다.

---

23 교사의 피드백은 모든 것을 고쳐 주는 방법과, 표시를 해서 학생들이 스스로 문제를 찾고 수정할 수 있는 방법 등 다양하다. 이때 교사는 학생들의 텍스트 구성이 글의 목적에 맞게 담화 구성이 논리적으로 잘 진행이 되었는지를 평가해 줄 수 있어야 한다.

〈표9〉 학습자에게 필요한 장르 지식

[장르의 구조적 지식]
설명하는 글은 형식적으로 [처음]-[중간]-[끝]의 3단 구성을 취한다.
  [처음] 부분에는 설명하는 대상을 제시한다.
  [중간] 부분에는 중심 정보와 세부 정보가 함께 연결되어 배열된다.
  [중간] 부분의 중심 정보와 세부 정보는 논리적으로 연결된다.
  [끝] 부분에는 지금까지 설명했던 내용을 요약, 정리한다.

[장르의 형식적 지식]
  [중간] 설명 유형 중 '비교-대조'에 대해 안다

[장르의 수사적 지식]
  [처음] '설문 조사' 결과에 대해 설명하는 글의 도입에 필요한 표현 문형을 안다.
  [중간] 논리적 정보 배열에 필요한 적절한 접속어, 담화 표지를 안다.
  [중간] 필자의 의도 전달에 필요한 표현 문형을 안다.
  [끝] 글을 요약, 정리하기 위해 필요한 담화 표지 및 표현 문형을 안다.

〈표10〉 학습자에게 필요한 장르 지식

장르인식		장르 지식		
1	설명	구조적·수사적 지식	처음	~을 대상으로 ~에 대해 조사했다 ~을 대상으로 ~에 대해 설문 조사를 했다 ~을 대상으로 ~에 대해 조사를 실시했다 ~을 대상으로 ~에 대해 설문 조사를 실시했다.
2	정보 배열하기 / 정보 탐색하기		중간	~는다는 응답이 전체의 ~%로 가장 높았다 ~는다가 전체의 ~%로 가장 높게 나타났다 ~는다가 전체의 %로 가장 높게 나타났으며 ~는다는 ~%로 그 뒤를 이었다 ~는다가 ~%로 가장 높게 나타났지만 ~의 경우에는 ~가 ~%로 나타났다 ~는다는 응답은 ~%에 그쳤다 ~는다는 응답은 ~%로 가장 낮게 나타났다
3	선택한 정보의 순서성이 없는 경우		끝	이처럼 ~는 것을 알 수 있었다 조사 결과 ~는 것을 알 수 있었다 이와 같이 ~는 것을 알 수 있었다 이상으로 ~는 것을 알 수 있었다
4	논리적 구조를 부여한 전개	형식적·수사적 지식	비교-대조	반면(에), 동일하게, 마찬가지로, 이와 달리 이와 비슷하게, 이와 같이
			나열	다음으로, 그 다음
			정의	이처럼, 이상의, 이와 같이

먼저 교사는 장르의 특징을 설명한다. 이때 교사는 맥락을 제시하여 한국어 학습자가 장르의 특징을 이해할 수 있게 도와준다. 이때 학습자는 어떤 목적으로 누구를 대상으로 쓴 것인지 사회적이고 상황적 맥락을 이해하게 된다. 그리고 장르 분석 과정을 통해 설명하는 글의 구조를 이해하게 된다. 마지막으로 제시된 설문조사 자료를 활용하여 구성하고자 하는 텍스트의 목적을 달성하기 위해 특징적인 표현 즉 비교와 대조 표현을 사용하게 될 것이다. 이때 학습자는 구성하고자 하는 장르에 적절한 텍스트의 구조와 표현에 대해 스스로 살펴봄으로써 글쓰기에 활용할 수 있다.

다음은 위에서 제시한 장르 중심 쓰기 교육이 실제로 효과가 있는지를 검증하기 위함이다. 위의 장르 지식에 대한 학습을 한 후 다시 고쳐 쓰기를 통해 다시 쓴 동일 학습자의 글이다.

〈예2〉 한국어 학습자 설명하는 글2

> 글쓰기 능력을 향상시키는 방법에 대해 교사와 학생 각각 300명을 대상으로 설문 조사를 했다. 그 결과 교사와 학생이 생각하는 글쓰기 능력을 향상시키는 방법이 달랐다. 교사의 43%는 글쓰기 능력을 향상시키는 가장 좋은 방법은 책을 많이 읽기라고 대답했다. 그 다음으로 좋은 글 따라 쓰기라는 대답이 43%였다. 다양한 주제로 연습하기라는 대답이 25%였다. 반면에 학생은 글쓰기 능력을 향상시키는 가장 좋은 방법이 다양한 주제로 연습하기라는 대답이 전체의 65%로 가장 많았다. 그 다음으로 책 많이 읽기라는 대답이 전체의 25%로 많았다. 하지만 다양한 주제로 연습하기라는 대답이 10%로 가장 적었다. 이처럼 글쓰기 능력을 향상시키는 좋은 방법이 달랐다.[24]

학습자는 제시한 장르 중심 쓰기 단계에 따라 학습을 했다. 장르에 익숙하지 않고 문법과 어휘 수준을 고려하여 개념이 뚜렷하지 않은

---

24 〈예1〉을 쓴 학습자와 동일 학습자의 글이다.

중급 단계 학습자에 설명하는 글의 텍스트 구조를 제시하고 설명한다. 그리고 구조 표지를 찾아보고 내용 정리를 통해 쓰기를 진행하도록 하였다. 장르 중심 쓰기 교육 후 설명하는 글의 형식을 알게 되었으며 학습자의 글은 완결성을 가지고 있었다.

제시한 장르 지식을 활용한 글쓰기 교육 방안이 한국어 학습자가 배운 장르 지식을 활용하기 위한 글쓰기 방법을 배우기 위한 글쓰기를 하는 것이지만 이러한 과정에서 한국어 학습자는 구조적 지식 및 수사적 지식이 새로운 주제로 하나의 완성된 텍스트를 만들기 위한 글쓰기에서 어떻게 작용하는지를 배우게 된다.

이처럼 장르 지식을 활용한 장르 중심 글쓰기 교수법은 짧은 시간 안에 학습자들의 쓰기 능력을 향상시킬 수 있다. 또한 학습자들에게 필요한 장르별 내용, 형식, 표현에 대한 교육을 효과적으로 시킬 수 있다는 점에서 의미가 크다고 본다.

5. 나가며

이상으로 설명하는 글의 장르 지식을 활용한 글쓰기 교육 방안을 논의하였다. 먼저 본 연구는 학문 목적 한국어 학습자들의 효과적인 쓰기 능력 향상을 위해 장르 중심 글쓰기 방법이 왜 필요한지 살펴보았다. 일반적으로 글의 장르에 따라 사회에서 요구하는 내용과 형식이 있으며 이러한 것을 잘 지키지 않았을 경우에는 의사소통에 있어 많은 문제가 생긴다. 결국 쓰기 교육을 할 때에 사회적인 맥락에 따른 텍스트의 내용과 형식에 대한 고려가 이루어지도록 장르에 초점을 둔 교육이 필요하다.

다음으로 다양한 장르 중 학습자들에게 친숙하고 교육 현장에서 많이 활용하는 설명하는 글의 구조, 형식 등 장르 지식을 분석하였다. 그리고 분석 자료를 바탕으로 장르 중심 쓰기 교육 방법을 제시하였다. 장르 중심 쓰기 교육 방법이 어떻게 적용될 수 있는지 연구하였다. 교실에서 학습자를 중심으로 방법을 구현하고 효과를 검증하였다는 점에서 의미가 있다.

그러나 모든 장르에 대한 효과를 검증한 것은 아니기 때문에 한계가 있을 수 있다. 차후의 연구에서는 설득하는 글쓰기, 정서를 표현하는 문학 글쓰기 등 다양한 장르의 특성을 분석하고 이를 바탕으로 학습자를 위한 장르 중심 쓰기 교육 방법을 좀 더 연구할 필요가 있을 것이다.

『국어교육』 159권(한국어교육학회, 2017.11.)에
게재한 원고를 재수록한 것임.

참고문헌

강승혜, 「한국어 쓰기 교육의 이론과 실제」, 『21세기 한국어 교육학의 현황과 과제』, 한국문화사, 2002.

강승혜 외, 『한국어 평가론』, 태학사, 2006.

김명순, 「쓰기 교육과 장르 중심 쓰기 지도」, 『국어교과교육연구』 제5호, 국어교과교육학회, 2003.

김영미, 「학문 목적 한국어 쓰기 교육-장르 기반 접근법으로」, 『한국어교육』 21, 국제한국어교육학회, 2010.

김정숙, 「담화 능력 배양을 위한 외국어로서의 한국어 쓰기 교육 방안」, 『한국어교육』 10(2), 국제한국어교육학회, 1999.

_____, 「학문적 목적의 한국어 교육과정 설계를 위한 기초 연구」, 『한국어교육』 11, 국제한국어교육학회, 2000.

_____, 「한국어 읽기·쓰기 교재 개발 방안 연구: 교수요목의 유형과 과제 구성을 중심으로」, 『한국어교육』 15, 국제한국어교육학회, 2004.

김정종, 『설명하는 글의 구조 지도에 관한 연구』, 한국교원대학교 석사학위논문, 1997.

김호정, 「한국어 쓰기 교육의 원리와 교육 방안 탐색」, 『국어교육학연구』 제30집, 국어교육학회, 2007.

박영민, 최숙기, 「반성문 쓰기가 중학생 설명문 쓰기 수행에 미치는 영향」, 『국어교육』 125권, 한국어교육학회, 2008.

박은선, 『한국어 학위논문 서론의 장르 분석적 연구: 한국어 모어 화자와 한국어 학습자를 대상으로』, 이화여자대학교 석사학위논문, 2006.

박주영, 『장르 중심 한국어 설명문 쓰기 교육』, 서울대학교 석사학위논문, 2012.

박태호, 『장르 중심 작문 교육의 내용 체계와 교수 학습 원리 연구』, 한국교원대학교 박사학위논문, 2000.

서영경, 『장르 인식과 글쓰기 관련 양상 연구-설명적 글쓰기를 중심으로』, 한양대학교 박사학위논문, 2014.

이미혜, 「장르 중심 한국어 쓰기 교육의 내용 체계」, 『외국어교육』 17호, 한국외국어교육학회, 2010.

이삼형, 『설명적 텍스트의 내용 구조 분석 방법과 교육적 적용 연구』, 서울대학교 박사학위논문, 1994.

이은혜, 『한국어 학습자의 작문에 나타난 장르 인식 양상 연구: 설명적 글과 논설문을 중심으로』, 이화여자대학교 석사학위논문, 2011.

임진선, 『논설문 쓰기 지식과 쓰기 수행의 관계 연구』, 한국교원대학교 석사학위논문, 2011.

정다운, 『'장르'와 '과정'의 통합적 쓰기 교육 방안 연구-한국어 고급 학습자를 대상으로』, 고려대학교 박사학위논문, 2009.

주세형 외 역, 『장르 텍스트 문법: 쓰기 교육을 위한 문법』, 박이정, 2007.

Hinkel, Eli, Dialect, Register, and genre : Working assumption about conventionalization, In Douglas Biber and Edward Finegan, eds. *Sacillinguistic PersePctives on Register*, New York : Oxford University Press, 2002.

Furguson, charles, Dialect, Register, and genre: Working assumpti-ons about conventionalization, In Douglas Biber and Edward Finegan, eds. *Sociolinguistic Perspectives on Register*, New York : Oxford University Press, 1994.

McCarthy, Michal · Carter, Ronald(1994), *Language as Discourse : Perspectives for Language Teaching*, Longman, 1994.

Stern, H.H., *Fundamental Concepts of Language Teaching*, Oxford University Press, 1984.

Widdowsov, H, G, *Teaching Language as communication*. Oxford University Press, 1978.

대학 교양교육에서 '글쓰기 윤리'의식 제고 방안

창의적 글쓰기 영역을 중심으로

서덕민

1. 서론

　대학 교양교육에서 '글쓰기 윤리'의 문제는 이미 많은 연구자들에
의해 논의되었다.[1] 연구 윤리가 아닌 글쓰기 윤리라는 용어가 대학의
교양교육 과정에서 폭넓게 활용되는 이유는 대학에서 이루어지는 연구
및 학습 활동의 결과가 대개 글쓰기로 발현된다는 데서 찾을 수 있을

---

[1] 글쓰기 윤리와 관련된 대표적 연구로는 아래의 논의들이 있다.
이인재, 「대학에서의 글쓰기 윤리교육」, 『작문연구』 6, 한국작문학회, 2008.; 정현선,
「인터넷 공간에 대한 저자의 인식과 글쓰기 윤리」, 『작문연구』 6, 한국작문학회,
2008.; 정병기, 「대학생 글쓰기의 부정행위와 윤리 교육 방안」, 『사고와표현』 1-1,
한국사고와표현학회, 2008.; 황성근, 「대학생의 글쓰기 윤리와 표절 문제」, 『사고와표
현』 1-1, 한국사고와표현학회, 2008.; 최선경, 「대학생 글쓰기윤리 의식 고취를 위한
실천적 교육방안」, 『수사학』 10, 한국수사학회, 2009.; 최용성 외, 「연구윤리에서 표절
문제와 표절 예방 교육에 관한 연구」, 『한국시민윤리학회보』 22-2, 한국시민윤리학회,
2009.; 전동진, 「글쓰기 윤리의 정립과 윤리의식 제고 방안 연구」, 『국제어문』 55,
국제어문학회, 2012.; 정종진, 「표절에 대한 전통적 논의와 대학생 학습윤리 교육의
반성적 고찰」, 『학습자중심교과교육연구』 14-9, 학습자중심교과교육연구학회, 2014.;
이인영, 「'바꿔쓰기'가 학문윤리의식에 미치는 연향」, 『교양교육연구』 9-1, 『교양교육
연구』, 교양교육연구학회, 2015.

것이다. 또한 지난 2010년을 전후하여 대학들이 교양교육을 통합적으로 관리하고 교양교육의 전문화를 위한 노력을 가속화 한 것에서도 그 이유를 찾을 수 있을 것이다. 글쓰기 윤리의 중요성이 강조되면서 대학별로 다양한 교육 방법이 강구되었으며 관련 연구 또한 상당부분 축적 되었다.

현재 대학 학부 과정에서 '글쓰기 윤리'의 문제는 학부 과정의 학습 및 연구 활동의 결과가 리포트를 비롯한 학술적 에세이 등으로 귀결된다는 측면을 주로 고려하고 있다. 이러한 문제의식을 기반으로 대학의 글쓰기 윤리는 학문의 정직성, 즉 '연구윤리'와 직결된다는 관점이 주를 이루고 있다. 글쓰기 윤리와 관련된 선행 연구들도 대부분 글쓰기 부정행위의 유형과 원인을 규명하고 이에 대한 대처 방안을 강구하고 있다. 대표적인 논의로 이인재, 전동진, 최선경 등의 논의를 들 수 있다. 이인재는 글쓰기 윤리 위반의 전형으로 표절을 들고 있다. 이인재는 표절의 개념과 범위, 유형 등을 구분 하고 이를 기반으로 대학생 대상 표절 예방 방안을 다양하게 제시하고 있다.[2]

전동진은 글쓰기 윤리가 연구윤리의 일부분으로 단순히 편입되어서는 안 된다고 지적하고 있다.[3] 글쓰기에서 윤리성은 "정직성과 도덕성보다는 진실성과 심미성의 차원에서"[4]다루어질 필요가 있다는 것이다. 또한 "글쓰기 윤리가 학교라는 테두리를 중심으로 다뤄지고 있으며, 예술과 외설, 표절, 모방, 패러디 등 경계를 넘나드는 글쓰기"[5]에 적극

---

2 이인재, 앞의 글, 138~149쪽.
3 전동진 앞의 글, 571쪽.
4 같은 글, 594쪽.
5 같은 곳.

적으로 반영할 필요가 있다는 점도 언급하고 있다.

전동진의 논의는 글쓰기 윤리의 의미를 실천적 영역으로 활대할 필
요성이 있다는 측면을 강조하고 있지만 대부분의 논의가 인용의 방식
과 출처 표기 등 학술적 글쓰기 관련 수업에 관한 연구라는 측면에서
기존의 논의와 궤를 같이 하고 있다. 최선경의 논의 역시 대학생 글쓰
기 윤리 교육의 현황 등을 분석하고, 글쓰기 윤리 교육의 제고를 위해
'수사학적 논증교육', '올바른 인용법 교육', '체크리스트를 활용한 자
가 검증' 등의 방안을 제시하고 있다.[6]

본 연구에서는 그간의 성과를 바탕으로 창의적 글쓰기 영역에서 글
쓰기 윤리의식 제고를 위해 진행할 수 있는 교수학습 활동에 대해 논의
하고자 한다. 글쓰기 윤리 교육이 대학의 글쓰기 전반에서 윤리의식을
확보하자는 차원에서 이루어지는 것이라면, 기존의 서지 정보 전달을
중심으로 하는 글쓰기 교육은 학술적 글쓰기 활동에 초점이 맞춰져
있다는 측면에서 재고될 필요가 있다.

대학 글쓰기는 학술적 글쓰기 외에도 창의적/일상적 글쓰기 역시
다루고 있다. 대학 글쓰기 영역의 구분은 각 대학 별로 상이한 면이
있기는 하지만 '학문적/논리적/논증적' 글쓰기와 구분되는 영역으로
'창의적 글쓰기'를 정의할 수 있을 것이다. 정영진은 "'학술문적/논리적
/논증적 글쓰기' 영역이 분석적이고 수렴적이며 적합성에 입각한 비판
적 사고에 바탕을 둔 글쓰기라고 한다면 '창의적 글쓰기' 영역은 생성적
이고 발산적이며 가능성에 초점을 둔 창조적 사고에 기반한 글쓰기"[7]로

---

6 최선경 앞의 글, 310~315쪽.
7 정영진, 「대학 기초교양에서의 '창의적 글쓰기'인식 연구」, 『작문연구』 18, 한국작문학

정의하고 있다.

창의적 글쓰기가 논리적 일관성과 논증의 절차를 중시하는 글쓰기가 아니라는 점에서 창의적 글쓰기에서 윤리의 문제는 보다 복잡한 양상을 띠게 된다. 학문적/논리적/논증적 글쓰기의 경우 기존의 서지정보 제공 교육을 중심으로 글쓰기 윤리교육 방법론을 공고히 할 수 있다지만 창의적 글쓰기 영역에서는 이러한 교육 방법이 실효성을 거둘 수 없기 때문이다. 본 연구는 이러한 문제의식을 기반으로 학문 공동체를 넘어 담화 공동체 또는 텍스트 공동체의 일원으로서 대학생의 글쓰기 윤리 준수 문제를 다루고자한다. 이를 위해 현재 행해지고 있는 글쓰기 윤리 교육의 문제를 간단히 검토하고 창의적 글쓰기 영역에서 글쓰기 윤리의식 확보 방안에 관해 논의할 것이다.

2. 표절 예방 중심 글쓰기 윤리 교육의 한계

언급한 바와 같이 현행 글쓰기 윤리 교육의 형태를 가장 잘 보여주는 것으로 서지정보 제공 교육을 들 수 있다. 서지정보 제공 교육은 글쓰기 과정에서 일어나는 대표적인 부정행위를 표절로 상정하고 표절을 예방하기 위해 인용과 주석을 다는 법 그리고 서지 정보를 적는 방법 등에 대한 정보를 제공하는 형식으로 진행되고 있다. 그러나 최근 많은 연구에서 서지정보 제공을 중심으로 하는 글쓰기 윤리 교육에 한계가 있다는 점이 지적되고 있다.

회, 2013, 268쪽.

　전동진은 지난 2011년 전남대 2,3,4학년 학생 132명을 대상으로 '표절 유형과 인용법'에 대한 인식도를 조사했다. 이 조사에서 글쓰기 과목을 수강한 학생들 대다수가 "인용법에서는 짧은 직접인용과 간접인용—요약에 대해서만 절반 정도의 학생들이 인지하고"[8] 있었으며, "표절의 유형은 다수의 학생들이 인지하고 있었지만 전체적으로 이해하고 있는 학생들은 역시 드문 것"[9]으로 나타났다. 현장에서 서지정보 제공교육을 체계적으로 진행하고는 있으나 실효성에는 의문이 제기되는 사례이다.

　지난 2007년 교육부는 "연구윤리 확보를 위한 지침"을 제정하고 최근 2015년 이를 개정(교육부 훈령 제153호, 201511.3)함과 동시에 후속조치로서 한국연구재단을 중심으로 지침 개정의 배경과 주요 내용에 대한 해설서를 발간했다. 교육부 주도로 이루어진 연구윤리 확보를 위한 지침 및 해설의 일부에 표절과 관련된 사항이 적시되어 있다. 이를 통해 현재 대학 사회에서 보편적으로 인식하고 있는 표절의 범위와 유형을 짐작할 수 있다.

연구부정행위의 개념과 유형(제12조) 3호
3. "표절"은 다음 각 목과 같이 일반적 지식이 아닌 타인의 독창적인 아이디어 또는 창작물을 적절한 출처표시 없이 활용함으로써, 제3자에게 자신의 창작물인 것처럼 인식하게 하는 행위
　　가. 타인의 연구내용 전부 또는 일부를 표시하지 않고 그대로 활용하는 경우

8　전동진, 앞의 글, 556~557쪽.
9　같은 곳.

　　나. 타인의 저작물의 단어·문장구조를 일부 변형하여 사용하면서 출
　　　 처표시를 하지 않는 경우
　　다. 타인의 독창적인 생각 등을 활용하면서 출처를 표시하지 않는
　　　 경우
　　라. 타인의 저작물을 번역하여 활용하면서 출처를 표시하지 않는 경우

　해설서에서는 위의 항목 외에도 "논증구조와 아이디어 표절과 관련
해서는 이것들을 표절이라고 할 수 있는지 판단하기가 모호하기 때문
에 표절 유형에 반대한다는 의견이 있었고, 2차 문헌 표절 및 자기
표절이 표절이라고 할 수 있는지에 대한 회의도 있었다."[10]고 밝히고
있다. 현재 학계에서 통용되는 표절의 범주는 연구내용, 단어와 문장구
조, 독창적인 생각, 번역물에 대한 출처 표시의 유무로 나타난다. 이는
말할 것도 없이 학부생들을 위한 것이 아닌 전문가들을 위한 가이드라
인이다. 연구와 학문에 종사하는 대학원생 및 대학교수를 위한 학문윤
리 지침이 대학 글쓰기 교육에 투영되면서 "타인의 저작물 및 아이디어
에 대한 출처표시"의 의무를 수행하는 것이 글쓰기 윤리 준수의 핵심적
인 사안이 되고 있다.
　정종진은 "대학생의 글쓰기와 관련되는 표절은 출처를 밝히지 않는
의도적 표절, 의도하지는 않았지만 결과적인 표절, 짜깁기 표절, 과제
물의 구매 및 양도, 중복제출과 같은 형태들로 나타난다."[11]고 언급했
다. '과제물에 대한 구매와 양도, 중복제출'과 같은 문제 또한 텍스트의
부정적 활용이라는 측면에서 글쓰기 윤리 영역에 포함할 수 있다는

---

10 한국연구재단, 〈연구윤리 확보를 위한 지침 해설서〉, 2015, 63쪽.
11 정종진, 앞의 글, 371쪽.

논리 역시 타당성이 있다. 연구 결과의 게재 및 저자 표시 등과 관련된 사안은 한국연구재단에서 공표한 "연구 윤리 지침"에 명시되어 있다. 대학사회에서 이미 공론화 되어 있는 사안이기는 하지만 학부생 글쓰기 교육 과정에서 연구물의 게재와 저자 표시 등과 관련된 구체적 교육이나 지침을 마련해 놓고 시행하는 곳은 많지 않다.

글쓰기가 행해지는 여건에 따라 표절의 문제를 바라보는 시각은 다양하다. 특히 글쓰기 환경의 디지털화는 표절의 방법과 범위를 더욱 다양하게 확장해 놓고 있다. 인터넷 공간에서 글쓰기의 문제는 개인의 사생활이나 인권 침해의 문제를 야기할 수 있다는 측면에서 학술적 글쓰기에 초점을 맞추고 있는 표절 예방 교육만으로는 글쓰기 윤리의식 제고에 실효성을 거두기가 쉽지 않다.

창의적 글쓰기 영역에서는 더 복잡한 문제가 발생한다. 전업 작가들은 대학 교수나 전문 연구자 외에 글쓰기의 최고 전문가 집단으로 분류된다. 이들은 창의적 글쓰기의 전범을 보여주는 집단으로 이해되지만 표절 문제에서 자유롭지 못한 경우가 많다. 지난 2015년 한국 문학계를 떠들썩하게 했던 신경숙 표절 사건은 글쓰기를 업으로 하는 문학 전문가 집단과 그 집단의 토대가 되고 있는 출판계 및 대학의 글쓰기 윤리의식을 단적으로 보여주는 사례이다. 문학 전문가를 양성하는 대학의 문예창작학과를 비롯해 여러 예술 관련 전공학과에서 글쓰기 윤리 혹은 창작 윤리에 관심을 갖지 않고 있다는 점을 고려한다면 교양 글쓰기에서 창의적 글쓰기와 윤리 문제를 다루지 못하고 있는 것은 어쩌면 당연한 것일 수 있다.

창의적 글쓰기에서 글쓰기 윤리 문제를 다루기가 요원한 이유는 창작의 자유와 표절의 경계에 대한 가이드라인을 만드는 것이 쉽지 않

기 때문이다. 유사 이래 표절과 창조의 구분은 실재와 그것을 재현하
는 문제에 대한 형이상학적 논쟁과 함께 한다. 근대 이후 출판 산업의
발전과 지적재산권에 대한 관심은 표절의 문제가 철학적-미학적 사
유의 대상에서 현실적-법리적 사유의 대상으로 전환되게 하는 계기
를 만든다.

오늘날 글쓰기에서 원텍스트에 대한 다양한 모방 형식을 일컫는 용
어들로 "패러디, 패스티시(혼성모방), 키치, 콜라주·몽타주·오마주(짜
깁기), 상호텍스트성, 영향, 모방, 인용, 차용, 인유, 번역, 의역, 번안,
다이제스트(요약), 발췌, 재해석, 위작, 개작, 모작, 표절"[12] 등을 들 수
있다. 이들 중 저작권법에서 명시하는 표절과 원텍스트의 정당한 사용
의 범주가 모호한 것으로 패러디, 오마주, 콜라주, 몽타주, 패스티시
등의 기법을 들 수 있다. 이러한 기법들은 학술적 글쓰기와는 구분되는
창의적 글쓰기에서 활용되는 경우가 대다수이다.

"패러디는 기존 텍스트에 대한 비판적 거리나 반어적 대조를 통해서
생산적인 담론 효과를 거두고 있다는 점에서 기존 텍스트를 희생시키
는 것이 아니라 창조적이면서도 전략적인 차원에서 기존의 텍스트를
재활용하는"[13] 행위로 규정할 수 있다. 패러디는 저작물에 대한 비평적
모방이며 "생산과정이나 해독과정에서 지적인 가공과정을 전제로 한
다는 점에서 지적인 담론양식의 하나"[14]로 평가된다. 패스티시 역시

---

12 정끝별, 「현대시 표절 양상에 대한 분석적 고찰」, 『현대문학이론연구』, 현대문학이론
학회, 2012, 420쪽.
13 공종구, 「패러디와 패스티시 그리고 표절 그 개념적 경계와 차이」, 『현대소설연구』
5, 한국현대소설학회, 1996, 221쪽.
14 같은 곳.

"다른 작가의 작품으로부터 거의 변형이 없이 차용하는 것으로서 주로 구, 모티프, 이미지나 에피소드 등으로 구성된다. 표절과는 달리 표면 상의 일관되고 고답의 세련된 효과를 지향하는 패스티시는 남을 속이려하지 않는다"[15]는 점에서 원텍스트의 무단 이용과 구분된다. 이와 비슷한 맥락으로 선배 제작자에 대한 존경의 표시로 원텍스트의 특정한 기법을 활용하는 오마주를 비롯해 원전을 해체하고 이를 재구성하는 콜라주, 몽타주와 같은 기법 역시 원텍스트에 대한 생산적 변용과 창조의 과정으로 흔히 인정받고 있다.

창의적 글쓰기에서 활용될 수 있는 특정 기법들은 다분히 주관적이고 미학적이며, 글쓰기 주체의 진실성에 기반하고 있다. 이러한 기법들은 글쓰기 윤리 문제에 더욱 까다로운 질문을 제기한다. '원전에 대한 출처 표기는 어떻게 해야 하고 원전의 활용 범위는 어느 수준까지 가능한가?'와 같은 표면적인 문제에서부터, '모방과 창조의 범주는 어떻게 설정해야 하며, 실재가 존재하지 않는 재현은 어떻게 가능한가?'와 같은 심미적이고 철학적인 문제가 제기될 수 있을 것이다.

표절-저작권법의 대척점에 놓여 있는 일련의 글쓰기 기법들은 원전의 권위와 원전이 제한하고 있는 사고의 틀을 넘나들며 현재를 살아가는 글쓰기 주체의 미적, 정치적, 문화적 정체성을 드러내는 주요한 수단이 되고 있다. 이러한 글쓰기의 방법은 오늘날의 멀티미디어 글쓰기 환경에서 더욱 두드러지는 특징이기도하다. 당연한 얘기일 수 있지만 글쓰기 주체는 글을 쓰는 환경과 글의 종류, 글의 목적 등에 따라 학습 동기와 윤리적 관점의 차이를 경험하게 마련이다. 표절 예방을 글쓰기

---

15 같은 글, 227쪽.

윤리의 중심에 놓고 보면 글쓰기 주체가 의사소통 공동체의 일원으로서 갖춰야할 보다 다양한 관점을 살필 수 없게 될 수 있다. 이러한 점을 고려한다면 현재 학부생을 대상으로 하는 글쓰기 윤리 교육의 방법과 관점은 많은 부분 재검토될 필요가 있다.

3. 창의적 글쓰기에서 '글쓰기 윤리' 제고 방안

1) 텍스트 공동체에 대한 인식과 글쓰기 윤리

대학에서 글쓰기 윤리의식을 제고하기 위해서는 표절과 관련된 문제를 생각하지 않는 것이 더 생산적일지 모른다. 무단으로 남의 저작물을 가져다 쓰면 안 된다는 인식과 이를 기반으로 하는 서지정보 제공 교육 이후에 대학 글쓰기에 남아 있는 것은 무엇인가. 대학 사회에서 이루어지는 것이 학술적 글쓰기가 전부가 아니라면, 주석을 달고 서지사항을 표시하는 것으로 양식화된 글쓰기와 글쓰기 윤리 교육이 주체의 몰개성화와 창의적 사고의 제한으로 이어지는 것은 아닌가. 글쓰기 주체가 타인의 저작물, 혹은 원전의 권위에 매몰되어 한 걸음도 나아가지 못하는 상황은 누가 책임을 질 수 있을 것인가.

이러한 질문은 창의적 글쓰기 과정에서 더욱 많은 문제의식을 야기한다. 창의적 글쓰기에서 글쓰기 주체는 상대적으로 사적인 영역에 더 많은 관심을 둔다. 개인이 가지고 있는 사상과 감정을 표현하는 영역으로서 창의적 글쓰기는 주체가 담화 공동체를 의식하고 그 공동체 안에서 개별성을 담보할 수 있는 의사소통 양식을 타진하는 활동을 핵심으로 한다. 정영진은 창의적 글쓰기 과정에서 "타자의 시선이나 타자의 존재 자체를 경유할 때 획기적인 사고의 전환을 가져올 수 있으며, 창의적 글쓰기는 다원주의 사회가 생산해 내고 있는 폐쇄적, 이기적인 문화에 대한 반성적 주체의 자리를 마련할 수 있다는 점에서도 그 의의를 찾을 수 있을 것"[16]이라고 지적한 바 있다. 의사소통 공동체 안에서 타자를 의식하고 타자와 구분되는 개인의 사상과 감정을 드러낼 수 있는 방식에 대한 성찰 과정은 기존 글쓰기 윤리 교육에서 행해지는 양식화된 글쓰기와는 정반대의 방향을 지향하는 활동이다.

창의적 글쓰기에서 주체는 의사소통 공동체의 일원으로서 마땅히 지켜나가야 할 덕목과 관련된 것들을 스스로 항목화 할 수 있는 능력을 자연스럽게 갖춰 나갈 수 있는 계기를 마련해야한다. 표절을 비롯한 연구 결과의 위변조, 과제물의 구매 및 양도와 같은 문제들은 글쓰기 윤리의 일반적인 항목이다. 그러나 창의적 영역에서 글쓰기 주체는 "진실과 거짓, 사실과 왜곡 사이에서 때때로 위험한 줄타기가"[17]되는 것을 경계해야 하며, "자신도 모르게 '권력에 아첨하는 글', '처세에 전전긍긍하는 글'"[18]에 대해 경계해야 한다. 창의적 글쓰기에서 주체는 표절 문제에 앞서 공동체 속에서 스스로를 의식하며 보다 생산적인 사고의 과정으로 접어들 수 있어야하며, 글쓰기 윤리의 관점 역시 보다 보편적이고 실천적인 영역으로 확장할 수 있는 능력을 갖춰 나갈 것을 주문하고 있다.

---

16 정영진 앞의 글, 282쪽.
17 같은 글, 283쪽.
18 같은 곳.

오늘날의 글쓰기에서 강조하는 공동체 의식의 복원과 타자에 대한 인식의 확장은 현행 글쓰기 윤리 교육에서 시행하고 있는 주석달기 등과 같은 활동을 필요조건으로 상정할 필요가 있음을 분명히 하고 있다. 그러나 이러한 활동이 주가 된다면 창의적 사고 과정에 많은 제약을 가하게된다. 창의적 글쓰기에서 윤리 의식을 제고하기 위해서는 선행 텍스트와 선행 아이디어가 글쓰기 주체에 미치는 복잡한 영향관계를 고려하는 교육이 수행될 필요가 있다. 창의적 글쓰기에서 선행 텍스트는 차이와 동일성을 통해 글쓰기 주체와 생산된 텍스트에 정체성을 부여한다. 창의적 쓰기에서 텍스트를 생산하는 모든 과정이 글쓰기 윤리와 직결된다고 해도 무방할 것이다. 이를 고려한다면 창의적 글쓰기에서의 글쓰기 윤리 교육은 보다 세밀하고 포괄적이며 실천적인 관점으로 접근할 필요가 있다.

창의적 글쓰기는 다른 영역의 글쓰기에 비해 선행텍스트에 대한 자유로운 접근 권한을 필자에게 부여한다. 선행 텍스트에 대한 비평이나 예술적 차용의 일환이라면 출처를 밝히지 않아도 될 권리가 창의적 글쓰기의 주체에게 부여되어 있기도 하다. 창의적 글쓰기에서 공동체에 대한 인식은 선행 텍스트를 의식하는 행위이며, 선행하는 아이디어를 의식하는 행위라고 할 수 있다. 바꿔 말하면 창의적 영역에서의 공동체에 대한 인식은 결국 '텍스트 공동체'에 대한 인식이라고 할 수 있을 것이다.

주지하고 있는 바와 같이 선행 텍스트에 대한 활용 방법이 심미적이고 주관적이라는 점에서 창의적 글쓰기의 주체에게는 보다 보편적이고 실천적인 윤리성이 강조된다. 여기서 창의적 글쓰기와 윤리의 문제가 상충되는 경향을 보인다. 이를 해결하기 위해 창의적 글쓰기 과정에서 저작권법 및 표절과 관계된 사항을 숙지시키는 것은 추후의 문제일 것이다. 창의적 글쓰기에서 필자는 텍스트 공동체의 일원으로서 선행 텍스트와 수없이 영향을 주고받을 수밖에 없다는 것을 잘 이해했을 때 글쓰기 윤리는 확보될 수 있다.

해럴드 블룸(Harold Bloom)은 창조적 주체로서 시인들이 선배 시인들과의 영향 관계 속에서 발전할 수 있다고 언급하고 있다. 블룸은 "선배 시로부터의 이탈, 타락, 오독의 과정"[19]을 통해 창조적 작업이 가능하며, "시는 독립적인 미적 대상이 아니라 불가피하게 앞선 선배 시와의 관계를 통해 태어나고 선배 시는 단순히 새로운 시의 배경이 아니라 그 시를 태동하게 하는 필수적인 촉매이다"[20]고 지적한 바 있다.

블룸의 언급은 문예학적 성찰이기는 하지만 창조적 주체가 텍스트 공동체 안에서 어떠한 형태로 발전하고 창조성을 발현하는지를 잘 나타내고 있다. 글쓰기 주체는 선행 텍스트와의 대립과 갈등 즉 '영향에 대한 불안'을 극복함으로써 건전한 텍스트 공동체의 일원으로서 창조적 글쓰기 주체가 될 수 있다. 결국 창조적 주체는 텍스트와 텍스트간의 영향관계를 심오하게 성찰하고 이를 자신의 글쓰기에 다양한 방편으로 반영할 수 있어야 한다는 것이다. 블룸의 생각은 선행 텍스트와의 영향관계 속에서 새로운 것이 탄생된다는 "탈구조주의적 상호텍스트성"[21]을 전제로 한다는 점에서 본 논의에 시사하는

---

19 해럴드 블룸, 양석원 역, 『영향에 대한 불안』, 문학과지성사, 2012, 273쪽.
20 같은 글, 264쪽.
21 같은 글, 281쪽.

바가 적지 않다.

자신이 쓰고자 하는 글과 유사한 글이 세계에 존재하고 있다는 것만으로도 주체는 윤리적 검열의 장에 놓이게 된다. 블룸이 말하는 '영향에 대한 불안'은 '윤리'의 다른 이름이다. 창의적 글쓰기에서 윤리란 선행 텍스트의 영향에서 벗어나 새로운 것을 만들어 내는 일을 일컫는다. 단순하게 말하자면 선행 텍스트와의 동일성 즉 '표절'을 피하는 것이 창의적 글쓰기의 과정이자 윤리이다.

그러나 창의적 글쓰기에서의 표절의 형태는 학술적 글쓰기와는 사정이 다르다. 창의적 글쓰기에서 활용되는 패러디, 패스티시, 오마주, 콜라주 등의 미학적 방법론은 글쓰기 주체 스스로가 텍스트 공동체의 일원이라는 점을 강하게 인지하고 선행 텍스트에 대한 비평작업을 수행하는 과정이다. 이러한 문예학적 방법론을 선행 텍스트와의 '유사도'와 '은폐 의도'라는 관점으로 바라보면 '표절' 논쟁이 벌어지고, 선행 텍스트와의 '차이'와 '필자의 의도'라는 관점으로 바라보면 미학적 탐구가 된다. 창의적 글쓰기 과정에서 윤리의 문제가 창조의 문제와 직결되는 지점이다.

더군다나 오늘날은 "방법적 표절에 의해 창조적 가치가 만들어지는"[22] 시대이다. "인터넷 환경 속에서 타인의 저작물을 개작하거나 왜곡 또는 변형하는 것이 손쉬워졌을 뿐만 아니라 텍스트의 무한복제와 무한 증식이 가능해진 것이다."[23] '표절 유희(play-giarism)'와 같이 창조성에 본질적 의문을 제기하고 있는 개념이나 "'예상표절(le plagiat par

---

22 정끝별, 앞의 글, 429쪽.
23 같은 곳.

anticipation)'과 같이 근접성이 희박한 두 텍스트 사이에서 확인되는 유사성은 우연이나 고전적인 형태의 표절로는 설명될 수 없음"[24]을 드러내는 개념은 창의적 글쓰기에서 표절을 윤리의 개념과 동일하게 바라보는 것을 주저하게 한다.

이러한 점을 고려한다면 창의적 글쓰기에서 윤리의 문제는 필자 스스로가 텍스트 공동체의 일원이라는 점을 강하게 인식할 수 있는 활동으로 꾸릴 필요성이 제기된다. 또한 인터넷 환경 등 현대의 글쓰기 환경을 고려하고, 상호텍스트성을 근간으로 하는 문예학적 글쓰기 방법에 대한 교육을 통해 학습자 스스로가 '창조성'일반에 대해 의문을 제기할 수 있는 능력을 기를 수 있도록 지도할 필요가 있다.

2) 창의적 글쓰기와 글쓰기 윤리 교수 학습법

창의적 글쓰기에서 글쓰기 윤리의식 제고를 위해서는 필자가 자신이 쓴 글이 '새롭다'라는 환상에서 벗어날 수 있도록 유도하는 것이 가장 중요하다. 시인이나 소설가가 의도적으로 남의 글을 훔치는 이유는 '새로움'에 대한 탐닉 때문일 것이다. 새로움에 대한 강박은 글쓰기 주체를 공동체 속에서 사유하지 못하게 하는 요소가 된다. 대학 교양 과정에서 역시 사정은 다르지 않을 것이다. 글쓰기 주체에게 부과되는 '나만의 글'이라는 과제는 마치 이 세상에 한 번도 존재하지 않았던 창조적인 아이디어와 그 아이디어를 반영하고 있는 글이 존재할 것이라는 환상을 학생들에게 심어준다.

---

24 같은 글, 434쪽.

김수이는 대학의 교양 과정의 "글쓰기 교육이 부과하는 '나'만의 자기소개서를 써라, '나'만의 목소리를 내라, '나'를 실현하라는 등의 지침은 학습자들에게 '나'의 실현과 열림보다는 '나'에 대한 강박과 피로를 안겨줄 소지가 있다."[25]고 지적한다. 또한 "학습자들은 자신이 바로 타자이며 공동체적 존재라는 사실을 모르거나 잊은 채, '고립된 허구적인 나'에 몰두하게 될 수 있다. 타자의 목소리로 타자의 이야기를 하면서 그것을 '나'의 목소리와 이야기로 착각하는 현상은 학습자들이 쓰는 글이 대체로 비슷한 내용, 유사한 문체, 획일적인 구성을 지닌 점에서 반복적으로 확인된다."[26]고 쓰고 있다.

이러한 문제의식을 기반으로 창의적 글쓰기 과정에서 활용해 볼 수 있는 텍스트 공동체 구성 중심의 교육 내용을 아래와 같이 제시해 보고자한다. 이 과정은 학습자가 텍스트와 텍스트의 의미망 속에서 사유하고 있는 공동체의 일원이라는 사실을 강하게 인지하고, '새로움'에 대한 강박에서 벗어날 수 있도록 유도하기 위한 것이다. 또한 이 과정은 학습자가 스스로를 공동체의 일원으로 자연스럽게 연행시켜 텍스트 공동체 안에서 지켜 나가야할 글쓰기 윤리의 덕목을 구성할 수 있도록 하기 위한 것이다.

---

25 김수이, 「공동체, 나눔, 글쓰기2」, 『한국문예창작』 13-2, 한국문예창작학회, 2014, 258쪽.
26 같은 곳.

(1) 텍스트 공동체 구성하기를 통한 글쓰기 윤리 교육

차시	학습주제	내용
1 차시	텍스트 공동체의 생성	■ 같은 주제로 된, 성격이 다른 3개 이상의 텍스트를 제시 (문학작품, 영화, 그림 등도 가능) ■ 모둠은 3인 이상으로 구성 ■ 텍스트 감상 및 모둠 토의 활동을 통한 글감 생성
	개별 창작	■ 감상 및 토의 활동을 기초로 한 글쓰기 실습 진행 ■ 5단락 내외의 에세이 한 편 작성 (모둠에서 벗어나 글쓰기에 임하고 시간은 충분히 줄 것)
2 차시	텍스트 공동체와 소통하기	■ 완성된 글의 출판과 피드백: 모둠 활동을 통해 각자 쓴 글과 감상 텍스트를 비교하고 비평하기 -같은 문장에 밑줄 긋기 -서술방식 비교 -비슷한 심상 비교 -모둠 활동에서 활용한 메모와 비교
	마무리	■ 창의적 글쓰기 과정에서 표절의 문제에 대한 해설 및 비평 (교수자) ■ 고쳐 쓰기: 아이디어 제공자 및 유사한 아이디어에 출처 표시하기, 사사표시하기 ■ 창작의 자율성, 표절 등 관련 논제를 중심으로 토론

위에서 제시하고 있는 협동 작문 과정은 사회구성주의 작문이론에서 이미 언급하고 있는 내용을 실제에 적용한 사례와 매우 유사하다. 사회구성주의 작문이론은 학교 작문교육에서는 지난 2007년 개정 교육과정부터 반영된 매우 일반화된 모델이다.[27] 글쓰기 과정에서 사회·문화적 요인과 언어적 요인 그리고 담화 관습 등을 충분히 고려하여 필자와 담화공동체가 의미 협상 과정을 거쳐야 한다[28]는 사회구성주의 작문이

---

27 개정 교육과정에서 작문 과목의 목표: 개인적, 사회적 행위로서의 작문에 대한 이해와 다양하고 풍부한 상황에서 작문 활동을 바탕으로 작문 능력을 신장하고 작문 활동은 통해 공동체에 적극적으로 참여하는 태도를 기른다.

28 박영목, 『작문교육론』, 역락, 2008, 148쪽.

론은 개별적 장르의 특성이 고려되지 않은 채 글쓰기 주체의 사회과 과정을 중점적으로 다루고 있다는 측면에서[29] 본 논의에서 제기하고 있는 텍스트 공동체의 협동 글쓰기와는 다소간 차이가 있다. 창의적 글쓰기는 장르적 특성상 글쓰기 주체의 사회화보다는 시공을 초월하여 텍스를 공유하는 주체들의 영향관계를 중심으로 의미화 과정이 이루어 지며, 이를 통해 글쓰기의 윤리의 문제를 의식할 수 있기 때문이다.

학습자들이 비슷한 주제 의식을 가진 상이한 텍스트를 경험하게 하고 이를 바탕으로 글쓰기에 임할 수 있도록 유도하는 프로그램은 글쓰기 주체가 텍스트의 관계망 속에서 스스로를 확인하고 아이디어를 확장할 수 있는 계기를 만들 것이다. 3인 이상의 모둠으로 협동 작문 과정을 고려하는 것은 텍스트와 텍스트, 그리고 주체와 타자의 관계망을 조직하여 보다 복잡하고 다양한 텍스트 공동체를 구현하기 위한 방편이다. 학습자들은 이를 통해 자신이 처한 글쓰기 환경의 복잡성과 콘텍스트의 집합으로 구성되는 텍스트의 원리를 이해할 수 있게 된다.

텍스트 공동체 구성과 글쓰기 작업 이후에는 학습자들이 소통할 수 있는 계기를 만들어 학습 효과를 높일 필요가 있다. 자신이 쓴 글이 선행 텍스트와 어떠한 유사성이 있는지, 혹은 글감 생성 과정에서 동료 와의 영향관계는 어떠했는지 등을 확인할 수 있는 체크리스트를 통해 공동체 속에서 수행하는 글쓰기의 의미를 인식할 수 있는 계기를 만들수 있다.

마무리 작업에서는 교수자가 개입하여 글쓰기 과정에서 '새로움'이

---

29 주재우, 「사회구성주의 작문이론의 재검토」, 『작문연구』 11, 한국작문학회, 2010, 216쪽.

란 기존에 존재하지 않았던 텍스트를 생성하는 것이 아니라 "기존의
텍스트와 영향을 주고받는 과정 그 자체"(해럴드 블룸)라는 사실을 인지
시킬 수 있다. 이와 더불어 필자들 스스로가 자신의 아이디어와 구분되
는 콘텍스트들을 찾고, 적절한 인용과 사사표기를 할 수 있는 방법에
대한 안내도 가능할 것이다. 창의적 글쓰기에서 각주와 인용이 잘 활용
되지 않는다는 측면을 고려한다면, 글의 서두나 말미에 남길 수 있는
간단한 사사표기 방법 등을 안내하여 창의적 글쓰기에서 용인 되는
최소한의 가이드라인을 학습자 스스로가 만들어 갈 수 있도록 유도할
수도 있다.

(2) 표절을 통해 표절에서 벗어나기; 모방을 통한 창조적 글쓰기와 윤리

차시	학습주제	내용
1 차시	양식적 표절하기	▪ 양식적 전형성을 띠고 있는 작품 제시 ▪ 형식적 표절(모방)하기
	의도적 표절하기	▪ 텍스트의 의도와 주제 파악 및 내적 구조 이해 (텍스트의 비판적 수용) ▪ 의도적 표절(모방)하기
	텍스트 공동체와 소통하기	▪ 양식적 표절과 의도적 표절의 차이 구분하기 ▪ 패러디를 비롯한 창의적 글쓰기의 상호텍스트적 성격등 현대적 글쓰기 양식에서 창작의 자율성과 윤리의 문제에 대한 문제의식 제기(교수자) 및 토론

창의적 글쓰기 과정에서 가장 첨예하게 발생하는 윤리적 문제는 장
르의 관습과 사회적 통념이 허락하는 범위 안에서 모방을 했는지의
여부를 판가름하는 순간에 발생한다. 엘리어트는 현대 영시사를 통틀
어 인유(引喩)를 가장 많이 활용한 시인으로 알려져 있다. 엘리어트는
"인유를 통해 과거와 현재를 대조함으로써 중층적 효과를 내었고 그러

한 의미에서 스스로 말한 〈역사의식〉이 견고한 전통적 시인으로 성장
해 나갔다."[30] 이러한 맥락에서 그는 "미숙한 시인은 모방하고 성숙한
시인은 훔친다"[31]라고 언급하기도 했다. 현대 미학에서 논의되고 있는
정당한 모방과 차용의 여러 기법들은 학습자의 창의적 사고를 촉발하
는 기제로 작동함과 동시에 글쓰기 윤리를 사유할 수 있는 장으로 작동
하는 계기가 된다. 논의를 조금만 소급하자면 '창의적 글쓰기의 과정
자체가 곧 글쓰기 윤리의식을 함양하는 과정'이라는 표현은 그리 과장
된 것만은 아니다.

　위에서 제시하고 있는 '양식적 표절하기'와 '의도적 표절하기'는 창
의적 글쓰기 과정에서 모방의 방법을 숙지하고 선행 텍스트와 글쓰기
주체의 관계를 설정하는 방법을 학습할 수 있도록 하기 위한 것이다.
이 과정에서는 가급적 단순한 형태로 되어 있거나 장르적 정체성이
확고한 권위적인 텍스트를 선정하는 것이 좋다. 유명한 시나 전형적인
내러티브를 가지고 있는 짧은 서사물, 고전 설화 텍스트 혹은 SNS나
블로그 등을 통해 널리 알려져 의미가 고정된 토막글을 제시한 후 두
가지 방법으로 모방하는 작업을 수행할 수 있다. 양식적 표절 과정은
말 그대로 글쓰기 주체가 선행 텍스트를 무비판적으로 수용하고 모방
하는 과정이며, 의도적 표절은 텍스의 내적 구조와 의미를 비판적으로
수용하는 과정이다. 동일한 텍스트를 각각 다른 방법으로 모방하는 작
업을 통해 텍스트의 수용 절차와 현대적 글쓰기 양식을 숙지할 수 있도
록 지도할 수 있다.

---

30 유종호, 『문학이란 무엇인가』, 민음사, 1997, 331쪽.
31 같은 책, 339쪽.

이 학습 활동은 선행 텍스트에 대한 두려움을 없애고 건전한 영향 관계 설정의 방향을 학습자 스스로가 체득할 수 있도록 고려해야 한다. 끝으로 교수자는 선행 텍스트에 대한 비판적 수용의 절차와 방법이 지켜졌을 때 창조적 글쓰기와 윤리성이 동시에 담보될 수 있다는 점을 강조할 수 있다. 이상 두 가지 형태로 제시한 창의적 글쓰기에서 윤리 의식 제고를 위한 교수 학습법은 다음 몇 가지 측면에서 의미를 찾을 수 있다. 첫째, 창의적 글쓰기 과정에서 학습자 스스로가 텍스트 공동 체를 구성하고 윤리적가이드라인을 설정할 수 있는 계기를 만들 수 있다. 둘째, 선행 텍스트와 아이디어를 '가치'로 인식하고, 이를 적절히 활용하는 방법을 모색함으로써 글쓰기 윤리의식을 확보할 수 있다. 셋째, 선행 텍스트를 비판적이고 생산적으로 활용하는 현대적 글쓰기 기법을 숙지하는 등 창의적 글쓰기 일반의 기술적 측면과 더불어 타자의 사고를 존중할 줄 아는 사고를 배양할 수 있다.

4. 결론

글쓰기 윤리의 궁극적 의미에 대해 다시 사고해야한다는 논의는 지 속적으로 있어 왔다. 글쓰기 윤리란 논문 작성 과정에서 주석과 서지사 항 표기에 관해 아는 과정이 아니다. 글쓰기 윤리 교육은 대학이나 국 가가 정한 윤리규범에서 벗어났을 경우 어떠한 불이익에 직면하게 되 는지에 대한 경각심을 불러일으키는 수준에서 멈춰서는 안 된다. 진정 한 의미에서 글쓰기 윤리란 학습자가 윤리의 문제를 내면화하고 이를 실천할 수 있는 계기를 마련하는 것에서 시작된다.

글쓰기를 넘어 의사소통 공동체의 일원으로서 타인의 사고를 존중하고, 타인의 사고를 정당한 범위 안에서 자신의 것으로 받아들일 수 있으며, 이를 효율적으로 활용할 수 있는 능력을 함양하는, 전인적 교육으로서 글쓰기 윤리 교육 과정은 거듭날 필요가 있다. 이를 위해 많은 연구자들이 글쓰기 영역별로 특성화된 윤리 교육의 필요성을 역설했다. 하지만 장르의 특성을 고려한 글쓰기 윤리 교육에 대한 본격적인 논의는 찾아보기가 힘들다.

본 연구는 글쓰기 윤리 교육 현장에서 창의적인 글쓰기 과정에 대한 윤리적가이드라인이 거의 존재하지 않고 있다는 문제의식에서부터 논의를 시작했다. 학문적/논리적/논증적 글쓰기와 구분되는 글쓰기로서 창의적 글쓰기에서도 역시 글쓰기 윤리의 문제는 첨예한 관심사가 되고 있는 추세이다. 다양한 예술 분과에서 발생하는 표절 시비가 이를 방증한다.

본 논의에서는 창의적 글쓰기에서 윤리의 문제가 매우 복잡한 양상을 띠고 있음을 고찰했다. 창의적 글쓰기에서 윤리의 문제는 필자 스스로가 텍스트 공동체의 일원이라는 점을 인식할 수 있는 활동이 전제될 필요가 있음을 언급했다. 또한 인터넷 환경 등 현대의 글쓰기 환경을 고려할 필요가 있으며, 상호텍스트성을 근간으로 하는 문예학적 글쓰기 방법에 대한 교육을 통해 학습자 스스로가 '창조성'일반에 대해 의문을 제기할 수 있는 능력을 기를 수 있도록 지도할 필요가 있다 점을 밝히고 있다.

창의적 글쓰기 과정에서 윤리의식 제고를 위해 본 연구는 "텍스트 공동체 구성하기를 통한 글쓰기 윤리 교육"과 "표절을 통해 표절에서 벗어나기"와 같은 글쓰기 교수 학습 방법을 제안했다. 본 연구에서 제시하고 있는 교수 학습 방안은 글쓰기 주체가 선행 텍스트와의 영향관계를 인지하고 이를 활용하는 과정에서 윤리적 가이드라인을 설정할 수 있도록 하는 방안으로서 의미가 있다.

본 연구는 대학 교양교육 과정의 글쓰기 교육에서 언급되지 않았던 창의적 영역에서의 윤리의식 제고에 대한 시론적 성격을 띠고 있다. 글쓰기 윤리 교육이 요원한 일이기는 하지만 그럼에도 장르별로 글쓰기 윤리 교육의 성격을 달리 해야 한다는 일각의 주장을 뒷받침 하는 논의라는 측면에서 본 연구의 의미를 찾을 수 있을 것으로 기대한다. 본 논의에서 제시하고 있는 교수-학습 방법의 현장 적용 및 실용성과 관련된 사안은 추후 연구를 통해 꾸준히 밝혀 나갈 것이다.

『열린 정신 인문학연구』 17(2)집(원광대학교 인문학연구소, 2016.8.)에 게재한 원고를 재수록한 것임.

참고문헌

공종구, 「패러디와 패스티시 그리고 표절 그 개념적 경계와 차이」, 『현대소설연구』 5, 한국현대소설학회, 1996.
김수이, 「공동체, 나눔, 글쓰기2」, 『한국문예창작』 13-2, 한국문예창작학회, 2014.
박영목, 『작문교육론』, 역락, 2008.
유종호, 『문학이란 무엇인가』, 민음사, 1997.
이인영, 「'바꿔쓰기'가 학문윤리의식에 미치는 연향」, 『교양교육연구』 9-1, 『교양교육연구』, 교양교육연구학회, 2015.

이인재, 「대학에서의 글쓰기 윤리교육」, 『작문연구』 6, 한국작문학회, 2008.

정끝별, 「현대시 표절 양상에 대한 분석적 고찰」, 『현대문학이론연구』, 현대문학이론학회, 2012.

전동진, 「글쓰기 윤리의 정립과 윤리의식 제고 방안 연구」, 『국제어문』 55, 국제어문학회, 2012.

정종진, 「표절에 대한 전통적 논의와 대학생 학습윤리 교육의 반성적 고찰」, 『학습자중심교과교육연구』 14-9, 학습자중심교과교육연구학회, 2014.

정영진, 「대학 기초교양에서의 '창의적 글쓰기' 인식 연구」, 『작문연구』 18, 한국작문학회, 2013.

정현선, 「인터넷 공간에 대한 저자의 인식과 글쓰기 윤리」, 『작문연구』 6, 한국작문학회, 2008.

정병기, 「대학생 글쓰기의 부정행위와 윤리 교육 방안」, 『사고와표현』 1-1, 한국사고와표현학회, 2008.

주재우, 「사회구성주의 작문이론의 재검토」, 『작문연구』 11, 한국작문학회, 2010.

최선경, 「대학생 글쓰기윤리 의식 고취를 위한 실천적 교육방안」, 『수사학』 10, 한국수사학회, 2009.

최용성 외, 「연구윤리에서 표절 문제와 표절 예방 교육에 관한 연구」, 『한국시민윤리학회보』 22-2, 한국시민윤리학회, 2009.

황성근, 「대학생의 글쓰기 윤리와 표절 문제」, 『사고와표현』 1-1, 한국사고와표현학회, 2008.

한국연구재단, 〈연구윤리 확보를 위한 지침 해설서〉, 2015.

해럴드 블룸, 양석원 역, 『영향에 대한 불안』, 문학과지성사, 2012.

비평 글쓰기의 방법적 전략으로서
'술어적 서술'

전동진

1. 서론

독서 행위가 없으면 책은 하나의 작품이 될 수 없다. 글을 쓰는 과정에서 작가는 독자를 염두에 둔다. 기존의 비평은 작가가 염두에 둔 독자를 최선의 독자로 상정했다. 글을 읽는 사람들은 작가의 독자가 되기 위해 노력했다. 객관적인 시간의 흐름으로 보면 작가의 쓰기 이후에 독자의 읽기가 이루어지는 것이 자연스럽다. 그런데 실제 독서에서도 그러한가?

작가가 어떤 독자를 염두에 두고서, 혹은 여전히 읽히기 위해 글을 쓴다는 것은 제대로 생각하지 않고 하는 말이라고 모리스 블랑쇼는 말한다. 말해야 하는 것은 작가가 아니고 독자의 몫이라는 것이다. 따라서 글을 쓰는 것은 불가능에서 빠져나오는 것이고, 글을 쓰는 것이 드디어 가능한 것이 되었다는 것은 곧 읽는다는 것의 요구가 그대로 반영된 것을 의미한다. 따라서 작가가 독자를 창조하는 것이 아니라 무한한 미래의 독자로부터 태어나는 것이 독자의 작가이다.[1]

문학을 갈래짓고, 이를 유형화하려는 다양한 시도에는 설명과 이해의 변증법이 작동한다. 문학을 갈래짓는 것을 목표로 하는 장르론은 설명(알고 있는 것에 대한)을 정(正)의 자리에 놓는다. 갈래 안에서 여러 작품에 대한 유형 분류를 시도할 때는 이해(알게 된 것에 대한)를 정(正)의 자리에 놓는다. 설명과 이해의 변증법은 주로 작가와 텍스트 사이에서 이루어진다.

변증법의 지평을 좀 더 확장하면 독자와 작가 사이에서는 찢긴 내밀성으로서 작품의 변증법이 작용한다. 작가는 창조자로서 텍스트를 현전하도록 만든 자이다. 독자는 작품을 다시 만들기 위해서 작품 속으로 현전해 들어가는 자이다[2]. 작품은 이 둘이 형성하는 팽팽한 긴장 사이에서 찢김으로써 새로운 내밀성을 드러낸다.

작품의 변증법을 통해 작품을 최종적으로 장악하는 자는 작가가 아니라 독자이다. 전문가는 바로 작품을 장악한 독자를 일컫는다. 전문가로서의 독자, 곧 비평가는 읽기 중심의 설명과 이해의 변증법에서, 쓰기 중심의 이해와 해석의 변증법으로 나아간다.

> 생성인 양 작품에서 현전하는, 이러한 읽기의 방식은 스스로 변화해 가는 비평적 독서를 낳는다. 이러한 독서를 통하여 전문가가 된 독자는 작품이 어떻게 만들어졌는가를 알기 위해 작품을 심문하고, 작품 창조의 비밀과 조건을 물으며, 그리고 나서 작품이 그러한 조건 등등에 부합하는가를 엄격하게 묻는다. <u>전문가가 된 독자는 거꾸로 저자가 된다.</u>[3] (밑줄 필자)

---

1 모리스 블랑쇼, 이달승 옮김, 『문학의 공간』, 그린비, 2010, 291쪽.
2 같은 책, 334쪽.
3 같은 책, 269쪽.

　이전에는 하나의 완성체로서 작품을 경험하기 위해서 독자는 저자의
독자가 되어야 했다. 저자를 통해서 작품으로 들어가는 것을 비평의
바른길이라고 믿었다. 그런데 이제 작품은 하나의 완성체를 지향하면
서, 저자로 거듭나고자 하는 독자의 글쓰기 재료가 된다. 절대 완성체
로서의 작품은 더는 존재하지 않는다. 독자가 작품의 새로운 저자가
되기 위해서는 저자와는 무관하게, 저자를 탄생시키면서 곧바로 텍스
트로 현전해 들어갈 수 있어야 한다. 시 교육에서 비평에 대한 강조는
작품의 해석 주체를 작가에서 독자로 자리바꿈할 것을 요구하고 있다.
　작품에 대한 읽기와 해석의 패러다임이 전환하고 있는 것이다. 그런
데 여전히 교육 현장에서는 기존의 비평 방법으로 작품에 접근하고
있다. 이런 교육 환경에서 길러진 인재들은 실제 문화의 현장에서 시
텍스트의 해석에 능동적으로 참여하는 길을 스스로 열지 못한다. 문제
는 이것이 문화적인 결핍으로 남지 않고 다른 매체에 의해 곧바로 대체
되어 버린다는 것이다. 문화 속에서 서정시의 역할은 축소되고 위상은
낮아지는 악순환의 연결고리를 끊을 필요가 있다.
　시 텍스트가 지닌 의미의 미결정성과 형식의 개방성은 비평 교육에
서 시 텍스트를 대상 작품으로 할 때 얻을 수 있는 가장 큰 특장점이다.
시 텍스트에는 다채로운 시선이 통과할 수 있어 다양한 비평적 글쓰기
가 가능하다. 독자는 읽기에 그치는 것이 아니라 쓰기로 나아갈 때 훨
씬 더 큰 비평적 효과를 거둘 수 있다. 그렇다고 쓰기로 무작정 나갈
수는 없다. 읽기에서 쓰기로 전환하는 동인을 스스로에게서 찾을 때
가장 좋은 것이 작품에 대한 주관적 반응을 객관화시키는 것이다. 그
단초를 제공할 수 있는 것이 '술어적 서술'이다.
　술어는 대상에 대한 가치를 드러내기도 하지만 궁극적으로는 주체

(발화)의 역동적 변화(반응) 즉 움직임을 담고 있다. 가다머는 "진정한 발화의 요소는 이름(onoma)인 동시에 술어(rhēma)로서의 말"[4]이라고 말한다. "명제는 주체 개념에서 출발하여 주체와 관련이 있는 다른 개념으로 이행하는 것이 아니라, 술어의 형태로 주체의 진리를 표현한다."[5] 이름이 대상에게 다가서는 것이 규정이라면, 술어는 주체의 반응으로 유발된 행위에 해당한다. 비평적 글쓰기는 '이름'으로부터가 아니라 '술어'로부터 출발할 필요가 있다.

그동안 시 교육을 포함한 문학 교육은 작품의 완결성을 전제한 후, 이해와 감상에 초점을 맞추었다. 새로운 교육 과정에서 요구하는 것은 능동성 즉 자기 주도적인 학습이다. 교육 현장에서도 이해와 감상이라는 수동성을 벗어나, 수용과 창작이라는 능동성으로의 전환을 요구받고 있다. 수용은 주체의 적극성이 반영된 표현이다. 창작이라는 말도 작품의 창작이 아니라 문학작품을 제재로 한 자기 글쓰기의 능동성이 반영된 표현으로 해석할 수 있다.

이 글에서는 시 비평 교육을 실제로 설계하기에 앞서 그 토대를 마련하기 위해 독자의 입장에서 직접 작품에 접근할 수 있는 비평적 통로를 모색하고 있다. 이것은 문학 담론 안에서는 새로울 것이 없지만, 여전히 작품 분석에서 작가의 의도를 파악하는 것을 핵심으로 삼고 있는 교육 담론 안에서는 낯선 것이다. 비평 교육의 강화, 비평 교육에서 시 텍스트의 적극적인 활용을 위해서 작가에서 독자로의 방향 전회는 필수적이다. 이런 시선의 전회를 거친 후, 경향을 달리하는 작품들에

---

4 한스 게오로크 가다머, 『진리와 방법 II』, 문학동네, 2013, 336쪽.
5 같은 책, 415쪽.

실제로 접근할 수 있는 통로를 하나의 예시로써 제시해 보고자 한다.

2. 비평을 위한 시선으로의 전회

작품을 쓰는 행위와 읽는 행위는 서로의 이면을 이룬다. 작가는 쓰는 행위를 통해 작품을 완성하지만, 작가에게 주어진 권한은 그가 쓴 작품의 최초의 독자라는 것 외에 다른 것은 없다. 반면 수동적 지위를 부여받았던 독자의 중요성을 훨씬 강조하고 있다. 독자는 읽는 사람에만 머물러서는 안 된다. 해석 과정을 거쳐 적극적으로 비평의 단계로 나가야 한다. 독서 행위는 읽기 행위에 그치지 않고, 적극적으로 쓰기로 나갈 필요가 있다.

쓰기와 읽기를 하나로, 혹은 서로의 이면에 두고 사유하고자 했던 철학자가 벤야민이다. 벤야민은 읽기로서의 쓰기, 쓰기로서의 읽기를 효과의 측면에 주목해 강조했다. 하나의 쓰기는 새로운 읽기에 의해 완성된다. 그러나 에크리튀르로서의 완성은 텍스트에 고정되지 않고 새로운 쓰기로 나아갈 때 특별한 효과를 발현하게 된다. 스스로 완성이면서 다른 쓰기의 재료가 되는 것이다.[6] 스스로 하나의 자족적인 완성이면서 끊임없이 다른 것의 재료가 되는 언어, 이것이 벤야민이 그의 시대에 다시 조명하고자 한 알레고리의 참뜻이었다.

쓰기를 넘어서는 읽기, 쓰기를 최종적으로 완성하는 읽기에 대한 믿음의 정점에는 모리스 블랑쇼가 있다. 그가 궁극의 공동체로서 지향

---

6 발터 벤야민, 최성만·김유동 옮김, 『독일비애극의 원천』, 한길사, 2009, 239쪽.

하는 문학 공동체는 쓰기의 공동체를 넘어서, 읽기/쓰기를 통해 사라지는 공동체이다. 작품을 통한 정치는 작품을 통해, 목소리의 유도로, 쓰는 자(작가)와 읽는 자(독자)가 함께 행하는 실천으로서 공동 존재(우리)에의 참여다. 그리고 그 과정이 정치적 사유의 문학적 실천이 된다.[7]

폴 리쾨르는 문장의 다채로운 해석 가능성으로서 언표에 주목한다. 그는 다음과 같이 말한다.

> 글쓰기가 단지 이미 존재하는 구술 담화의 고증, 즉 구어의 기록이 아니라, 인간의 생각이 구어라는 중간 단계를 거치지 않고 직접 글로 표현된 것이라면, 그것은 한 가지 특별한 문제를 제기한다. 여기서 글쓰기는 말하기를 대체한다. 즉 담화의 의미와 물질적 매체 사이에 일종의 지름길이 생기는 것이다. 여기서 우리는 말 그대로의 문자(literature)와 관계를 맺게 된다. 담화의 운명은 이제 목소리에서 글자로 옮겨진다.[8]

언표에서 의미를 창출하는 작업이 읽기이다. 쓰기는 구어의 포착이라는 단순한 기능을 수행하는 언어행위가 아니다. 우리 내부의 이미지는 말을 거쳐서 문자로 정착하는 것이 아니다. 쓰기는 내면의 이미지를 활성화하고, 이미지는 쓰기에 다양성을 부여한다. 다양성의 쓰기가 곧 언표이다.

언표가 가장 다채롭게 펼쳐지는 쓰기는 시이다. 따라서 시적 언표를 몇 가지로 구분하는 것은 불가능에 가까울 수 있다. 시적 언어의 스펙트럼은 사실상 구분이 불가능하다. 그럼에도 불구하고 교육 담론의 장

---

7 박준상, 『바깥에서』, 인간사랑, 2006, 31쪽.
8 폴 리쾨르, 김윤성·조현범 옮김, 『해석이론』, 서광사, 1996, 64쪽.

에서 소통하기 위해서는 구분이 불가피하다. 기존에 서정시를 분류할 때는 주로 작가의 의식을 출발점으로 삼았다. 조금만 인식의 전환을 꾀하면, 독자를 출발점으로 삼아서 서정시를 분류하는 것도 얼마든지 가능할 것이다. 이때 독자로부터 기대되는 것은 의식적 반응이 아니라 술어적 서술이다. 술어적 서술은 리쾨르의 말처럼 일종의 '말 그대로의 문자'에 해당한다.

텍스트의 효과를 이야기할 때 고려해야 할 세 주체는 작가와 주인공 그리고 독자이다. 지금까지 비평에서는 주로 작가와 주인공에게 능동적 지위를, 독자에게는 수동적인 지위를 부여하였다. 가다머의 아래와 같은 견해는 텍스트에서 다른 의미와 효과를 발현하기 위한 새로운 통로를 모색하는 입장에서는 중요하게 참조할 만하다.

> 연극은 관객을 위해서 그리고 관객 앞에서 행해지는 것이지, 연기자를 위해 연기자 앞에서 행해지는 것이 아니다. 그렇다고 그 전체 의미 속에서 표현하면서 자신의 역할을 하는 연기자는 그 전체 의미를 경험할 수 없다는 말은 물론 아니다. 연극이, 이해되어야 할, 따라서 연기자의 태도와 분리될 수 있는 의미 내용을 담지하고 있다는 것이 명백하다면, 연극은 관객을 위해 존재하며, 이 점에서 관객은 다만 방법상의 우위를 지닌다.[9]

서정시의 화자와 연극의 주인공 그리고 연극의 관객과 서정시의 독자 사이에는 인식과 반응 형태, 강도에서는 분명 차이가 있다. 그러나 그 관계 맺음에서는 유사성이 훨씬 더 강하다. 해석에 있어서는 시인과 시적 화자의 관계, 시인과 시 텍스트와의 관계보다 독자와 시적 화자의

---

9 한스 게오르크 가다머, 『방법과 진리』 I, 문학동네, 2011, 203쪽.

관계, 독자와 시 텍스트와의 관계에 더 주목할 필요가 있다.

한 편의 시에 대한 독자의 반응은 술어를 통해 표상한다. 낭만적인 시의 언어를 대할 때 독자의 주관적 반응을 추론적으로 재구성하면, '아름답다'가 될 것이다. 사실주의 시는 현실의 시간, 공간, 인간을 시적 현재에 포착함으로써 현실보다도 더 실감나게 재현한다. 이와 같은 시를 대할 때 독자의 반응은 '생생하다'라는 술어적 서술로 이어진다. 마지막으로 현실과는 너무도 먼, 그렇다고 낭만적이지도 않은 매우 낯선 언어의 구조를 만날 때 독자는 '놀랍다'는 술어적 서술로 자신의 정서적 반응을 구조화시켜 나가기 시작한다.

시적 언어에 대한 독자의 반응을 표상하고 있는 술어적 서술어로 본 연구에는 '아름답다', '생생하다', '놀랍다'를 들고자 한다. 이것은 각각 시적 인식의 발현으로서 '시원성', '재현성', '주관성'과 텍스트를 사이에 놓고 마주한다. 시적 인식은 작가를 출발점으로 삼아 작품을 지향한다. 반면 술어적 서술은 독자를 출발점으로 삼는다는 점에서 둘은 대칭적 유사성을 지니고 있다.

독자의 반응이 술어적이어야 하는 것은 우리가 텍스트와의 대화를 통해 시도하는 공감의 중심에는 작가의 의도나 작품의 의미가 아니라 인식의 기쁨이 자리하고 있기 때문이다. 가다머는 계속해서 다음과 같이 말한다.

> 예술의 존재 지위에 대한 가장 철저한 비판가인 플라톤마저도 때로는 삶의 희극과 비극을 무대에서의 그것과 구별하지 않고 말한다. 왜냐하면, 자신 앞에서 행해지는 놀이의 의미를 인지할 줄 아는 사람에게는 이 차이가 지양되기 때문이다. 우리 앞에서 전개되어 보여주는 놀이에서 얻는 기쁨은 삶에서든 무대에서든 같은 것이며, 그것은 인식의 기쁨이다.[10]

기존에는 주로 작가의 입장에서 시의 유형을 분류하였다. 작가의 인식(시간의식)이 어떤 서정성을 통해 언어로 발현되는가에 따라 시를 구분한 것이다. 분석 과정에서 가장 우선에 두는 것은 작가의 의도다. 작가 의식이 시원성을 통해 텍스트에 표상된 것은 낭만주의 시로, 재현성을 통해 텍스트에 표상된 것은 사실주의 시로, 주관성을 통해 텍스트에 표상된 것은 모더니즘 시로 분류하였다.[11]

이와 같은 유형 구분은 작가의 시적 인식을 바탕으로 하는 것이다. 따라서 분명 다른 지향성을 지닌 작품임에도 불구하고, 같은 시인의 작품이라는 이유로 한 유형으로 분류해 버리는 오류를 범하기도 했다. 텍스트를 기반으로 삼기보다는 작가의 인식을 앞세우다 보니 추상적일 수밖에 없다. 더구나 시원성, 재현성, 주관성이라는 서정시의 속성은 막연한 것이기도 하다.

이를 극복하고자 좀 더 구체적인 준거로 시간의 양상을 들어 유형을 분류하고 있는 논의가 있다. 작가의 의식보다는 텍스트에 기반을 두면서, 텍스트가 획득하고 있는 구체적인 의미에 주목하고 있다.[12]

텍스트에 기반을 둔 시의 유형 분류

작가의 시간의식	텍스트 시간의 지향성	시적 속성	의미의 지향
역사	과거지향적	재현성	사실성 지향
기억	현재지향적	무시간성	서정성 지향
변형	미래지향적	주관적 변형	모더니티 지향

---

10 한스 게오르고 가다머, 위의 책, 2011, 207쪽.

11 김준오, 『시론』, 삼지사, 1999, 118~131쪽.

12 김동근, 「한국 현대시의 '시간' 양상」, 『현대문학이론연구』 48, 현대문학이론학회, 2012, 8~23쪽.

이와 같은 유형 분류는 텍스트를 중심에 놓고 있다는 점에서 기준의 객관성이 높아졌다고 평가할 수 있다. 다만 시적 속성으로 들고 있는 재현성, 무시간성, 주관적 변형 등이 같은 층위에서 기의를 형성하고 있는가에 대해서는 재고해볼 필요가 있다. 또한, 의미의 지향에서 리얼리티와 모더니티는 넓은 의미에서 서정시의 속성 즉 서정성의 한 속성으로 묶을 수 있다. 의미의 혼선을 예방하는 차원에서 서정성은 낭만성으로 대치해도 좋을 것이다.

이 글에서 시도하는 서정시의 유형 분류는 정태적인 측면에서는 기존의 분류와 크게 다르지 않다. 그러나 철저히 독자의 술어적 서술로부터 텍스트로 지향해 간다는 점에서 차이가 있음을 다시 한 번 강조한다. 작가를 중심에 둔 김준오의 유형 분류와 텍스트를 중심에 둔 김동근의 유형 분류를 비판적으로 계승하면서, 독자의 시선을 따라 유형을 분류하고자 한다. 이 유형 분류의 핵심에는 비평적 시선이 자리한다. 다시 강조하거니와 비평적 시선은 '작가의 독자'로서의 비평적 시선이 아니다. 작가를 새롭게 탄생시키는 독자의 시선이다. 이 시선은 독자와 텍스트를 직접 연결하는 시선이기도 하다.

서정 텍스트의 의미는 '시적 현재'라는 의미의 장을 통해서 발현한다.[13] 시적 현재를 어떤 시간의 지향성으로 구성하느냐에 따라서 시의 의미는 달라질 수밖에 없다. 낭만주의적인 시에서 시적 현재는 주로 감춰져 있다. 시적 현재는 없는 것이 아니라 텍스트에 드러나지 않는다. 그런 의미에서 무시간성이라는 말을 쓸 수 있다. 무시간성은 시간이 없다는 것이 아니라 드러나지 않는 시간, 혹은 드러낼 수 없는 시간

---

13 전동진, 『서정시의 시간성, 시간의 서정성』, 문학들, 2008, 122~152쪽.

을 가리키는 말이다. 현실에서 재현 불가능한, 변형 불가능한 시원으로서의 시간이 낭만주의적 시의 바탕을 이룬다.

사실주의 시는 과거로부터 지향된 현재를 시적 현재로 삼는다. 과거로부터 지향해온 시간은 시적 현재를 거쳐 '미래'로 나아간다. 사실주의 시는 과거로부터 지향되어 온 시간이지만 그 시간의 흐름을 타고 시인의 '유토피아'는 현재가 아니라 미래에 재현된다. 사실주의 시에 재현된 현실의 모습이 비록 비참하고, 비관적일 때조차도 희망의 메시지를 읽어낼 수 있는 것은 이 때문이다.

모더니즘의 시는 미래로부터 지향해 온 시간을 토대로 시적 현재를 구성한다. '미래'는 시간의 양상에서 과거, 현재와 구분되는 미래라기보다는 근원의 시간으로서 현실화되지 않는 '시간', 객관적 시간의 이면에 자리한 시간이라고 보는 것이 타당하다. 현실의 시간이 의식의 시간을 구성한다면, 모더니즘의 시간은 무의식의 시간을 구성한다. 현실의 시간이 인간의 시간이라면 모더니즘의 시의 시적 현재는 사물의 시간, 행위(사태)의 시간에 가깝다. 그래서 현실적인 시간인식(시계 시간)을 지닌 사람들은 이런 텍스트를 읽으면 불안하고, 불쾌하고, 불편할 수밖에 없다. 모더니즘 시가 추구하는 것은 '아름다움'이나 '실감, 희망'이 아니다. 실현 불가능한 시간으로서 미래의 시간을 담고 있는 모더니즘 시가 독자에게 불러일으키는 효과는 언어적 놀라움 그 자체이다.

독서를 통해 독자는 현실의 '나'로부터 텍스트의 '나'로 자기전환을 이룬다. 서정 텍스트는 독자가 서정성이라는 통로를 통과하면서 자기전환을 이루어내는 내적 시간이자 언어화된 공간이다. 텍스트에 현전하게 된 독자의 시선은 두 개의 지향점을 동시에 갖게 된다. 하나의 지향에서는 서정성을 통과해 독자의 작가가 탄생한다. 다른 지향을 통해 독자는 독서의 효과를 통과하면서 자기 생성을 경험하게 된다. 이전 과정이 텍스트와 더불어 발현하는 서정 텍스트의 효과라고 할 수 있다. 그런데 이 효과는 읽기의 과정에서는 이미지 혹은 에너지의 상태로 남아 있다. 효과를 누린 독자가 쓰기를 통해 이를 가시화할 때, 독자는 저자로서의 위상을 획득하게 된다.

그래서 비평적 글쓰기의 주체는 엄밀하게 말하면 둘이라고 할 수 있다. 독자는 술어적 서술을 통해서 시적 언어와 만나게 된다. 그 만남의 장에서 독자는 자기 전환, 자기 소멸, 자기 생성을 차례로 혹은 동시에 겪게 된다. 술어적 서술을 통해 작품으로 들어섰던 길을 거슬러 '새로운 독자로서 나'가 생성된다. 다른 한편에서는 작가 의식이 발현되었던 기존의 경로를 역행해 '독자의 작가'가 탄생한다.

비평적 글쓰기에서 작품의 분석과 해석은 '독자의 작가'가 주도하게 된다. 텍스트에 대한 감상, 도입 그리고 비평은 '새로운 독자로서의 나'가 주도하게 된다. 이 두 주체의 화음과 불협화음을 통해서 비평 텍스트의 효과는 다채롭게 발현한다.

3. 해석 경로의 방법적 모색

문학 작품을 창작하거나 읽을 때, 그리고 교육할 때 가장 중요한 것은 상상력[14]이다. 코울리지는 상상력을 이론적으로 탐색한다. 그는 상

---

14 서울대 국어교육연구소에서 출간한 『국어교육학사전』에는 상상력을 "지성의 창조적인 능력, 정서와 지성, 때로는 감상을 중심으로 하여 여러 체험의 요소들을 종합하고 조직

상력을 인간의 직관적 인식 능력과 관련된 일차적(primary) 상상력과
인간의 대상에 대한 인식을 언어로 창조하는 능력과 관련되는 이차적
(secondary) 상상력으로 구분한다. 코울리지는 이차적 상상력이 체험을
언어화하는 과정에 작용한다고 설명한다.[15]

코울리지는 상상력의 근원을 인간의 내면으로 보고 있다. 상상력은
언어 이전에 발현되고 언어를 통해 굳어진다. 이미지 상태의 정서적
에너지를 최대치로 활성화하는 것을 일차적 상상력으로 본다. 그리고
활성화된 이미지를 살아있는 채로 언어로 포착(Pause)하는 능력을 이차
적 상상력으로 보고 있다. 여기까지를 우리는 시인의 상상력이라고 부
를 수 있다. 창작론의 측면에서 시인의 상상력은 이미지를 언어로 형상
화하는 과정에서 결정적인 역할을 한다.

인간의 내면이 상상력의 근원이라면 인간들이 지닌 상상력의 양과
질은 대동소이한 것인가? 다만 그 상상력을 발현시킬 수 있는 언어적
방법을 알지 못하기 때문에 모든 사람은 내면적으로는 시인이면서 현
실에서는 시인이 될 수 없는 것인가? 시인이 시를 쓰는 것이 아니라
시가 시인을 쓰는 것이라고 할 수 없는가? 상상력의 근원은 인간의
내면이 아니라 언어 자체가 아니겠느냐는 문제의식을 가져본다.

형상화의 과정을 통해 언어가 포착한 역동적 에너지는 시인의 상상
력이 아니라 독자의 상상력을 통해 되살아난다. 마치 말라붙었던 잉크
결정이 물에 떨어지면 다채로운 형상을 펼쳐 보이듯, 시의 언어는 독자

해서 새로운 가치를 창조하는 능력"이라고 풀고 있다.(서울대 국어교육연구소, 『국어교
육학사전』, 대교출판, 1999, 396쪽)
15 장경렬, 「상상력과 언어-코울리지의 경우」, 『현대비평과 이론』, 한신문화사, 1991 가
을, 97~98쪽.

의 상상력 속에서, 상상력의 강도와 밀도에 따라서 저마다 다른 형상성을 획득하게 된다.

푸코는 영혼의 문은 눈이 아니라 귀를 통해 열린다고 했다. 똑같은 내용이라고 하더라도 책으로 읽는 것과 저자에게 직접 듣는 것은, 그래서 감동의 깊이와 이해의 폭이 다르다. 입으로 말하는 것을 우리는 귀로 들을 수 있는 있다. 그런데 우리는 내적 독백에 해당하는 속말이라는 것도 한다. 목청을 울리지 않았는데도 목소리가 분명하게 들린다. 우리의 귀에도 바깥귀와 안쪽 귀가 있는 것이 분명하다. 인간의 감각은 두 겹이다. 바깥의 감각이 세상과 몸을 연결하는 통로라면 내적 감각은 마음과 몸을 이어준다.

낭만주의자들은 시원의 유토피아(과거)를 향한다. 리얼리스트들은 어떤 어려운 상황에서도 미래에 대한 전망(Perspective)을 견지한다. 모더니스트들은 너무도 불안하고, 불길한 현실이지만 현실 이외에는 따로 갈 곳이 없다. 이들은 현실의 이면, 의식의 이면을 탐색한다. 그것은 무의식을 지향하면서, 최종적으로 '언어 자체'에서 자신의 존재를 탐색하기에 이른다. 작가가 거치는 이러한 일련의 과정을 따라잡기 위해서 독자에게 특히 강조되는 것이 내적 감각의 활성화이다.

서정시는 현상적으로 드러난 것들보다는 그 이면을 주로 탐색한다. 현상적인 것들을 탐색하는 것이 바깥 몸의 오감(五感)이라면 그 이면을 탐색하는 것은 안쪽의 오감(五感)이다. 안쪽의 오감은 몸의 오감, 마음의 오감이 아니라 언어의 오감이다. 언어를 목적으로 삼는 서정시, 특히 모더니즘적 경향의 시를 감상, 비평하기 위해서는 내적 감각을 언어적으로 활성화하는 것이 중요하다.

내적 감각이 최대치로 활성화될 때에도, 그 요동치는 감각을 쓰기를 통해 언어에다 붙들어 매는 '손(手)'은 가장 냉철한 이성 안에 있어야 한다. 벤야민의 다음과 같은 언급은 금과옥조(金科玉條)가 아닐 수 없다.

> 열악한 작가는 착상이 많이 떠올라 그 착상들 속에서 기력을 탕진해 버린다. 이것은 제대로 훈련받지 못한 열악한 달리기 선수가 사지를 맥 빠지게 움직이거나 지나치게 활발하게 움직이느라 기력을 탕진하는 것과 마찬가지다. 바로 그렇기 때문에 그 열악한 작가는 자기가 생각하는 바를 냉철하게 말할 줄 모른다. 재기발랄하게 훈련받은 신체가 펼치는 연기를 자신의 스타일에 맞게 사유에 부여하는 것이 바로 훌륭한 작가의 재능이다. 훌륭한 작가는 결코 자신이 생각했던 것 이상을 말하지 않는다. 그래서 그가 쓰는 글은 그 자신에게 도움을 주는 것이 아니라 오로지 그가 말하고자 하는 것에만 도움을 준다.[16]

내적 감각은 어떤 것(thing)을 너무도 확실하게 느낀다. 그러나 우리는 그 어떤 것을 현실의 사물처럼 명석 판명하게 포착하지는 못한다. 따라서 자신이 '감각한 것' 이상을 쓰게 되는 경우가 흔하다. 그렇게 이루어진 비평 글은 벤야민의 말처럼 그가 말하고자 하는 것에 도움을 주는 글이 아니라 그 자신에게 도움을 주는, 오직 자신만의 글이 되어 버린다. 시는 아무도 이해할 수 없다고 하더라도 한 편의 시(詩)로 남지만, 비평 글은 아무도 이해할 수 없으면 글이 아닌 것이 된다.

흔히 상상력은 세계의 확장과 관련해서 언급하는 경우가 많았다. 초월 세계, 거시 세계를 향해 사람들은 상상을 나래를 주로 펼쳤다. 서정시를 탐색할 때는 이에 못지않게 내면세계, 미시 세계를 향한 상상

---

16 발터 벤야민, 김영옥외 옮김, 『일방통행로 사유의 이미지』, 길, 2008, 238쪽.

의 문도 활짝 열어야 한다. 상상력의 근원은 시인의 내면도 독자의 내면도 아니다. 시인의 상상력도 독자의 상상력도 모두 언어로부터 비롯된 것이다. 문학 읽기에서 좀 더 주목해야 할 것은 시인의 상상력이 아니라 독자의 상상력, 쓰기의 상상력이 아니라 읽기의 상상력이다.

문학은 '언어를 통한 창조적 상상' 자체라고 해도 지나친 말은 아닐 것이다. 느낌과 사유와 실천은 인간의 의미 있는 움직임을 포괄하는 말이다. 느낌은 감성의 영역에서, 사유(앎)는 이성의 영역에서, 실천(함)은 지성의 영역에서 주로 이루어진다. 인간의 내적·외적 움직임의 기반이면서 이성과 감성과 지성이 소통할 수 있는 매질의 역할을 하는 것이 곧 상상이다. 비평 글쓰기는 감성적 단계에서 이성의 단계를 거쳐 지성의 단계로 나아가는 인간의 내적 총체성이 표상하는 글쓰기이다.

> 예술작품은 오히려, [그것을] 경험하는 사람을 변화시키는 경험이 된다는 데에서 그 고유한 존재를 갖게 된다. 예술 경험의 '주체', 즉 변하지 않고 지속하는 것은 예술을 경험하는 자의 주관성이 아니라, 예술 작품 자체이다.[17]

가다머는 놀이의 주체는 놀이하는 사람이 아니고, 놀이는 놀이하는 사람들을 통해서 단지 표현될 뿐이라고 덧붙인다.[18] 문학의 주체는 읽는 사람이 아니고, 문학(문학의 효과)은 읽는 사람을 통해서 단지 표현될 뿐이라고 바꿔볼 수 있을 것이다. 이것을 해석학적 측면에서 정리하면 다음과 같다.

---

17 한스-게오르크 가다머, 앞의 책, 2011, 191쪽.
18 같은 책, 191쪽.

　'대상'의 측면에서 보면 이러한 해석학적 사건은 전통의 내용이 상이한 수용자에 따라 늘 새로운 의미로 해석되고 새로운 반향을 불러일으키는 방식으로 구현된다는 것을 뜻한다. 전통은 이처럼 새롭게 언표됨으로써 과거에는 존재하지 않았던 새로운 어떤 것이 창출되고 전개된다.[19]

　새로운 울림과 새로운 언표는 직접 연결되어 있기 때문에 명명이기보다는 '술어적인 것'이라야 마땅하다. 그러나 모든 반향과 모든 언표가 다 의미가 있는 것은 아닐 것이므로, 작품에 합당한 언어적 지평이 마련될 필요가 있다. 다채로운 의미의 지평이 펼쳐지기 시작하는 지점에 몇 개의 '술어적 서술'을 놓고자 한다.

　한국 현대시 전개에서 하나의 정점을 이룬 1930년대의 시편 중에서 각기 다른 술어적 서술을 불러일으키는 3편을 골랐다. 각 편의 시들은 그 지향점에 따라서 다른 접근이 필요하다. 먼저 시를 이루는 언어의 형질을 파악할 필요가 있다. 이를 출발점으로 삼아 도입, 감상, 분석, 해석, 마무리(비평)의 다섯 단계로 비평 글을 구성할 때 단계별로 담아야 할 내용, 유의점 및 주안점 등을 살펴보고자 한다.

1) 술어적 서술 "아름답다"

　현실적인 것보다는 현실적이지 않는 것이 더 아름다운 경우가 많다. '딴 세상에 온 것 같다'는 반응은 아름다운 것을 대할 때 발언하는 대표적인 언술이다. 낭만적 시선은 현실을 직시하는 시선이 아니다. 그렇다고 눈을 감고 무의식의 내면을 탐색하거나 현실의 이면을 탐색하지도

---

19 한스 게오르크 가다머, 앞의 책, 2013, 409쪽.

않는다. 낭만적 시선은 몽롱한 시선에 가깝다. 시선의 끝은 현실을 지나쳐 현실 너머 시원적 유토피아를 향한다. 낭만주의자의 마음은 몸 안에 있지 않고 몸 바깥에 있는 것 같다. 몸 바깥에 있다고 해서 그 마음을 바로 볼 수도 없다. 현실 바깥, '저만치'(김소월, 「산유화」)에 있기 때문이다. 그래서 우회적으로 굴절된, '동백잎에' 반영된 '빛나는' 마음 (김영랑, 「동백잎에 빛나는 마음」)을 볼 수 있을 뿐이다.

낭만주의적 경향이 강한 시를 제대로 읽기 위해서는 '상상'을 적극적으로 활용하는 것이 중요하다. 여기서 상상력은 현재의 의미를 풍성하게 하는 차원의 것이 아니라 현재를 뛰어넘어 현실 바깥을 지향해 가는 낭만적 시선을 추동하기 위한 근원적인 힘으로 작용한다. 그런데 이 측면만을 강조하면 낭만성에서의 상상은 환상에 가까워져 버린다. 현실 바깥으로 나아가는 데 필요한 힘을 우리는 우리의 내부에서 얻지 않으면 안 된다. 그 힘의 원천이 곧 상상력이다.

> 내 마음의 어딘 듯 한편에 끝없는 강물이 흐르네.
> 도쳐 오르는 아침 날빛이 뻔질한 은결을 도도네.
> 가슴엔 듯 또 핏줄엔 듯
> 마음이 도른 도른 숨어있는 곳
> 내 마음의 어딘 듯 한편에 끝없는 강물이 흐르네.
>
> — 김영랑, 「동백잎에 빛나는 마음」

시 읽기의 초기 단계에서는 감수성을 풍성하게 발현시키는 것이 중요하다. 이 시에 표상된 시간과 공간은 현실의 것이 아니다. 대상이 되고 있는 강물 또한 우리가 현실에서 마주할 수 있는 것이 아니다. 우리가 알고 있는 현실의 재료를 가지고 이 시에 표상된 것을 재현하는 것은 불가능하다. 현실 속에 재현 불가능한 것을 상상하기 위해서는 감수성을 최대치로 발현할 필요가 있다. 이 시는 화자의 마음에 관한 것이다. 곧장 화자의 마음을 알려고 하는 것은 무모하다. 감상의 단계에서는 우선 이 시에 자신의 마음을 비춰볼 필요가 있다.

분석의 단계에서는 시를 꼼꼼하게 읽는 것이 중요하다. 그리고 시가 지닌 구조에 대해서 객관적으로 서술한다. 객관적인 서술은 해석과 맞물릴 때 의미가 있는 분석으로 평가받을 수 있다. 시적 화자가 처해 있는 정황을 구체적으로 재구성하는 것은 화자의 입장에서 시를 파악하는 좋은 지름길이다. 낭만성이 짙은 시를 해석할 때 중요시하는 것 중 하나가 시인의 의도를 파악하는 것이다.

시인 혹은 시적 화자의 입장에서 시적 정황이 구성되면 그 안에서 시적 화자의 심리적 행위를 따라 하는 것이 시를 해석하는 단계에서 이루어질 필요가 있다. 시적 화자가 되어 '동백잎에 반영(反映)' 돼 있는 자신의 마음결을 읽는 것이다. 이때 비슷한 시편들 가령 윤동주의 「소년」을 가져와 상호텍스트성을 살려 분석, 해석하는 것도 한 방법이다.

> 손금에 맑은 강물은 흐르고
> 강물 속에는 사랑처럼 슬픈 얼굴
> 아름다운 순이의 얼굴이 어린다
> 소년은 황홀히 눈을 감아본다
> 그래도 맑은 강물은 흘러
> 사랑처럼 슬픈 얼굴
>
> — 윤동주, 「소년」

해석을 거치면 비평의 단계에 이르게 된다. 비평 단계에서는 이 시를 통과하면서 변화된 비평자로서의 '나'를 좀 더 적극적으로 드러낼 필요가 있다. 시는 독자의 내면을 비추는 특별한 명경(明鏡)이 된다. 윤동주의 시나 김영랑의 시는 각자의 마음 둘 곳, 혹은 마음이 깃든 곳을 탐색하고 있다. 그러나 그 장소를 누구도 정확하게는 짚을 수는 없다. 마치 각주구검(刻舟求劍)처럼 어리석게 이것저것, 혹은 이곳저곳을 기웃거리면서 마음 줄 곳을 찾고, 또 이미 준 마음의 거처를 찾아 헤맨다. 서정시, 특히 낭만주의적인 시는 '자기의 순도(純度)'를 재는 시금석이며, 이정표와 다르지 않다.

낭만성의 시는 자신의 마음을 되비쳐볼 수 있는 가장 아름다운 거울이 된다. 김영랑의 「동백잎에 빛나는 마음」을 읽으면서 독자들은 김영랑의 마음을 탐색하는 것이 아니라 어느새 자신의 '마음'을 탐색하게 된다. 낭만성이 짙은 시는 낭만적 시선을 통해 독자를 현실 바깥으로 이끈다. 독자는 자신으로부터 온전히 벗어나 화자 혹은 시인이 됨으로써 언어와 현실로 벗어나 특별한 해방감을 맛볼 수 있다.

2) 술어적 서술 "생생하다"

현실을 직시하는 시선은 현실의 시간, 공간, 인간을 그대로 텍스트에 담는다. 이런 작품을 대할 때 독자 역시 상상 속에 작품의 '시간, 공간, 인간'을 그대로 재현할 수 있기 때문에 '생생하다'는 술어적 서술을 보이게 된다. 시인은 시적 화자의 시선을 통해 텍스트에 현실을 실물과 아주 비슷하게 반영한다. 독자는 텍스트에 반영된 시인이 포착한 실제를 상상 속에서 재현한다. 현실은 특정한 시간, 공간 그리고 인간이라는 구성요소를 통해 상상 속에 재현된다. 물론 이때도 필요한 것은 상상력이다. 그러나 낭만적 경향의 시를 읽을 때 발현해야 할 상상과는

질적으로 차이가 있다. 낭만주의의 상상이 환상성에 가깝다면 사실주
의의 상상은 '형상성'에 가깝다. 우리의 내면을 활성화해 그 품을 최대
한 넓히는 것이 중요하다. 그리고 텍스트에 표상된 시간, 공간, 인간을
그 안에 재현해 내는 것이다.

> 바다 같은 속으로
> 박쥐처럼 사라지다
>
> 기차는 향수를 싣고
>
> 납 같은 눈이 소리 없이
> 외로운 역을 덮다
>
> 무덤같이 고요한 대합실
> 벤치 우에
> 혼자 앉아
> 조을고 있는 늙은 할머니
>
> 왜 그리도 내 어머니와 같은지
> 귤껍질 같은 두 볼이
>
> 젊은 역부(驛夫)의 외투 자락에서
> 툭툭 떨어지는 흰 눈
>
> 한 송이 두 송이 식은 난로 우에
> 그림을 그리고 사라지다
>
> — 권환, 「한역(寒驛)」

읽기를 시작하는 단계에서는 '겨울 기차역'과 관련된 자신의 경험이 있다면 떠올려 보는 것도 좋다. 시와 연관된 내용을 먼저 환기하면, 자신의 비평을 읽게 될 독자들의 주위를 환기하는 데도 효과적이다. 글쓴이의 구체적인 체험은 독자들의 주위를 환기시키는 데 효과적으로 작용한다. 여기에 표면적으로 드러나 있는 정조를 인상적으로 그려주면서 읽기를 시작하는 것도 한 방법이다. 다만 도입부에서 받은 인상이 분석과 해석 과정을 거치고도 특별한 변이를 보이지 않는다면 역효과를 낼 수도 있다는 점은 염두에 둘 필요가 있다.

도입 단계를 지나면 시에 대해 개괄적으로 해설해 줄 필요가 있다. 시인 권환에 대한 이력을 덧붙여도 좋다. 다만 이 부분이 너무 장황할 경우에는 시에 대한 분석과 해석에 이르기 전에 독자의 관심이 식어버릴 수 있다는 것도 고려해야 한다.

분석의 수준에서는 텍스트의 표면에 표상된 시간과 공간과 인간을 포착해 시적 현재를 구성하는 일이 먼저 이루어져야 한다. 표상된 시간은 한겨울 눈이 내리는 한밤중이다. 1연에서 기차가 '바다 같은 속으로/박쥐처럼 사라지다'라는 대목에 잘 드러나 있다. 공간은 어떤 기차역의 대합실이다. 그리고 이 시의 인물(인간)로는 '늙은 할머니', '젊은 역부' 그리고 '나'가 등장한다. 시창작 방법론으로서 사실주의적 방법은 어떻게 현실의 시간과 공간과 인간을 텍스트에 실감이 나게 재현할 것인가를 먼저 고려한다.

해석의 수준에서는 시적 의미가 발현되는 의미의 장에서 가장 역동적으로 행위(변화)를 하는 것에 주목할 필요가 있다. 이런 변화를 보이는 것이 사람이든 사물이든 그것이 의미의 형성을 주도할 것이기 때문이다. 그 외에도 다른 것들은 어떤 효과에 이바지하고 있는가를 촘촘하게 따져볼 필요가 있다. 이 시에서는 시적 의미의 장을 이루고 있는 시간과 공간과 인간을 매개하는 것이 '눈'이라는 데 주목하면 새로운 해석에 이를 수 있다. '한역'의 풍경을 하나의 텍스트라고 본다면 이 텍스트에서 의미를 전개하는 것은 눈이다. 눈이 곧 이 텍스트의 언어가 되는 셈이다. 언어에 대한 분석 즉 '눈'에 대한 분석에 집중하면 하나의 특별한 해석에 도달할 수 있다.

납 같이 내리던 눈은 역부의 옷에 붙어서 역 안으로 들어온다. '역부의 외투자락'에서 툭툭 털려 나온 눈은 식은 난로에 떨어져 자신의 그림으로 사라진다. 의미 있는 해석을 하기 위해서는 '사라짐'에 주목할 필요가 있다. 하나의 사라짐은 1연에서 보인 '기차의 사라짐'이다. 화자는 어둠 속으로 기차가 '박쥐처럼 사라지다'라고 말한다. 그리고 마지막에 사라지는 것은 눈이다. 아무런 흔적도 남기지 않은 검은 기차와는 달리 그 작고 하얀 눈송이는 그림을 그리고 사라진다. 엄밀하게 말하면 사라지는 것이 아니라 난로에 내려 '그림이 된다'. 식은 난로는 종이가 되고 눈은 그 위에 언어로 잠시 새겨졌다 사라진다.

눈이 난로에 떨어져 그려낸 그림에서 어떤 메시지를 읽어낼 수 있을까. 시인에게 주어진 임무가 바로 그것이다. 수많은 눈 중에서 어떤 인연이 있어 역부의 어깨에 몇 송이가 얹혔고, 그리고 그 눈송이 중에서도 몇이 식은 난로 위에 떨어진다. 그 눈송이들이 그려낸 그림이 지금 시인의 눈앞에서 잠깐 펼쳐지고 있다. 우리가 어떤 시적 언어와 만날 수 있는 특별한 인연의 순간은 이처럼 찾아온다. 한역의 풍경은 쓸쓸하지만, 그 쓸쓸한 역사 안으로 들어와 식은 난로에 떨어지는 눈송이와의 우주적인 만남을 생각할 때, 인연의 어떤 경이로움을 느끼지 않을 수 없다.

마무리 단계에서는 이 시를 처음 접했을 때의 나와 비평적 읽기 과정을 통과한 이후의 '나'가 얼마만큼 달라졌는지 그 변화의 폭과 깊이를 기록하게 된다. 독자로서 비평가의 인식 변화의 폭이 얼마나 큰가에 따라 시에서 발굴한 것들의 가치는 달라진다. 분석과 해석에서 뒷받침이 잘 이루어져야 이 변화의 강·밀도에 독자도 공감할 수 있다. 독자의 공감을 얻을 때 힘 있는 비평이 된다. 그렇지 못하면 주관적인 비평, 인상비평을 벗어나기 힘들다.

3) 술어적 서술 "놀랍다"

모더니즘 시로 분류되는 작품을 대할 때 독자들은 대체로 난감해한다. 평소에는 알고 있었던 말인데, 시 텍스트에서는 도저히 기존의 의미로 해석되지 않는 말들을 많이 만나기 때문이다. 의미의 지평을 종잡을 수 없는 경우가 허다하다. 이 난감함을 한 층만 뚫고 텍스트에 접근할 수 있다면, 독자는 그 시적 언어에 대한 반응을 '놀랍다'는 술어적 서술로 나타낼 수 있다.

눈을 떠야 보이는 세계가 있고, 세상을 보는 눈을 감아야 비로소 열리는 세계가 있다. 한국 현대시가 내면의 세계와 신랄하게 만날 수 있게 된 것은 이상의 「오감도」를 통해서이다.

13인의아해가도로로질주하오.
(길은막다른골목이적당하오.)

제1의아해가무섭다고그리오.
제2의아해도무섭다고그리오.

제3의아해도무섭다고그리오.
제4의아해도무섭다고그리오.
제5의아해도무섭다고그리오.
제6의아해도무섭다고그리오.
제7의아해도무섭다고그리오.
제8의아해도무섭다고그리오.
제9의아해도무섭다고그리오.
제10의아해도무섭다고그리오.

제11의아해가무섭다고그리오.
제12의아해도무섭다고그리오.
제13의아해도무섭다고그리오.
13인의아해는무서운아해와무서워하는아해와그렇게뿐이모였소. (다른사
정은없는것이차라리나았소)

그중에1인의아해가무서운아해라도좋소.
그중에2인의아해가무서운아해라도좋소.
그중에2인의아해가무서워하는아해라도좋소.
그중에1인의아해가무서워하는아해라도좋소.

(길은뚫린골목이라도적당하오.)
13인의아해가도로로질주하지아니하여도좋소.

— 이상의 「오감도 시제1호」

도입부의 내용은 글 전체에 골고루 퍼져서 독자의 이해를 도울 수
있어야 한다. 도입부에서 언급한 내용은 비평적 시선의 일관성을 유지
하게 해주는 방향타가 되어야 한다. 또한 독자들의 이해를 돕고 이탈을

막아주는 나침반의 역할도 수행할 수 있을 때 더 큰 효과를 거둘 수 있다.

감상의 단계에서는 「오감도」 연작시에 대한 정보나 시인 이상이 이 시를 쓰게 된 상황 등을 언급해 줄 필요가 있다. 이상은 경성고등공업학교 건축학과를 졸업했으며, 조선총독부 내무국 건축기사의 이력을 가진 시인이다. 건물을 지을 때 공중을 나는 새의 시선으로 미리 그린 그림을 '조감도(鳥瞰圖)'라고 한다. 이상 시의 제목은 '조감도(鳥瞰圖)'가 아니라 '오감도(烏瞰圖)'이다. '鳥'는 새의 모양을 본뜬 상형문자이다. 까마귀는 까만 깃털 때문에 까만 눈이 보이지 않는다. 그래서 눈에 해당하는 획을 **빼면** 눈이 있어야 할 자리가 지워져 까마귀는 '烏'가 된다. '오감도(烏瞰圖)'는 글자대로 해석하면 '까마귀 내려다보는 시선 그림'이 된다. 새의 시선과 까마귀의 시선은 어떤 특별한 의미의 변이 혹은 자기 시선의 변이를 불러일으키는 것 같지는 않다. 이러한 내용 이외에도 감상(설명)의 단계로 가져올 수 있는 정보는 무궁무진하다. 그것을 취사선택하는 것이 비평적 안목이다. 모더니즘 시의 경우에는 현실의 시간, 공간, 인간이 배제되거나 극도로 왜곡되어 있기 때문에 줄거리를 요약하듯 시 내용을 풀어 적어주는 것은 크게 의미가 없다.

분석과 해석의 단계에서는 주로 '시적 언어'에 집중하게 된다. 앞서 지적한 대로 모더니즘 시를 만날 때 독자가 느끼는 것은 언어에 대한 당혹감이다. 비평은 시 전체의 해석보다는 특별한 시적 언어의 해독에 초점을 맞추는 경우가 많다. 이 시의 제목은 '조감도(鳥瞰圖)'가 아니라 왜 '오감도(烏瞰圖)'인가를 물음으로 삼아 나름으로 답변을 찾아 볼 수 있다. 분석과 해석은 다음과 같은 내용으로 채울 수 있다.

일각에서는 "烏'는 '鳥'의 오식(誤植)일 뿐'이라는 견해를 피력하기도 한다. 신문사에서는 '오(烏)'를 오자(誤字)로 인지하고 '조(鳥)'로 바로 잡으려는 시도도 했었다고 한다. 의미 있는 해석 중에 '오(烏)'를 까마귀가 아니라 '눈이 먼 새'로 해석하는 것이 있다. 현실적인 차원에서 눈이 먼 새는 날 수가 없다. 혹 난다고 해도 내려다보는 것은 불가능하다. 내려다보는 것이 가능하다고 해도 그것은 '소리를 보는 것'이 될 것인데 '관음(觀音)'은 '눈이 먼 봄'이 아니라 지그시 '눈을 감은 봄'이다. 따라서 '오(烏)'를 '눈먼 새'로 볼 경우 이 시는 '불안'과 '공포'라는 기존의 해석을 반복하게 된다.[20]

'오(烏)'를 '눈을 감은 새'로 하면 좀 더 특별한 해석에 다가설 수 있다. '새'나 눈이 먼 '새'가 응시하는 것은 '현실'이다. 현실은 그때도 지금도 불안하기는 마찬가지다. 눈먼 새라면 보이지 않는 것은 불안보다 공포에 가까울 것이다. 반면 '눈을 감으면' 외부 세계가 닫히는 대신, 새로운 세계가 열린다. 그 세계가 바로 내면의 세계이다.

시적 언어는 어휘의 측면에 머물지 않고 구, 문장 단위까지 확장할 수 있다. 한 편의 시 역시 넓은 범주에서는 하나의 시적 언어라고 할 수 있다. 구나 문장 단위로 확장하면 '13인의 아해', '무서운 아해와 무서워하는 아해' 등의 해석에 초점을 맞춰 분석과 해석을 전개할 수 있다. 다음과 같은 내용을 분석과 해석을 통해 얻을 수 있다.

우리의 내면은 깨어있는 나, 즉 '눈을 뜨고 있는 나'의 통제에서 벗어나 있는 세계이다.[21] '신심리주의'에 경도된 시인이라면 '눈뜬 세계'는

---

20 김동근, 「「오감도」의 작시 논리와 텍스트 의미」, 『현대문학이론연구』 15, 현대문학이론학회, 2001, 33~34쪽.
21 김동근, 「정지용 시와 이상 시의 대위적 텍스트성」, 『한국문학이론과 비평』 55, 한국문학이론과비평학회, 2012, 54쪽.

'눈 감은 세계'에 의해 결정되는 것이라고 말할 수도 있다. 상식적으로
도 슬픔이나 기쁨, 이별의 아픔을 의식적으로 배가시키거나 소멸시킬
수 있는 현실의 주체는 없다. 공포의 모나드인 '13인의 아해' 역시 화자
를 벗어나 있다. 그러므로 이 시의 목소리는 누구의 것인지 확정되지
않는다.

　'13인의아해는무서운아해와무서워하는아해와그렇게뿐이'다. '무서
운 아해'와 '무서워하는 아해'를 상대적으로 읽으면 '나'는 '무서움'의
주체이기도 하고 대상이기도 하다. 따라서 2연의 '13인의아해'의 발언
인 '나는무섭다'는 그 해석이 연기될 수밖에 없다. 즉 '나는 무서운 사람
이다'는 의미와 '나는 무서워하고 있다'는 의미가 겹친다.

　내면의 '나들'을 표시하는 숫자들은 4연에는 양적인 의미로 전이된다.
'나는 무섭다'고 말하는 '13인의아해' 중에서 '1인의아해가무서운아해'
이면 '12인의아해'는 '무서워하는 아해'가 된다. '2인의아해가무서워하
는아해'라면 '11인의아해는무서운아해'가 되는 셈이다. 2:11이라면 수적
으로 보면 '현재의 나'의 행동은 '무서운 사람'으로 드러나야 할 것이다.

　그러나 어찌 되어도 '좋다'고 화자는 말하고 있다. 우리의 내면에서
비롯되는 행동은 수적 합리성, 어떤 필연성, 인과성에 의한 것이 아니
라 우발성에 의해 촉발되기 때문이다. 즉 '13인의 아해' 중 단 '1인의아
해'뿐이라고 하더라도 그 강렬도에 따라서 우리의 현재는 구축되기 때
문이다. 우리 삶의 우발성은 「오감도」에 의해 이렇게 설명될 수 있다.

　하나의 상황에서도 '13인의아해'가 이렇게 갈리는 상황이므로 '다른
사정은없는것이차라리나았소'라고 할 수 있다. 그러나 오직 하나만 독
자적으로 일어나는 사건은 없다. 내면의 세계에서는 더더구나 그렇다.
이렇게 되면 13인의 아해의 질주는 패인 홈과 같은 골목이 아니라 '사

방'으로 퍼지는 것이 될 것이다.

도입을 어떻게 했느냐에 따라 달라지겠지만, 모더니즘 시에 대한 비평의 마무리에서는 마감의 의미보다는 새로운 시작의 의미를 강조하는 것이 좋다. 분석과 해석의 내용을 반복해서 정리하기보다는 아직 해석을 시도하지 못한 시어에 대한 비평적 관심을 불러일으키는 것으로 채울 수도 있다. 가령 텍스트 전체를 감싸고 있는 '(길은막다른골목이적당하오)'와 '(길은 뚫린골목이라도적당하오)'에 대한 언급으로 마무리하는 방법도 있다. 그렇게 하면 다음과 같은 마무리가 가능할 것이다.

1연에서는 '(길은막다른골목이적당하오.)'이고 마지막 연에서는 '(길은뚫린골목이라도적당하오.)'이다. '매트릭스'는 키아누 리브스가 주연한 영화의 제목이기도 하다. 이 영화에서 '매트릭스'의 의미는 명확하지 않다. 수학과 컴퓨터 용어에서 '행렬'(컴퓨터에서는 입력 도선과 출력 도선의 회로망)을 나타내는 'matrix'의 사전적 의미에서 주목되는 것은 생물학적 의미인 '인공 자궁'이다. 문이 보이지 않는 벽, 그러나 반드시 문은 있다. 매트릭스는 다른 세상으로의 '문 찾기'인 셈이다.[22]

현실에서 '매트릭스'는 불가능하다. 그러나 의식 속에서 더구나 무의식 속에서는 곳곳이 문이라고 해도 지나친 말은 아니다. '막다른 골목'도 '뚫린 골목'도 상관이 없다. 현실에서는 언제나 그 문을 열면 거실이지만 우리의 내면에서는 그 문 앞에 언제나 사랑이 머물러 있는 것은 아니다. 사랑이 있는 쪽으로 끊임없이 문을 내는 것, 그것은 언제나 내면의 응시로부터 출발하는 '눈먼 작업'일 수밖에 없다.

---

22 전동진, 「이상 시의 탈근대적 시선 연구」, 『비교한국학』 18-2, 국제비교한국학회, 2010, 58쪽.

4. 결론

비평 글쓰기는 텍스트 읽기를 전제로 이루어진다. 비평 글쓰기의
대상이 되는 텍스트는 다양하다. 그중 서정시는 비평적 글쓰기의 언어
를 자신의 언어로부터 가장 멀리까지 나갈 수 있게 한다. 서정시 읽기
가 주는 최대의 효과는 다채롭고, 가장 자유로운 글쓰기를 유발할 수
있다는 것이다. 서정시가 주었던 정서적 감응 효과가 독자에게 직접
전해지는 것이 힘들어진 시대임에도 불구하고 서정시의 존재가 유효한
한 가지 이유이다.

이런 효과를 최대치로 발현하기 위해서는 시인의 서정시에서 독자의
서정시로의 전회를 이뤄낼 필요가 있다. 이 논문에서는 비평적 시선의
세 가지 시선을 독자의 현전과 작품의 변증법을 통해 재정립해 보았다.
기존의 일방향적 전제를 극복하는 것을 일차 목표로 삼았다. 낭만주의
시, 사실주의 시, 모더니즘의 시를 독자가 현존하는 세 개의 장소로
보았다. 그리고 각각 시원성, 재현성, 주관성을 통해 독자의 작가가
탄생하는 경로를 탐색했다. 그리고 그 맞은편에 시적 언어에 대한 독자
의 정서적 반응을 '아름답다', '생생하다', '놀랍다'는 술어적 서술로 상
정하고, 독자와 작품이 소통하는 새로운 통로로 삼았다. 텍스트 효과로
서의 비평적 쓰기의 실제를 김영랑의 「동백잎에 빛나는 마음」, 권환의
「한역」, 이상의 「오감도-시제1호」에 대한 감상, 분석과 해석을 통해
발전적으로 구성해 보았다.

텍스트는 프리즘과 같다. 프리즘을 통해 발하는 다채로운 빛을 수렴
하여 작가의 빛을 한 줄기로 재현하려고 애썼던 비평적 자세는 지금에
는 큰 효과를 주지 못한다. 좀 더 역동적인 텍스트가 되기 위해서 작가

의 빛이 분광하는 프리즘과 독자의 빛이 분광하는 프리즘을 동시에 겹쳐보는 것도 필요하다.

텍스트로부터 양방향으로 분광하는 빛은 그 경계를 상정할 수 없다. 그런데 우리는 설명과 이해를 위해서 무지개를 삼색, 오색, 칠색으로 구분한다. 서정시 역시 몇 개의 유형으로 분류하는 것은 불가능하다. 그럼에도 불구하고 시 비평 교육의 효율성과 정합성을 높이고, 비평적 글쓰기에 대한 논의를 효과적으로 전개하기 위해서 기존의 분류법을 빌렸다. 이러한 분류법을 극복하는 것도 비평 글쓰기에 주어진 하나의 과제이다. 아울러 실제로 수업에 적용할 수 있는 시 비평 교수·학습 방안을 마련하여 교육 현장에 적극적으로 제안하는 것도 주요한 과제로 남았다.

2012년 정부(교육부)의 재원으로 한국연구재단의 지원을 받아 수행된 연구(NRF-2012S1A5B5A07036415)로, 『비평문학』 51호(한국비평문학회, 2014.3.)에 게재한 원고를 재수록한 것임.

참고문헌

권환, 『자화상』, 조선출판사, 1943.

김동근, 「「오감도」의 작시 논리와 텍스트 의미」, 『현대문학이론연구』 15, 현대문학이론학회, 2001.

_____, 「정지용 시와 이상 시의 대위적 텍스트성」, 『한국문학이론과 비평』 55,

한국문학이론과비평학회, 2012.

김동근, 「한국 현대시의 '시간' 양상」, 『현대문학이론연구』 48, 현대문학이론학회, 2012.

김영랑, 『영랑시집』, 시문학사, 1935.

모리스 블랑쇼, 이달승 옮김, 『문학의 공간』, 그린비, 2010.

발터 벤야민, 김영옥외 옮김, 『일방통행로 사유의 이미지』, 길, 2008.

_____, 최성만·김유동 옮김, 『독일비애극의 원천』, 한길사, 2009.

서울대 국어교육연구소, 『국어교육학사전』, 대교출판, 1999.

이상, 권영민 엮음, 『이상전집 1: 시』, 뿔, 2009.

자크 데리다, 남수인 옮김, 『글쓰기와 차이』, 동문선, 2001.

전동진, 「이상 시의 탈근대적 시선 연구」, 『비교한국학』 18-2, 국제비교한국학회, 2010.

_____, 『서정시의 시간성, 시간의 서정성』, 문학들, 2008.

폴 리쾨르, 김윤성·조현범 옮김, 『해석이론』, 서광사, 1996.

한스 게오르그 가다머, 『진리와 방법 Ⅰ』, 문학동네, 2011.

_____, 『진리와 방법 Ⅱ』, 문학동네, 2013.

필진 소개(원고 수록 순)

김경표

전남대학교 국어국문학과 BK21플러스사업단 학술연구원

유소연

전남대학교 국어국문학과 BK21플러스사업단 학술연구원

이숙의

충남대학교 인문과학연구소 전임연구원

조경순

전남대학교 인문대학 국어국문학과 조교수

최 윤

전남대학교 국어국문학과 BK21플러스사업단 학술연구원

김현정

순천대학교 교양융합대학 조교수

김해미

전주대학교 기초융합교육원 강사

서덕민

원광대학교 융합교양대학 연구교수

전동진

전남대학교 인문대학 국어국문학과 강사

지역어와 문화가치 학술총서 ⑩

지역어문학 기반 학술공동체의 성과와 지평 I

2020년 2월 14일 초판 1쇄 펴냄

지은이 전남대학교 대학원 국어국문학과 BK21플러스
　　　　지역어 기반 문화가치 창출 인재 양성 사업단
펴낸이 김흥국
펴낸곳 도서출판 보고사

책임편집 이경민
표지디자인 손정자

등록 1990년 12월 13일 제6-0429호
주소 경기도 파주시 회동길 337-15 보고사 2층
전화 031-955-9797(대표), 02-922-5120~1(편집), 02-922-2246(영업)
팩스 02-922-6990
메일 kanapub3@naver.com / bogosabooks@naver.com
http://www.bogosabooks.co.kr

ISBN 979-11-5516-973-5　93710
ⓒ 전남대학교 대학원 국어국문학과 BK21플러스
　　지역어 기반 문화가치 창출 인재 양성 사업단, 2020

정가 20,000원

이 책은 2013년 교육부 및 한국연구재단 BK21 플러스 사업
(미래기반창의인재양성형)의 지원을 받아 발간되었음